Conviértase en un CRISTIANO CONTAGIOSO

Guía del líder
Comunique su fe en un estilo propio

Mark Mittelberg, Lee Strobel y Bill Hybels

Vida

Zondervan

Willow Creek Resources

La misión de Editorial Vida es proporcionar los recursos necesarios a fin de alcanzar a las personas para Jesucristo y ayudarlas a crecer en su fe.

Conviértase en un Cristiano Contagioso
©2003 EDITORIAL VIDA
Miami, Florida 33166-4665

Publicado en inglés bajo el título:
Becoming a Contagious Christian
por *Zondervan Publishing House*
©1995 por *Willow Creek Association*

Reservados todos los derechos. A menos que se indique lo contrario, el texto bíblico se tomó de la Santa Biblia *Nueva Versión Internacional*. ©1999 por *Sociedad Bíblicas Internacional*. Ninguna porción o parte de esta obra se puede reproducir, ni guardar en un sistema de almacenamiento de información, ni transmitir en ninguna forma por ningún medio (electrónico, mecánico, fotocopias, grabaciones, etc.) sin el permiso previo de los editores.

Edición: *Silvia Himitian*

ISBN: 0-8297-2890-2

Categoría: *Liderazgo*

Impreso en Estados Unidos de América
Printed in the United States of America

03 04 05 06 07 08 ❖ 06 05 04 03 02 01

*A la gente de la Iglesia de la
Comunidad de Willow Creek,
cuyo cristianismo contagioso
nos inspira.*

CONTENIDO

	Prólogo	7
	Reconocimientos	9
	Cómo utilizar la Guía del líder	11
Sesión 1	¿Por qué convertirse en un cristiano contagioso?	17
Sesión 2	Sea usted mismo	49
Sesión 3	Cómo construir relaciones	75
Sesión 4	¿Cuál es su historia?	119
Sesión 5	¿Cuál es la historia de Dios?	151
Sesión 6	Cómo cruzar la línea	179
Sesión 7	Cómo integrar todas las partes	203
Sesión 8	¡Objeción!	225
	Evaluación del curso	253
	Anexo	
Sesión 1	Cuestionario sobre estilos de evangelización	255
Sesión 2	Evaluación de los estilos de evangelización	258
Sesión 3	Escala de disposición	264
Sesión 3	Modelo de una lista de impacto	265
Sesión 3	Cómo mantener una conversación	266
Sesión 5	Escriba su historia	268
Sesión 5	Modelo de cómo escribir su historia	269
Sesión 5	Ilustraciones	270
Sesión 8	Cómo responder a las objeciones	277
	Bibliografía	285

PRÓLOGO

Probablemente haya solo otra cosa que nos proporciona más gozo y emoción en la vida que ser usados por Dios para alcanzar a otros con la fe de Cristo. Y es: *ayudar a que los demás lo hagan también.*

Al guiar a un grupo de personas con el curso *Conviértase en un cristiano contagioso*, tendrá el increíble privilegio de plantar y nutrir una visión que creemos el Espíritu Santo utilizará a través del tiempo para producir frutos eternos. ¡Y usted al escuchar los relatos testimoniales será partícipe del gozo y la alegría!

Hemos diseñado este curso de tal manera que se pueda eliminar la mayor parte de las dificultades que suelen presentársele a quien lo lidera. Para su desarrollo no necesitará ser un consumado maestro o un evangelista. Pero hay un par de requisitos para que este entrenamiento dé lo máximo de si. El primero es que usted haga un sincero esfuerzo por poner en práctica los principios que enseña, y el segundo, que mantenga una comunicación abierta con el grupo acerca de su labor y los resultados que está logrando o no. Cuando los participantes vean esa actitud tan auténtica, se sentirán animados a dar los pasos necesarios para comenzar con la misma aventura.

Y cuando usted logre que todo un grupo de seguidores de Cristo ore, se prepare y dé los pasos necesarios para llegar a ser más "contagioso" con su vida cristiana, *¡tenga cuidado!* ¡Su iglesia (y su comunidad) jamás volverá a ser la misma!

Así que, ¡póngale corazón a la enseñanza y observe cómo Dios lo usa!

Mark Mittelberg

RECONOCIMIENTOS

Existen muchas personas en la Iglesia de la Comunidad de Willow Creek con las que tenemos una deuda de gratitud por su aliento, su apoyo y la amplia gama de sus contribuciones a este proyecto.

Entre ellas se incluyen:

- Don Cousins, cuya temprana influencia le dio forma a este proyecto de manera significativa. Gracias Don por tu fe, tu aliento y tu dirección.

- El Equipo de Evangelización de Vanguardia de Willows Creek; sobre todo los siguientes voluntarios: Natallie Allen, Sherry Bohlin, Jack Gallaway, Julie Harney, Chairman Kerrigan, Marie Little, Chad Meister, Michael y Sandy Redding, Julie Schmidt, y Tom y Dee Yaccino. Ustedes nos ayudaron de muchas maneras cuando presentamos el curso a la iglesia.

- El grupo de teatro de la iglesia Willow Creek, en especial Donna Lagerquist por su creatividad y su arduo trabajo al escribir los guiones para el vídeo, y Steve Pederson por la supervisión de la edición del guión y el proceso de grabación del vídeo.

- Los miembros del cuerpo administrativo de Willow Creek, Laura Daughtry y Teresa Rozsa, que nos proveyeron apoyo administrativo, y Garry Poole quien aportó una perspectiva evangelística.

- Los ancianos y miembros del consejo directivo de la iglesia de Willow Creek, que creyeron en este curso y lo apoyaron de manera tangible en su desarrollo. En particular Russ Robinson por su invalorable consejo y sus comentarios y sugerencias tan constructivos.

- Jim Mellado y la Asociación Willow Creek por facilitar el proceso de publicación y por alentarnos y apoyarnos a lo largo del camino.

- Wendy Guthrie, la experta capacitadora de la Asociación Willow Creek y la ejecutiva de este proyecto, por sus infatigables esfuerzos por mejorar y adaptar el curso a las necesidades de una comunidad cristiana más amplia.

Expresamos también nuestro profundo aprecio a:

- John Nixdorf, de la Editorial Nixdorf por su habilidad para instruirnos sobre los diseños a utilizar a fin de hacer de este un curso de capacitación eficaz.

- Producciones Lighthouse por su experta labor de grabación y edición de los vídeos.

- La Casa Editora Zondervan por su participación en la producción y distribución de este curso para el uso de las iglesias en todo el mundo.

CÓMO UTILIZAR LA GUÍA DEL LÍDER

Esta Guía del líder ha sido preparada para ayudarlo a presentar el curso de entrenamiento de la manera más eficiente posible. Las páginas introductorias le procurarán ideas para presentar las sesiones y le proporcionarán la lista de los materiales y equipos requeridos.

OPCIONES DE FORMATOS

El curso *Conviértase en un Cristiano Contagioso* se puede utilizar con grupos de cualquier dimensión.

- Grupos grandes de 10 a 150 personas
- Grupos pequeños de 4 a 9 personas

Aunque las instrucciones para las diferentes actividades por grupos de este curso han sido escritas para grupos grandes y medianos, se pueden adaptar fácilmente a la situación de trabajo con grupos pequeños. Por ejemplo, cuando la Guía del líder sugiere subdividirse en grupos de cuatro personas, usted puede dividir su equipo en dos o tres subgrupos, según sea necesario. También cuando la Guía del líder sugiere solicitar la opinión de los subgrupos, usted puede sencillamente pedir la de cualquiera de los participantes de su grupo que esté dispuesto a responder.

Los grupos pequeños constituyen foros excelentes para la presentación del curso de capacitación Conviértase en un Cristiano Contagioso porque sus miembros se conocen unos a otros, se pueden animar entre sí, y están ahí para apoyarse mutuamente en la aplicación de los principios y las habilidades que van aprendiendo.

El curso *Conviértase en un Cristiano Contagioso* se puede presentar con éxito en varios formatos.

1. Cuatro sesiones de dos horas y quince minutos cada una.

Esta Guía del líder ha sido escrita para adecuarse fácilmente al formato de cuatro sesiones. Las sesiones individuales se presentan de a dos: primera y segunda, tercera y cuarta, quinta y sexta, y séptima y octava.

Por esa razón las sesiones primera, tercera, quinta y séptima comienzan con una oración, como se indica en la introducciones. Las sesiones segunda, cuarta, sexta y octava terminan con una oración final, como se indica después del resumen de la sesión.

Aunque el tiempo adjudicado a cada sesión es de cincuenta minutos, le sugerimos que lo alargue. Si usted utiliza el formato de grupos grandes, por lo menos destine una hora para cada sesión, con un receso de quince minutos entre las dos sesiones.

Notará que, dado que el material ya viene impreso, no hemos incluido la consideración de tiempo adicional. Por ejemplo, quizás al comienzo de cada sesión usted desee utilizar minutos extras para responder preguntas que los participantes pudieran tener o, lo que es más importante aun, para escuchar los relatos de los descubrimientos realizados durante la semana como resultado del curso.

Descubrirá también que necesita tiempo adicional para las prácticas, los ejercicios por grupos o las actividades individuales. El tiempo que nosotros hemos asignado intenta lograr que tanto usted como los participantes se muevan con agilidad a través de todo el manual.

2. Ocho sesiones de cincuenta minutos cada una.

Los 50 minutos no incluyen tiempo para preguntas y respuestas, ni para relatos (de aquello que los participantes hayan experimentado durante la semana como resultado del curso) ni el tiempo extra que algunos puedan necesitar para completar ciertos ejercicios. Presentar una sesión en cincuenta minutos requiere mantener un ritmo dinámico y observar estrictamente los tiempos señalados en la Guía del líder.

3. Retiros de uno, dos o tres días.

En estos casos usted cuenta con flexibilidad para la presentación del material y puede acomodarlo al programa de su retiro.

¿CÓMO SE HA ORGANIZADO LA GUÍA DEL LÍDER?

Cada una de las ocho sesiones tiene un espacio individual dentro de la Guía del líder, y se divide de la siguiente manera:

Dinámica de la sesión

Ofrece un breve resumen del contenido a tratar durante la sesión, y del contexto general dentro del cual se desarrollará.

Objetivos

Describe lo que los participantes deben lograr en esa sesión.

Resumen previo

Ofrece una vista panorámica del contenido de la sesión y de la secuencia en la que se desarrollará.

Equipo y materiales

Provee una lista del equipo y los materiales que se requieren para la presentación de la sesión. (En esta introducción también presentamos una lista modelo de los materiales) Nota: si usted elige el formato de grupos pequeños, sin duda no utilizará transparencias, aunque sí el equipo de vídeo y el monitor.

Introducción a la sesión, descubrimiento, y resumen de la sesión

Describe las partes principales de «enseñanza» de la sesión y los contenidos a presentar, junto con las ayudas visuales que serán utilizadas. El material se presenta en tres columnas, tal como se ve en el siguiente ejemplo:

LA COLUMNA DE TIEMPO

La columna de **TIEMPO** indica el tiempo *sugerido* para los contenidos de cada bloque (totaliza cincuenta minutos). Advertencia: Estos tiempos incluyen solamente la porción destinada a los CONTENIDOS de cada sesión. No contempla el tiempo para preguntas y respuestas, para compartir experiencias o los minutos extra que alguien pueda necesitar para completar las actividades.

LA COLUMNA DE CONTENIDO

La columna de **CONTENIDO** consiste en una guía detallada del material del curso. Si lo desea, lea esta columna de principio a fin, palabra por palabra, y encontrará que el material se presenta en su totalidad y en el orden correcto. Sin embargo, lo más efectivo es que utilice esta información como un recurso para preparar y presentar las ocho sesiones.

Recomendamos que le dé un toque personal al material al utilizar sus propias palabras e ilustraciones. Quizá quiera resaltar ciertas palabras y frases clave en la sección **CONTENIDO**, y así poder

CÓMO UTILIZAR LA GUÍA DEL LÍDER

enseñar sin tener que leer palabra por palabra. Y si prefiere escribir su propio material, hemos dejado espacio bajo el título "Notas de planificación" (ver sección del mismo nombre). Practique cada sesión por lo menos una vez antes de presentarla para estar seguro de que se siente cómodo con el material, y que podrá presentarlo dentro del tiempo previsto. (Si le interesa *escuchar* ejemplos de la forma en que se debe enseñar este material, puede solicitar los casetes con las grabaciones de las ocho sesiones dictadas por Mark Mittelberg. Ver las instrucciones sobre cómo solicitarlas en la página 286 del Anexo). Asegúrese también de tener todas las ayudas visuales en el orden correcto.

La columna de **CONTENIDO** también incluye los siguientes elementos clave:

1. Lo que el instructor debe narra aparece en tipografía común.

> En esta primera sesión hemos identificado algunas de las concepciones erróneas que tenemos sobre la evangelización y descrito lo que no es la evangelización a través de relaciones personales. También hemos identificado los componentes principales de la evangelización a través de relaciones personales. ¿Cuáles son?

Estas son las secciones con los contenidos que usted puede leer. Sin embargo, lo animamos a utilizar sus propias palabras e ilustraciones.

2. Las afirmaciones que el instructor debe leer en voz alta se separan o identifican con este signo ⊃. Las palabras que aparecen en MAYÚSCULAS son palabras que los participantes necesitan para llenar los espacios en blanco que se encuentran en las correspondientes páginas de la Guía del participante:

> ⊃ Cristo ofrece su perdón como un REGALO

3. Los versículos bíblicos, citas y palabras o frases que se quieran enfatizar aparecen en letra cursiva:

> *Porque es justo delante de Dios pagar con tribulación a los que os atribulan (2 Tesalonicenses 1:6).*

4. Las indicaciones para el instructor aparecen en un tipo de letra diferente y en recuadro sombreado. Son para el instructor y no deben ser *leídas en voz alta*:

> Guía del participante, página 13.

LA COLUMNA DE MEDIOS VISUALES

La columna de **MEDIOS VISUALES** indica cuándo se deben presentar las transparencias y los vídeos.

Notas de planificación

Provee el espacio para escribir las propias palabras e ilustraciones con las que se desea reemplazar algunas de las partes narradas por el instructor.

Páginas de la Guía del participante

Le permite ver la o las páginas que los participantes tienen delante en sus guías mientras usted habla sin tener que trabajar con dos libros al mismo tiempo. También le permite saber en qué parte de su propio libro están los participantes cuando alguien hace una pregunta.

Lista de los principales materiales

Para presentar el curso *Conviértase en un Cristiano Contagioso*, se necesitan los siguientes materiales:

Artículos	Session							
	1	2	3	4	5	6	7	8
1. La Guía del líder	x	x	x	x	x	x	x	x
2. Las Guías del participante	x	x	x	x	x	x	x	x
3.* Etiquetas y marcadores para escribir nombres en ellas	x	x	x	x	x	x	x	x
4.* Transparencias para proyectar. Antes de cada clase verifique que todo esté en orden. (Nota: le sugerimos enmarcar las transparencias. Puede utilizar marcos para las transparenciaso un marco para el proyector.)	x	x	x	x	x	x	x	x
5.* Proyector listo para operar, pantalla, cable, mesa, bombilla de repuesto, marcadores.	x	x	x	x	x	x	x	x
6. *Vídeo casete del curso Conviértase en un cristiano contagioso.*	x		x	x	x	x	x	x
7. Reproductor y monitor de vídeo listos para operar, mesa, cable, y todos los accesorios necesarios.	x		x	x	x	x	x	x
8.* Optativo: Reproductor de CDs. para pasar música instrumental. (Nota: utilice música antes y después de las sesiones para crear un ambiente distendido.)	x	x	x	x	x	x	x	x

*No resulta necesario cuando se utiliza el formato de grupos pequeños

SESIÓN 1: ¿POR QUÉ CONVERTIRSE EN UN CRISTIANO CONTAGIOSO?

Dinámica de la sesión

Esta sesión introduce el concepto de evangelización a través de relaciones personales. En ella se identifican los estereotipos más comunes y sus componentes básicos. Los participantes también comenzarán a elaborar una *Lista de impacto* con los nombres de las personas que esperan poder conducir a Cristo.

OBJETIVOS

En esta sesión los participantes:

1. Definirán lo que no es la evangelización a través de relaciones personales
2. Identificarán los componentes principales de la evangelización a través de relaciones personales
3. Considerarán los fundamentos bíblicos para la evangelización
4. Comenzarán a elaborar una *Lista de impacto* con las relaciones que se proponen construir

BOSQUEJO

I. Introducción a la sesión
   A. Bienvenidos al curso *Conviértase en un cristiano contagioso* y a la Sesión 1: ¿Por qué convertirse en un cristiano contagioso?
   B. Oración
   C. Resumen previo

II. Descubrimiento
   A. Percepciones con respecto a diferentes profesiones
   B. Percepciones sobre los evangelistas
   C. La evangelización a través de relaciones personales
      1. Es auténtica
      2. Es natural
      3. Es personal
      4. Es verbal
      5. Se entiende como un proceso
      6. Es un trabajo en equipo
      7. "Pone a los demás en primer lugar"
   D. Vídeo viñeta: *¿Por qué convertirse en un cristiano contagioso?*
   E. Comenzar con la *Lista de impacto*

III. Resumen de la sesión
   A. Resumen panorámico de las sesiones que faltan
   B. *Cuestionario sobre estilos de evangelización*

MATERIALES Y EQUIPO

1.	La Guía del líder.
2.	Las Guías del participante.
3.*	Etiquetas y marcadores para escribir nombres en ellas.
4.*	Transparencias para proyectar. Antes de cada clase verifique que todo esté en orden. (Nota: le sugerimos enmarcar las transparencias. Puede utilizar marcos para las transparencias o un marco para el proyector.)
5.*	Proyector listo para operar, pantalla, cable, mesa, bombilla de repuesto, marcadores.
6.	Vídeo casete de la "Sesión 1" del curso *Conviértase en un cristiano contagioso*.
7.	Reproductor y monitor de vídeo listos para operar, mesa, cable, y todos los accesorios necesarios.
8.*	Optativo: Reproductor de CDs. para pasar música instrumental. (Nota: utilice música antes y después de las sesiones para crear un ambiente distendido.)

*No resulta necesario cuando se utiliza el formato de grupos pequeños.

SESIÓN 1

¿Por qué convertirse en un cristiano contagioso?

TIEMPO	CONTENIDO	MEDIOS

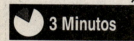

Introducción a la sesión

BIENVENIDOS A LA PRIMERA SESIÓN DEL CURSO "CONVIÉRTASE EN UN CRISTIANO CONTAGIOSO"

1. Reúna a todo el grupo.
2. Dé la bienvenida a los participantes a la Sesión 1 del curso *Conviértase en un cristiano contagioso*.
3. Haga una presentación de su persona.

Transparencia

Bienvenidos al curso *Conviértase en un Cristiano Contagioso*, Sesión 1, "Por qué convertirse en un cristiano contagioso"

ORACIÓN

Amado Padre, queremos comenzar nuestro tiempo juntos diciéndote que estamos agradecidos por ser objeto de tu amor y de tu gracia. Qué maravilloso es que no solamente perdones nuestros pecados, sino que también nos des el increíble privilegio de ser herramientas en tus manos para alcanzar a otros. Por favor, utiliza este tiempo para infundirnos confianza y hacernos eficientes al comunicar nuestra fe, de tal manera que podamos causar un impacto las vidas de muchos amigos y miembros de nuestra familia que lleguen a conocerte. Ayúdanos a convertirnos en cristianos contagiosos que podamos ejercer influencia sobre los que nos rodean. Oramos en el nombre de Cristo. Amén.

*Recordatorio: El tiempo sugerido incluye estrictamente el "contenido" de cada sesión. Por favor, para más información ver las páginas 11 - 13.

Notas de planificación

SESIÓN 1

¿Por qué convertirse en un cristiano contagioso?

RESUMEN PREVIO

En la sesión 1 usted:

1. Describirá lo que no es la evangelización a través de relaciones personales

2. Identificará los componentes principales de la evangelización a través de relaciones personales

3. Considerará los fundamentos bíblicos para la evangelización

4. Comenzará a hacer una *Lista de impacto* con las relaciones que se propone construir

SESIÓN 1

RESUMEN PREVIO

> Guía del participante, página 7.
>
> Nota: La página correspondiente a la Guía del participante también aparece en la página opuesta de la Guía del líder.

Como el título de este curso lo indica, el objetivo es ayudar a que cada uno de nosotros se convierta en un cristiano "contagioso" o transmisor, que ha asimilado el amor de Cristo y hace su mejor esfuerzo por comunicarlo, por contagiar esta nueva vida a quienes quieran escuchar. Dios desea que cada uno de nosotros se convierta en un transmisor eficiente del mensaje transformador del evangelio.

Si alguna vez usted influyó sobre alguien hasta el punto de llevarlo a rendir su vida a Cristo, comprenderá lo que afirmamos: no hay *nada* comparable a la emoción de ser utilizado por Dios de esta manera. No hay nada más importante que ayudar a alguien a encontrarse con el perdón de Dios y la nueva vida que él ofrece. No hay recompensa mejor que saber que los esfuerzos realizados han cambiado el curso de la eternidad para alguien. Nuestra meta es que muy pronto *todos nosotros* nos enrolemos en la aventura de ser usados por Dios de esta manera.

⊃ En esta primera sesión definiremos lo que es la evangelización a través de relaciones personales y lo que *no* es. También identificaremos sus componentes, revisaremos los fundamentos bíblicos para la evangelización, y comenzaremos una *Lista de impacto* con las relaciones que nos proponemos construir.

> Transparencia
>
> **Sesión 1 - Resumen previo**
> 1. Describir lo que no es la evangelización a través de relaciones personales
> 2. Identificar los componentes principales de la evangelización a través de relaciones personales
> 3. Considerar los fundamentos bíblicos de la evangelización
> 4. Comenzar una Lista de impacto con las relaciones que nos proponemos construir

5 Minutos

Descubrimiento *(44 minutos)*

PERCEPCIONES CON RESPECTO A DIFERENTES PROFESIONES

Comencemos considerando algunas de las percepciones que tenemos con respecto a diferentes profesiones dentro de nuestra sociedad. Justa o injustamente, ciertas profesiones tienen una reputación negativa, de la que no parecen poder desprenderse. Sin pretender ser críticos, ¿podríamos pensar en algunos ejemplos?

Notas de planificación

SESIÓN 1

¿Por qué convertirse en un cristiano contagioso?

RESUMEN PREVIO

En la sesión 1 usted:

1. Describirá lo que no es la evangelización a través de relaciones personales

2. Identificará los componentes principales de la evangelización a través de relaciones personales

3. Considerará los fundamentos bíblicos para la evangelización

4. Comenzará a hacer una *Lista de impacto* con las relaciones que se propone construir

SESIÓN 1

> Nota para el líder: Pida varias respuestas al grupo. Si surge la profesión de "evangelista" o alguna variante similar, comente que volverán a esa profesión en unos momentos.
>
> Estas son algunas de las posibles respuestas que obtendrá:
>
> - Políticos
> - Vendedores de vehículos usados
> - Abogados
> - Vendedores de seguros
>
> Recuerde: No es necesario que lea estas "posibles respuestas" al grupo. Solo tienen como fin darle a usted una idea de lo que puede esperar cuando haga esta pregunta.

[Nota manuscrita: Cuáles son los conceptos que tenemos de las diferentes profesiones]

PERCEPCIONES SOBRE LOS EVANGELISTAS

Guía del participante, página 8.

Bien, vayamos a la página 8 de la Guía del participante. ¿Qué pensamiento o idea viene a su mente cuando escucha las palabras "evangelista" o "evangelización"?

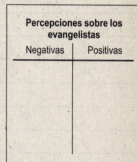

> Nota para el líder: Muchos grupos comenzarán con ejemplos negativos sobre la evangelización o los evangelistas. Escríbalos en la columna de negativos de la transparencia.
>
> Después de recibir unos cuantos ejemplos negativos, pida algunos positivos.
>
> Posibles respuestas:
>
> - *Positivas:* Son personas extrovertidas, comprometidas, intrépidas, sociables, con facilidad de palabra, interesadas en la salvación de los demás. Billy Graham, como ejemplo
> - *Negativas:* Son personas insoportables, insistentes, interesadas en el dinero, insensibles, egoístas.
>
> Si recibe respuestas que pueden ser tanto positivas como negativas, dependiendo del criterio con que se usen, escríbalas en el centro, en medio de las otras dos listas.

Notas de planificación

_____
_____
_____
_____
_____
_____
_____
_____
_____
_____
_____
_____
_____
_____
_____
_____
_____
_____
_____
_____
_____
_____
_____
_____
_____
_____
_____
_____
_____

GUÍA DEL PARTICIPANTE

PERCEPCIONES SOBRE LOS EVANGELISTAS

Negativas	Positivas

¡Como para no ponernos nerviosos al oír la palabra "evangelización" después de haber escuchado algunas de estas descripciones!

> Señale el costado negativo del diagrama.

Uno de los objetivos básicos de esta sesión es superar los estereotipos negativos sobre la evangelización. No tenemos que ser insistentes o insoportables para lograr que el evangelio avance; en realidad eso *evitaría* que nos convirtiéramos en cristianos contagiosos.

> Coloque una gran X cruzando los ejemplos negativos de la transparencia.

Pero, lo que es más importante, este curso nos ayudará a superar un obstáculo menos obvio, que son los estereotipos positivos sobre lo que significa evangelizar.

> Coloque una gran X grande cruzando los ejemplos positivos de la transparencia.

No necesitamos ser personas extrovertidas o con gran facilidad de palabra.

Billy Graham ciertamente constituye un ejemplo muy positivo de lo que es un evangelista, pero no tenemos que ser exactamente como él. Y en realidad, probablemente haya dentro de nuestro círculo de influencia muchas personas que no podrían identificarse con Billy Graham pero *sí podrían* identificarse con nosotros.

El punto clave es que para ser eficaces en la tarea de alcanzar a otros para Cristo no necesitamos convertirnos en personas *raras* que no queremos ser.

> Señale el costado negativo del diagrama.

Tampoco tenemos que convertirnos en *grandes personajes*, que probablemente jamás llegaremos a ser.

> Señale el costado positivo del diagrama.

Más bien seamos *nosotros mismos*. Dios sabía lo que hacía cuando nos formó a usted y a mí. Él le dio a usted la personalidad exacta que deseaba que tuviera y quiere utilizarla para causar un impacto espiritual sobre quienes están a su alrededor.

Notas de planificación

GUÍA DEL PARTICIPANTE

PERCEPCIONES SOBRE LOS EVANGELISTAS

Negativas	Positivas

8

SESION 1

> Escriba la palabra "usted" sobre el diagrama

Necesitamos superar los estereotipos, aun los positivos, hasta llegar al punto en que al oír la palabra "evangelización", pensemos en lo que nosotros estamos haciendo y en la manera en que estamos ayudando a nuestros amigos y familiares a establecer una relación con Dios.

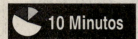

EVANGELIZACIÓN A TRAVÉS DE RELACIONES PERSONALES

Transparencia

Percepciones sobre los evangelistas

Negativas	Positivas
X	X usted

> Guía del Participante, página 9

Si la evangelización eficaz no es convertirnos en personas raras que no queremos ser, ni luchar por llegar a ser grandes personajes, que jamás seremos... ¿entonces qué es?

Pasemos a la siguiente página de la Guía del participante para identificar allí algunos componentes claves de la evangelización a través de relaciones personales.

Es auténtica ① = cierto, genuino, legítimo, real
lo opuesto = copiado, falsificado, imitada

Auténtica: Que es realmente lo que parece o dice ser. Se dice de la persona que actúa de acuerdo con lo que siente y piensa.

> En primer lugar, es auténtica.

La evangelización eficaz fluye de una relación viva y genuina con Cristo, en la que su amor por los perdidos pasa a otros a través de nosotros. La veracidad del cristianismo se demuestra a través de una vida notablemente marcada por el amor y la guía de Dios. Jesús dijo que mientras "permaneciéramos en él", "llevaríamos mucho fruto" (Juan 15:5). En su libro *La Evangelización, un estilo de vida*, Joe Aldrich dice que "los cristianos deben ser las buenas nuevas antes de comunicar las buenas nuevas".

Es natural ②

> En segundo lugar, es NATURAL.

Transparencia

Evangelización a través de relaciones personales
1. Es auténtica
2.
3.
4.
5.
6.
7.

> Nota para el líder: Escriba las respuestas número 2 a 7 en la transparencia a medida que señala cada punto.

En vez de esforzarnos por tratar de ser lo que no somos, debemos permitir que la evangelización a través de relaciones personales refleje nuestra personalidad y manera de ser. ¡Ella se adapta a lo que somos! Hace que los demás se sientan cómodos y les da la seguridad de que lo que tenemos es algo real que vale la pena conocer.

La siguiente sesión estará enteramente dedicada a ayudarnos a entender cuál es el nuestro estilo natural de evangelización.

Transparencia

Evangelización a través de relaciones personales
1. Es auténtica
2. *Es natural*
3.
4.
5.
6.
7.

GUÍA DEL LÍDER

Notas de planificación

SESIÓN UNO

EVANGELIZACIÓN A TRAVÉS DE RELACIONES PERSONALES

1. ES AUTÉNTICA

2. _Es natural_

3. _____

4. ES VERBAL

¿Cómo invocarán a aquel en quien no han creído? ¿Y cómo creerán en aquel de quien no han oído? ¿Y como oirán si no hay quien les predique? (Romanos 10:14).

5. _____

6. ES UN TRABAJO DE EQUIPO

El proceso por el cual una persona llega a Cristo es como una cadena con muchos eslabones. Hay un primer eslabón, eslabones intermedios, y un último eslabón. Muchas influencias y conversaciones preceden a la decisión de una persona de convertirse a Cristo. A veces he tenido la dicha de ser el primer eslabón, generalmente un eslabón intermedio, y ocasionalmente el último eslabón. Dios no me ha llamado a ser siempre el último eslabón. Pero sí a ser fiel y a amar a todas las personas.[1]

7. "PONE A LOS DEMÁS EN PRIMER LUGAR"

---

[1] Cliff Knechtle (evangelista de cruzadas al aire libre de la Intervarsity Christian Fellowship), *Dame Una Respuesta*, Intervarsity Press, 1986 (versión en lengua Inglesa).

9

Es personal

> La evangelización a través de relaciones personales es PERSONAL.

Cuando se trata de alcanzar a personas que necesitan a Cristo existen dos posibles formas de acercamiento: personal o impersonal. La gente hoy parece inmune a muchos de los métodos de comunicación menos personales, como folletos, programas religiosos de radio y televisión, carteles y calcomanías. Sin embargo, están dispuestos a hablar con un amigo personal.

Resistente

Piense en lo que hacemos *usted y yo* cuando necesitamos consejo para tomar una decisión importante o cuando precisamos ayuda para resolver un problema que enfrentamos. ¿A dónde acudimos? Por lo general, hablamos con alguien a quien conocemos y en quien podemos confiar. Si esto es así en nuestro caso, también lo es en el caso de las personas no cristianas que conocemos. Esas personas no quieren hablar sobre temas personales o espirituales con cualquiera. Quieren confiarse a un amigo o una amiga fiel.

Es verbal

> Cuarto, es verbal.

Hablamos de una evangelización a través de relaciones personales, lo que implica mucho más que establecer y construir relaciones esperando que los demás noten por sí mismos la diferencia en nuestras vidas.

Pablo dijo en Romanos 10:14:

> ¿Cómo invocarán a aquel en quien no han creído? ¿Y cómo creerán en aquel de quien no han oído? ¿Y cómo oirán si no hay quien les predique?

Para que la gente capte realmente el mensaje, alguien tiene que explicarlo. Así como las palabras que no son acompañadas por acciones resultan vacías, también lo son las acciones sin palabras.

conociendo a Cristo. Para darlo a conocer

Tenemos que vivir y comunicar el evangelio. A lo largo de estas sesiones aprenderemos maneras de iniciar conversaciones espirituales y explicar con claridad las verdades bíblicas.

Se entiende como un proceso

> Quinto, la evangelización a través de relaciones personales se entiende como UN PROCESO y no como un acontecimiento.

Para ser eficaces no debemos apurar o presionar a una persona. Toma tiempo entender el mensaje, creerlo y actuar de acuerdo con él. Rara vez una persona entrega su vida a Cristo cuando escucha el mensaje por primera vez. Debemos conducir a la gente con paciencia, paso a paso.

Transparencia

Evangelización a través de relaciones personales
1. Es auténtica
2. Es natural
3. Es personal
4.
5.
6.
7.

Transparencia

Evangelización a través de relaciones personales
1. Es auténtica
2. Es natural
3. Es personal
4. Es verbal
5.
6.
7.

Transparencia

Evangelización a través de relaciones personales
1. Es auténtica
2. Es natural
3. Es personal
4. Es verbal
5. Se entiende como un proceso
6.
7.

GUÍA DEL LIDER

Notas de planificación

S E S I Ó N   U N O

EVANGELIZACIÓN A TRAVÉS DE RELACIONES PERSONALES

1. **ES AUTÉNTICA**

2. *Es natural*

3. _____

4. **ES VERBAL**

   ¿Cómo invocarán a aquel en quien no han creído? ¿Y cómo creerán en aquel de quien no han oído? ¿Y como oirán si no hay quien les predique? (Romanos 10:14).

5. _____

6. **ES UN TRABAJO DE EQUIPO**

   El proceso por el cual una persona llega a Cristo es como una cadena con muchos eslabones. Hay un primer eslabón, eslabones intermedios, y un último eslabón. Muchas influencias y conversaciones preceden a la decisión de una persona de convertirse a Cristo. A veces he tenido la dicha de ser el primer eslabón, generalmente un eslabón intermedio, y ocasionalmente el último eslabón. Dios no me ha llamado a ser siempre el último eslabón. Pero sí a ser fiel y a amar a todas las personas.[1]

7. **"PONE A LOS DEMÁS EN PRIMER LUGAR"**

---

[1] Cliff Knechtle (evangelista de cruzadas al aire libre de la Intervarsity Christian Fellowship), *Dame Una Respuesta*, Intervarsity Press, 1986 (versión en lengua Inglesa).

9

Es un trabajo en equipo

↪ Finalmente, la evangelización es un trabajo en equipo.

Raramente Dios utiliza a una sola persona en el proceso de llevar a otra a poner su fe en él. Lo más frecuente es que use a distintos individuos, en diferentes lugares, y a través de acontecimientos contrarios para atraer amorosamente a una persona hacia Cristo. Esto implica dos cosas:

Primero, que no tenemos por que sentir que individualmente cargamos el peso de guiar a nuestros parientes y amigos durante todo el trayecto hasta que pongan su confianza en Jesús. Cliff Knechtle, eficaz evangelista de cruzadas al aire libre, lo expresa de esta manera:

> ↪ *El proceso por el cual una persona llega a Cristo es como una cadena con muchos eslabones. Hay un primer eslabón, eslabones intermedios, y un último eslabón. Muchas influencias y conversaciones preceden a la decisión de una persona de convertirse a Cristo. A veces he tenido la dicha de ser el primer eslabón, generalmente un eslabón intermedio, y ocasionalmente el último eslabón. Dios no me ha llamado a ser siempre el último eslabón. Pero sí a ser fiel y a amar a toda las personas.* [1]

Es alentador saber que podemos ser uno o dos de los eslabones en la cadena que Dios mismo está formando. Y es emocionante el hecho de que todos los "eslabones", desde el primero hasta el último, pueden celebrar juntos con los ángeles en el cielo (Lucas 15: 7, 10) cuando una persona cruza finalmente la línea de fe.

En segundo lugar, implica que resulta estratégicamente importante ponernos de acuerdo intencionalmente con otros cristianos para "eslabonar" nuestras fuerzas y habilidades a fin de guiar a las personas hacia el Señor.

> Nota para el líder: Si su iglesia tiene reuniones para los que están en la búsqueda, o realiza programas para alcanzar a los perdidos, es conveniente que diga algo así:
>
> "Aunque solo podemos hacer esto en una forma personal y limitada, se produce un efecto sinergético cuando actuamos en tándem con los esfuerzos a gran escala que realiza nuestra iglesia, tales como... (mencionar ejemplos locales). Estos programas especialmente pensados para gente interesada pueden resultar tremendamente eficaces para ayudarnos a alcanzar con el mensaje del evangelio a aquellos parientes y amigos que espiritualmente se encuentran perdidos. El propósito de Dios no es que lo hagamos todo nosotros solos".

---

[1] Cliff Knechtle (evangelista de cruzadas al aire libre de Intervarsity Christian Fellowship), *Dame Una Respuesta*, Intervarsity Press, 1986 (versión en lengua Inglesa).

Transparencia

Evangelización a través de relaciones personales
1. Es auténtica
2. Es natural
3. Es personal
4. Es verbal
5. Se entiende como un proceso
6. Es un trabajo en equipo
7.

Transparencia

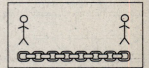

GUÍA DEL LÍDER

Notas de planificación

SESIÓN UNO

EVANGELIZACIÓN A TRAVÉS DE RELACIONES PERSONALES

1. **ES AUTÉNTICA**

2. _____

3. _____

4. **ES VERBAL**

   ¿Cómo invocarán a aquel en quien no han creído? ¿Y cómo creerán en aquel de quien no han oído? ¿Y cómo oirán si no hay quien les predique? (Romanos 10:14).

5. _____

6. **ES UN TRABAJO DE EQUIPO**

   El proceso por el cual una persona llega a Cristo es como una cadena con muchos eslabones. Hay un primer eslabón, eslabones intermedios, y un último eslabón. Muchas influencias y conversaciones preceden a la decisión de una persona de convertirse a Cristo. A veces he tenido la dicha de ser el primer eslabón, generalmente un eslabón intermedio, y ocasionalmente el último eslabón. Dios no me ha llamado a ser siempre el último eslabón. Pero sí a ser fiel y a amar a todas las personas.[1]

7. **"PONE A LOS DEMÁS EN PRIMER LUGAR"**

---

[1] Cliff Knechtle (evangelista de cruzadas al aire libre de la Intervarsity Christian Fellowship), *Dame Una Respuesta*, Intervarsity Press, 1986 (versión en lengua Inglesa).

9

SESIÓN 1

"Pone a los demás en primer lugar"

▷ Existe un último y eficaz componente de la evangelización a través de relaciones personales, y es el principio de "poner a los demás en primer lugar".

Si queremos ganar la confianza de una persona y tener la oportunidad de expresar lo que creemos, tenemos que ponerla en el primer lugar.

Esto significa que debemos conceder importancia a sus intereses, pasatiempos, horario de actividades y a su receptividad. Significa que debemos escuchar sus opiniones antes de darles las nuestras, e interesarnos por su trasfondo, su historia, sus preguntas, sus dudas y sus frustraciones.

Implica preguntarles acerca de sí mismos, de lo que les gusta y les disgusta, de lo que creen o no creen, de lo que tiene valor para ellos y lo que no lo tiene, y luego escuchar con sincero interés acerca de todo eso que los hace ser quienes son.

Ponerlos en primer lugar nos otorga el derecho de hablar también de nuestros propios intereses, que también incluye los intereses espirituales.

Las personas a nuestro alrededor están deseosas de relacionarse con alguien que se interese genuinamente por ellas. Utilizar el principio de "poner a los demás primero" es decisivo en el intento de construir ese tipo de relaciones. Hablaremos más de este principio a través del curso.

Para concluir esta charla sobre evangelización a través de relaciones personales, vamos a proyectar un vídeo de Bill Hybels, pastor titular de la Iglesia de la Comunidad de Willow Creek. Willow Creek es una iglesia ubicada en la periferia de la ciudad de Chicago, conocida por su labor de alcanzar a la gente que no va a las iglesias.

Vayamos a la página 10 de la Guía del participante.

VÍDEO VIÑETA: ¿POR QUÉ CONVERTIRSE EN UN CRISTIANO CONTAGIOSO?

| Guía del Participante, página 10 |

Objetivo

| Identificar los fundamentos bíblicos de la evangelización. |

Instrucciones (1 minuto)

Mientras mira este vídeo:

1. Preste atención a las *razones por las cuales* debemos convertirnos en cristianos contagiosos.
2. Escriba sus respuestas en el espacio provisto para ello.

¿Alguna pregunta sobre las instrucciones?

Transparencia

Evangelización a través de relaciones personales
1. Es auténtica
2. Es natural
3. Es personal
4. Es verbal
5. Se entiende como un proceso
6. Es un trabajo en equipo
7. Pone a los demás en primer lugar

Notas de planificación

_____
_____
_____
_____
_____
_____
_____
_____
_____
_____
_____
_____
_____
_____
_____
_____
_____
_____
_____
_____
_____
_____
_____
_____
_____
_____
_____
_____
_____
_____
_____
_____
_____
_____
_____
_____

GUÍA DEL LÍDER

SESIÓN UNO
EVANGELIZACIÓN A TRAVÉS DE RELACIONES PERSONALES

1. ES AUTÉNTICA

2. _____

3. _____

4. ES VERBAL

¿Cómo invocarán a aquel en quien no han creído? ¿Y cómo creerán en aquel de quien no han oído? ¿Y como oirán si no hay quien les predique? (Romanos 10:14).

5. _____

6. ES UN TRABAJO DE EQUIPO

El proceso por el cual una persona llega a Cristo es como una cadena con muchos eslabones. Hay un primer eslabón, eslabones intermedios, y un último eslabón. Muchas influencias y conversaciones preceden a la decisión de una persona de convertirse a Cristo. A veces he tenido la dicha de ser el primer eslabón, generalmente un eslabón intermedio, y ocasionalmente el último eslabón. Dios no me ha llamado a ser siempre el último eslabón. Pero sí a ser fiel y a amar a todas las personas.[1]

7. "PONE A LOS DEMÁS EN PRIMER LUGAR"

---

[1] Cliff Knechtle (evangelista de cruzadas al aire libre de la Intervarsity Christian Fellowship), *Dame Una Respuesta*, Intervarsity Press, 1986 (versión en lengua Inglesa).

GUÍA DEL PARTICIPANTE
VÍDEO: POR QUÉ CONVERTIRSE EN UN CRISTIANO CONTAGIOSO

1. Mientras mira este vídeo, preste atención a las razones por las que debemos convertirnos en cristianos contagiosos.
2. Escriba sus respuestas en el espacio provisto para ello.

_____
_____
_____
_____
_____
_____
_____
_____
_____
_____
_____

SESIÓN 1

Actividad (15 minutos)

> Proyección del vídeo viñeta: *Por qué convertirse en un cristiano contagioso*

Resumen (3 minutos)

> Nota para el Líder: Solicite a todo el grupo que dé respuestas a las preguntas que aparecen a continuación. Repita usted las respuestas a medida que las vayan dando para estar seguro de que todos las han escuchado.

¿Cual es su reacción a esto?

> Posibles respuestas:
> - Nunca pensé en la evangelización de esa manera.
> - Me siento un poco culpable.
> - Jamás pensé que todo el cielo pudiera hacer fiesta por mí.

¿Cuál fue el fundamento bíblico y la razón personal que Bill Hybels señaló como motivos para convertirnos en cristianos contagiosos?

> Solicite respuestas y repítalas usted para que todos puedan escucharlas. Luego utilice lo siguiente para resumir la conversación.

Para resumir estas respuestas, Bill Hybels a través de Luke mostró que:

Primero: Algo de mucho valor finalmente se pierde. ¡La gente que se pierde le interesa a Dios!

Segundo: Es de tanta importancia, que justifica una búsqueda total, lo que significa que jamás se cruzará ante nuestros ojos alguien que no le importe al Padre.

Tercero: Encontrar lo perdido acaba en una gran celebración. Le importamos tanto al Padre que todo el cielo se regocija cuando nos arrepentimos.

Resulta absolutamente claro que Dios quiere que alcancemos a todos los seres humanos con el evangelio. El mandato aparece en Mateo 28:19-20a:

> *Por tanto, vayan y hagan discípulos de todas las naciones, bautizándolos en el nombre del Padre y del Hijo y del Espíritu Santo, enseñándoles a obedecer todo lo que les he mandado a ustedes.*

Y la manera más eficaz de hacerlo es desarrollar *relaciones* con todas las personas que esperamos alcanzar.

Para ayudarnos a hacerlo, comenzaremos a elaborar una *Lista de Impacto*.

Notas de planificación

GUÍA DEL LÍDER

GUÍA DEL PARTICIPANTE

VÍDEO: POR QUÉ CONVERTIRSE EN UN CRISTIANO CONTAGIOSO

1. Mientras mira este vídeo, preste atención a las razones por las que debemos convertirnos en cristianos contagiosos.
2. Escriba sus respuestas en el espacio provisto para ello.

SESIÓN 1

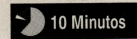 10 Minutos

COMIENCE CON LA *LISTA DE IMPACTO*

> Guía del Participante, página 11

La *Lista de Impacto* es una herramienta que nos ayuda a abandonar la idea de una persona genérica e indefinida que está allá fuera y necesita ser alcanzada, para tomar conciencia de las personas específicas que conocemos y que posiblemente podamos alcanzar para Cristo.

Piense por un momento y luego, en oración, tome nota de las personas que están cerca de usted y a las que podría tratar de conducir al siguiente paso del proceso de evangelización. El próximo paso a dar podría ser precisamente comenzar a desarrollar una relación de amistad con ellas.

Escriba esos nombres en la página 11 de su Guía del participante.

> Haga una pausa para darle a los participantes la oportunidad de escribir un nombre. Verifique que la mayoría lo haya hecho antes de proseguir.

Si usted no logra pensar en un nombre en este preciso momento, está bien. Trabajaremos en esta lista durante el resto de estas sesiones y tendremos tiempo de añadir o cambiar nombres a medida que avancemos.

⊃ Recuerde que es importante desarrollar *relaciones de amistad no condicionadas*. Es necesario que las personas sepan, tanto por palabras como por hechos, que son importantes para nosotros, ya sea que estén o no de acuerdo con el mensaje cristiano.

Cuando haya definido por lo menos una persona, comience a orar por ella. Pídale a Dios que obre en esa vida y que le dé a usted la sabiduría para descubrir cómo llegar a ella con eficacia.

Finalmente, en la siguiente página de su Guía del participante encontrará pautas de oración que le servirán al interceder por las personas de su lista. Puede leerlas usted mismo más adelante.

> Nota para el Líder:
>
> ### Cómo orar por las personas de su *Lista de impacto*
>
> Comience a orar por esas personas. Pídale a Dios que obre en sus vidas y que le dé a usted la sabiduría para descubrir cómo llegar a ellas con eficacia.
>
> Al orar por esas personas, cubra tres esferas:
>
> ### ELLOS
>
> Pídale a Dios que:
>
> - Los atraiga hacia él.
> - Abra sus ojos para que vean lo vacía que es la vida sin él

GUÍA DEL LIDER

Notas de planificación

SESIÓN UNO

COMIENCE UNA LISTA DE IMPACTO

1. Considere cuidadosamente las personas cercanas a usted en las que podría concentrarse con la intención de llevarlas al próximo paso del proceso de evangelización.

2. Haga una lista con los nombres de estas personas en el espacio que sigue a continuación.

_____

_____

_____

_____

_____

_____

_____

Note que los nombres de la *Lista de impacto* irán cambiando a medida que sus amigos se conviertan en cristianos, o que se alejen de su esfera de influencia. Esta lista debe constituir una parte dinámica de su estrategia de evangelización.

Recuerde que no debe desarrollar "relaciones condicionadas" con las personas de su lista. Hágales saber a través de acciones y palabras que ellos le importan, sea que estén de acuerdo con el mensaje cristiano o no.

GUÍA DEL PARTICIPANTE

CÓMO ORAR POR LAS PERSONAS EN SU LISTA DE IMPACTO

Comience a orar por las personas que aparecen en su Lista de Impacto. Pídale a Dios que obre en sus vidas y que le dé sabiduría para descubrir cómo llegar a ellos con eficacia.
Al orar por estas personas, cubra tres esferas:

Ellos

Pídale a Dios que:
- Los atraiga hacia él.
- Abra sus ojos para que vean lo vacía que es la vida sin él.
- Les ayude a ver su necesidad de perdón.
- Despeje la confusión que tienen acerca de él y de la vida que les ofrece.
- Les ayude a captar el significado y la importancia de la cruz de Cristo.
- Abran sus corazones al amor y la verdad divinos.

Usted

Pídale a Dios que:
- Lo ayude a vivir una vida cristiana coherente y atractiva.
- Lo haga auténtico y sincero al enfrentar los avatares de la vida con sus altibajos.
- Le dé sabiduría para descubrir cómo enfocar la relación.
- Amplíe su conocimiento para que esté en capacidad de definir y defender el mensaje del evangelio.
- Le conceda la osadía y el valor apropiados.
- Lo utilice para ayudar a estas personas a entrar en relación con Cristo.

Nosotros

Pídale a Dios que:
- Crezcamos en profundidad y confianza en nuestra relación.
- Nos abra las puertas para poder mantener conversaciones espirituales.
- Guíe esas conversaciones en cuanto a ritmo, frecuencia y contenido.

- Les ayude a ver su necesidad de perdón.
- Despeje la confusión que tienen acerca de él y de la vida que les ofrece.
- Les ayude a captar el significado y la importancia de la cruz de Cristo.
- Abran sus corazones al amor y la verdad divinos.

USTED

Pídale a Dios que:

- Lo ayude a vivir una vida cristiana coherente y atractiva.
- Lo haga auténtico y sincero al enfrentar los avatares de la vida con sus altibajos.
- Le dé sabiduría para descubrir cómo enfocar la relación.
- Amplíe su conocimiento para que esté en capacidad de definir y defender el mensaje del evangelio.
- Le conceda la osadía y el valor apropiados.
- Lo utilice para ayudar a estas personas a entrar en relación con Cristo.

NOSOTROS

Pídale a Dios que:

- Crezcamos en profundidad y confianza en nuestra relación.
- Nos abra las puertas para poder mantener conversaciones espirituales.
- Guíe esas conversaciones en cuanto a ritmo, frecuencia y contenido.

O. K. Ahora hagamos un resumen de lo que hemos visto en esta sesión. Abramos la Guía del participante en la página 13

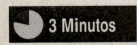

Resumen de la sesión

Guía del participante, página 13

↪ En esta primera sesión hemos identificado algunas de las concepciones erróneas que teníamos sobre la evangelización, y descrito lo que no es la evangelización a través de relaciones personales. También identificamos sus principales componentes, que son: ...¿cuáles?

Transparencia

Resumen de la Sesión 1

En esta sesión:

- Hicimos una descripción de lo que *no* es la evangelización a través de relaciones personales
- Identificamos los componentes de la evangelización a través de relaciones personales
- Revisamos los fundamentos bíblicos de la evangelización
- Comenzamos una *Lista de impacto* con las relaciones a construir

Notas de planificación

_____
_____
_____
_____
_____
_____
_____
_____
_____
_____
_____
_____
_____
_____
_____
_____
_____
_____
_____
_____
_____
_____
_____
_____
_____
_____
_____

SESIÓN UNO

RESUMEN DE LA SESIÓN

En esta sesión usted:

- Hizo una descripción de lo que no es la evangelización a través de relaciones personales
- Identificó los componentes de la evangelización a través de relaciones personales
- Revisó los fundamentos bíblicos de la evangelización
- Comenzó una *Lista de impacto* con las relaciones a construir.

LECTURA SUGERIDA: CAPÍTULOS 1-3

(Libro complementario de *Conviértase en un cristiano contagioso*)

Para obtener más información sobre los temas que discutiremos en cada sesión, proveeremos una sección llamada "Lectura Sugerida", tomada del libro complementario de este curso *Conviértase en un cristiano contagioso* (de Bill Hybels y Mark Mittelberg, Zondervan, 1994).

Para esta primera sesión lo animamos a leer los primeros tres capítulos. Como podrá ver, ilustra y amplía los principios que estamos considerando en este curso. Incluiremos otras lecturas sugeridas de este libro al final de las sesiones subsiguientes.

El capítulo 1 enfatiza que todas las personas le interesan a Dios. El capítulo 2 explora en lo extremadamente provechoso que resulta convertirse en un cristiano contagioso. Y el capítulo 3 ofrece una fórmula bíblica para influir cristianamente sobre nuestro entorno. **AP+EC+CC=MI**. El primer elemento, **AP**, se refiere a la 'alta potencia' (los capítulos 4 a 6 del libro proponen tres rasgos de carácter que nos ayudan a lograrla). El segundo elemento, **EC**, significa 'estrecha cercanía' con aquellos sobre los que esperamos ejercer influencia. Tenemos que desarrollar una relación cercana con ellos. El tercer elemento es **CC**, 'comunicación clara' del mensaje del evangelio. Si combinamos estos tres elementos, Dios los utilizará para producir **MI**, 'máximo impacto' en los demás.

SESIÓN 1

> **Nota para el Líder:** Logre que los participantes le den las siguientes respuestas: La evangelización a través de relaciones personales es:
>
> | | |
> |---|---|
> | Auténtica | Un proceso |
> | Natural | Un trabajo en equipo |
> | Personal | "Poner a los Demás Primero" |
> | Verbal | |

⊃ También hemos repasado las razones por las que debemos evangelizar (sus fundamentos bíblicos). Finalmente, comenzamos con nuestra *Lista de impacto*.

Para obtener más información sobre esta sesión puede leer los capítulos 1 al 3 del libro complementario a *Conviértase en un cristiano contagioso*. Una breve descripción de él aparece en la página 13 de la Guía del participante.

Lectura sugerida: capítulos 1-3
(Libro complementario a *Conviértase en un cristiano contagioso*)

Para obtener más información sobre los tópicos que discutiremos en cada sesión, proveeremos una sección llamada "Lectura Sugerida", tomada del libro complementario a este curso *Conviértase en un Cristiano Contagioso* (de Bill Hybels y Mark Mittelberg, Zondervan, 1994).

Para esta primera sesión lo animamos a leer los primeros tres capítulos. Como podrá ver, ilustra y amplía los principios que estamos considerando en este curso. Incluiremos otras lecturas sugeridas de este libro al final de las sesiones subsiguientes.

El capítulo uno enfatiza el punto de que todas las personas le interesan a Dios. El capítulo 2 explora en lo extremadamente provechoso que resulta convertirse en un cristiano contagioso. Y el capítulo 3 ofrece una fórmula bíblica para influir cristianamente sobre nuestro entorno. **AP + EC + CC = MI**. El primer elemento, **AP**, se refiere a la 'alta potencia' (los capítulos 4 a 6 del libro proponen tres rasgos de carácter que nos ayudan a lograrla). El segundo elemento, **EC**, significa 'estrecha cercanía' con aquellos sobre los que esperamos ejercer influencia. Tenemos que desarrollar una relación cercana con ellos. El tercer elemento es **CC**, 'comunicación clara' del mensaje del evangelio. Si combinamos estos tres elementos, Dios los utilizará para producir **MI**, 'máximo impacto' en los demás.

Notas de planificación

S E S I Ó N   U N O

RESUMEN DE LA SESIÓN

En esta sesión usted:

- Hizo una descripción de lo que no es la evangelización a través de relaciones personales
- Identificó los componentes de la evangelización a través de relaciones personales
- Revisó los fundamentos bíblicos de la evangelización
- Comenzó una *Lista de impacto* con las relaciones a construir.

LECTURA SUGERIDA: CAPÍTULOS 1-3

(Libro complementario de *Conviértase en un cristiano contagioso*)

Para obtener más información sobre los temas que discutiremos en cada sesión, proveeremos una sección llamada "Lectura Sugerida", tomada del libro complementario de este curso *Conviértase en un cristiano contagioso* (de Bill Hybels y Mark Mittelberg, Zondervan, 1994).

Para esta primera sesión lo animamos a leer los primeros tres capítulos. Como podrá ver, ilustra y amplía los principios que estamos considerando en este curso. Incluiremos otras lecturas sugeridas de este libro al final de las sesiones subsiguientes.

El capítulo 1 enfatiza que todas las personas le interesan a Dios. El capítulo 2 explora en lo extremadamente provechoso que resulta convertirse en un cristiano contagioso. Y el capítulo 3 ofrece una fórmula bíblica para influir cristianamente sobre nuestro entorno. **AP+EC+CC=MI**. El primer elemento, **AP**, se refiere a la 'alta potencia' (los capítulos 4 a 6 del libro proponen tres rasgos de carácter que nos ayudan a lograrla). El segundo elemento, **EC**, significa 'estrecha cercanía' con aquellos sobre los que esperamos ejercer influencia. Tenemos que desarrollar una relación cercana con ellos. El tercer elemento es **CC**, 'comunicación clara' del mensaje del evangelio. Si combinamos estos tres elementos, Dios los utilizará para producir **MI**, 'máximo impacto' en los demás.

RESUMEN PANORÁMICO DE LAS SESIONES RESTANTES

En la página 14 de la Guía del participante tenemos un anticipo de las sesiones subsiguientes.

> En la próxima sesión, titulada "Sea usted mismo", descubrirá un estilo de evangelización que acompaña naturalmente a la personalidad que Dios le ha dado.
> En la Sesión 3 aprenderemos dónde y cómo construir relaciones verdaderas con nuestros amigos no creyentes, y cómo iniciar conversaciones espirituales.
> En las Sesiones 4 y 5 aprenderemos a comunicar con eficacia nuestra fe, lo que incluye realizar prácticas de narración de nuestra historia, (nuestro testimonio) y de explicación del mensaje del evangelio.
> En la Sesión 6 practicaremos cómo ayudar a alguien a cruzar la línea de fe. Y en la Sesión 7 realizaremos la práctica de unir estos tres elementos.
> Finalmente, en la Sesión 8 consideraremos las preguntas y objeciones más comunes que nuestros amigos hacen.

> El propósito de este curso es ayudarnos para que cada uno de nosotros se convierta en un cristiano contagioso. Es decir, un cristiano equipado con el conocimiento y la habilidad necesaria para comunicar su fe de manera eficaz.

Con el fin de ayudarnos a dominar estas habilidades, veremos videos que muestran en forma dramatizada las técnicas sobre las que trataremos. Luego practicaremos algunas de ellas entre nosotros aquí, en este ambiente seguro, antes de utilizarlas en la realidad con nuestros parientes y amigos. El esfuerzo que hagamos por hacerlo bien nos dará seguridad en nosotros mismos. Como lo afirma 1ª de Pedro 3:15:

Estén siempre preparados para responder a todo el que les pida razón de la esperanza que hay en ustedes.

Transparencia

Sesión 2:	Sea usted mismo
Sesión 3:	Cómo construir relaciones
Sesión 4:	¿Cuál es su historia?
Sesión 5:	¿Cuál es la historia de Dios?
Sesión 6:	Cómo cruzar la línea
Sesión 7:	Cómo integrar todas las partes
Sesión 8:	Objeciones

Notas de planificación

GUÍA DEL LÍDER

GUÍA DEL PARTICIPANTE

RESUMEN PANORÁMICO DE LAS SESIONES RESTANTES

Sesión 2: Sea usted mismo

Sesión 3: Cómo construir relaciones

Sesión 4: ¿Cuál es su historia?

Sesión 5: ¿Cuál es la historia de Dios?

Sesión 6: Cómo cruzar la línea

Sesión 7: Cómo integrar todas las partes

Sesión 8: Objeciones

> **Objetivo del curso: ¡Que cada uno se convierta en un cristiano contagioso!**
>
> Que nos transformemos en cristianos equipados con el conocimiento y las habilidades necesarias para comunicar la fe de manera eficaz.

CUESTIONARIO SOBRE ESTILOS DE EVANGELIZACIÓN

Antes del receso tienen una tarea, que consiste en completar el *Cuestionario sobre estilos de evangelización*, y anotar sus puntos. Lo haremos como parte del receso. Pero asegúrense de completar el cuestionario antes de comenzar la próxima sesión.

> Nota para el Líder: Si usted presenta las sesiones 1 y 2 en semanas diferentes, o con diferencia de más de una hora, no necesita pedirle a los participantes que completen el cuestionario *ahora*. Tan solo pídales que lo terminen antes de la próxima reunión.
>
> Encontrará una copia del *Cuestionario sobre estilos de evangelización* en las páginas 255 a 257 del Anexo.

Pasemos a la página 15 de la Guía del participante.

Instrucciones

1. Anote una respuesta numérica a cada una de las 36 afirmaciones que siguen, según el grado en que se apliquen a usted:

    3   Mucho
    2   Algo
    1   Muy poco
    0   Nada

2. Traslade sus respuestas a la planilla que aparece al pie de la página 18, y sume cada columna.

Completar este ejercicio debería tomarles entre 8 y 10 minutos. Comenzaremos la sesión 2 a las _____ (indique la hora).

> Receso.

SESIÓN UNO
CUESTIONARIO SOBRE ESTILOS DE EVANGELIZACIÓN

INSTRUCCIONES

1. Anote una respuesta numérica a cada una de las 36 afirmaciones que siguen, según el grado en que se apliquen a usted:
   - 3 Mucho
   - 2 Algo
   - 1 Muy poco
   - 0 Nada
2. Traslade sus respuestas a la planilla que aparece al pie de la página 18, y sume cada columna:

____ 1. En una conversación me gusta abordar los temas de manera directa, sin mucha charla innecesaria y sin dar rodeos.

____ 2. Se me hace difícil salir de una librería o de una biblioteca sin llevarme una buena cantidad de libros que me ayuden a comprender mejor los temas que se están debatiendo en la sociedad.

____ 3. A menudo cuento experiencias personales a fin de ilustrar algún punto que deseo explicar.

____ 4. Soy una persona "dada a la gente" que valora mucho la amistad.

____ 5. Disfruto incluyendo nuevas personas en las actividades de las que participo.

____ 6. Detecto necesidades en las personas que muchas veces pasan desapercibidas para otros.

____ 7. No me da vergüenza poner a una persona en su lugar cuando hace falta.

____ 8. Tengo la tendencia a ser analítico.

____ 9. Con frecuencia me identifico con otras personas a través de frases como "Yo pensaba así también" o "En una ocasión me sentí como usted".

GUÍA DEL PARTICIPANTE
CUESTIONARIO SOBRE ESTILOS DE EVANGELIZACIÓN

____ 10. Muchas personas han comentado acerca de mi habilidad para hacer nuevas amistades.

____ 11. Para ser sincero, aunque conozca las respuestas me siento más cómodo cuando alguien "mejor preparado" les explica a mis amigos de qué se trata el cristianismo.

____ 12. Me siento realizado ayudando a otros, a menudo desde atrás del escenario, o en forma privada.

____ 13. No tengo ningún problema en confrontar a mis amigos con la verdad aún a riesgo de dañar nuestra relación.

____ 14. En las conversaciones tiendo a concentrarme en las cuestiones que frenan el progreso espiritual de una persona.

____ 15. Descubro que la gente se interesa en escuchar cuando cuento sobre la manera en que llegué a Cristo.

____ 16. Yo prefiero ahondar en asuntos relacionados con la vida personal que en conceptos teológicos abstractos.

____ 17. Cuando me entero de algún acontecimiento evangelístico de calidad, que sé que a mis amigos les gustaría presenciar, realizo cualquier esfuerzo por llevarlos.

____ 18. Prefiero mostrar el amor más a través de mis acciones que de mis palabras.

____ 19. Creo que el amor verdadero muchas veces implica decirle la verdad a alguien aunque lo lastime.

____ 20. Me gustan las conversaciones y debates sobre temas difíciles.

____ 21. Intencionalmente les menciono mis errores a otras personas cuando sé que les puede ayudar a encontrar la solución a la que yo arribé.

SESIÓN UNO
CUESTIONARIO SOBRE ESTILOS DE EVANGELIZACIÓN

____ 22. Prefiero embarcarme en una conversación que tenga que ver con la vida de una persona antes que lidiar con sus creencias.

____ 23. Estoy atento a llevar gente cuando se producen acontecimientos espirituales estratégicos (como conciertos, esfuerzos evangelísticos y reuniones especiales).

____ 24. Descubro que cuando las personas están espiritualmente cerradas, una discreta demostración de amor cristiano las vuelve más receptivas.

____ 25. El lema que mejor va conmigo es: "Haz algo bueno o haz un gran lío, pero haz algo".

____ 26. A menudo me frustran las personas que utilizan argumentos endebles o una lógica pobre.

____ 27. A la gente parece interesarle escuchar historias acerca de cosas que sucedieron en mi vida.

____ 28. Disfruto de mantener largas conversaciones con mis amigos.

____ 29. Siempre busco proveer a mis amigos de libros o llevarlos a distintos encuentros que resulten adecuados para suplir sus necesidades e intereses y de los cuales disfruten o se beneficien.

____ 30. Me siento más cómodo ayudando en sus necesidades a una persona en el nombre de Cristo que embarcándome en discusiones religiosas.

____ 31. A veces me meto en problemas por falta de sensibilidad o gentileza en el trato con las personas.

____ 32. Procuro encontrar las razones que subyacen bajo las opiniones que las personas manifiestan.

GUÍA DEL PARTICIPANTE
CUESTIONARIO SOBRE ESTILOS DE EVANGELIZACIÓN

____ 33. Todavía estoy asombrado por la manera en que Dios me trajo al camino de la fe, y me siento motivado a contárselo a los demás.

____ 34. La gente en general me considera como una persona sociable, sensible, e interesada en los demás.

____ 35. Un hecho importante de mi semana sería poder llevar a un amigo a algún programa de la iglesia.

____ 36. Tengo una inclinación a ser más práctico y dado a la acción, que filosófico o intelectual.

De confrontación	Intelectual	Testimonial	Personal	Por invitación	De servicio
#1 ___	#2 ___	#3 ___	#4 ___	#5 ___	#6 ___
#7 ___	#8 ___	#9 ___	#10 ___	#11 ___	#12 ___
#13 ___	#14 ___	#15 ___	#16 ___	#17 ___	#18 ___
#19 ___	#20 ___	#21 ___	#22 ___	#23 ___	#24 ___
#25 ___	#26 ___	#27 ___	#28 ___	#29 ___	#30 ___
#31 ___	#32 ___	#33 ___	#34 ___	#35 ___	#36 ___
TOTALES					

SESIÓN 2
SEA USTED MISMO

Dinámica de la sesión

En la Sesión 1 tratamos sobre algunas concepciones erróneas que se suelen tener acerca de la evangelización y definimos lo que es la evangelización a través de relaciones personales. Descubrimos los fundamentos bíblicos. Por ejemplo, que a Dios le interesan los perdidos. Cada participante comenzó una *Lista de impacto* con las relaciones que se propone construir. El fin último es predicarles el evangelio.

En esta sesión los participantes descubrirán cuál de los seis estilos de evangelización (de confrontación, intelectual, testimonial, personal, por invitación, o de servicio) se adecua más a ellos, y aprenderán qué pasos dar para desarrollar mejor ese estilo. La Evaluación de los estilos de evangelización se utilizará con el propósito de ayudar a los participantes a lograr una mejor comprensión de su estilo de evangelización y del de otros.

OBJETIVOS

En esta sesión el participante:
1. Identificará su estilo de evangelización.
2. Descubrirá cómo desarrollarlo.
3. Confirmará su estilo de evangelización utilizando la *Evaluación de los estilos de evangelización*.

BOSQUEJO

I. Introducción a la sesión
    A. Bienvenida
    B. Repaso
    C. Repaso previo

II. Descubrimiento
    A. Seis estilos de evangelización
        1. De confrontación
        2. Intelectual
        3. Testimonial
        4. Personal
        5. Por invitación
        6. De servicio
    B. Actividad individual: *Evaluación de los estilos de evangelización*
    C. Actividad por grupos: *Estilos de evangelización*

III. Resumen de la sesión

DINÁMICA DE LA SESIÓN 2

MATERIALES Y EQUIPO

1.	La Guía del líder
2.	Las Guías del participante
3.*	Etiquetas y marcadores para escribir nombres en ellas
4.*	Transparencias para proyectar. Antes de cada clase verifique que todo esté en orden. (Nota: le sugerimos enmarcar las transparencias. Puede utilizar marcos para las transparencias o un marco para el proyector.)
5.*	Proyector listo para operar, pantalla, cable, mesa, bombilla de repuesto, marcadores.
6.*	Vídeo casete de la "Sesión 2" del curso *Conviértase en un cristiano contagioso*.
7.	Reproductor y monitor de vídeo listos para operar, mesa, cable, y todos los accesorios necesarios.
8.*	Optativo: Reproductor de CDs. para pasar música instrumental.

*No resulta necesario cuando se utiliza el formato de grupos pequeños.

SESIÓN 2

Sea usted mismo

| TIEMPO | CONTENIDO | MEDIOS |

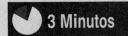
3 Minutos

Sesión de introducción

Transparencia

Sesión 2- Sea usted mismo

BIENVENIDA

Bienvenidos a la sesión 2, Sea usted mismo.

REPASO

En la sesión 1 hablamos sobre los estereotipos que tenemos con respecto a la evangelización, tanto los positivos como los negativos.

También hicimos una lista de los componentes principales de la evangelización a través de relaciones personales e identificamos sus fundamentos bíblicos: que a Dios le importan los perdidos y que quiere utilizarnos para alcanzarlos. También comenzamos a elaborar nuestra *Lista de impacto* con las relaciones que nos proponemos construir.

Pasemos a la página 19 de la Guía del participante

RESUMEN PREVIO

Guía del participante, página 19.

Transparencia

Resumen previo de la Sesión 2
1. Identificará su estilo de evangelización
2. Descubrirá los pasos a dar para desarrollarlo
3. Ampliará su comprensión en cuanto a los estilos de evangelización de los demás

⮑ En esta sesión identificaremos nuestro estilo de evangelización y los pasos que debemos dar para desarrollarlo. También ampliaremos nuestra comprensión acerca de los estilos de evangelización de otros mediante la *Evaluación de los estilos de evangelización,* y de ejercicios en grupos.

Notas de planificación

SESIÓN 2

Sea usted mismo

RESUMEN PREVIO

En la sesión 2 usted:

1. Identificará su estilo de evangelización.

2. Descubrirá cómo desarrollarlo.

3. Ampliará su comprensión en cuanto a los estilos de evangelización de los demás.

SESIÓN 2

Descubrimiento *(46 minutos)*

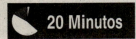

SEIS ESTILOS DE EVANGELIZACIÓN

> Guía del participante, página 20.

En la última sesión señalamos que convertirse en un cristiano contagioso no significa convertirse en una persona rara que uno no quiere ser ni en una persona importante que probablemente nunca será. Por el contrario, cada uno de nosotros debe *ser él mismo* y permitirle a Dios que obre a través del estilo natural que él le dio. ¡Qué liberador y emocionante es darnos cuenta que Dios sabía lo que hacía cuando nos hizo, y que él quiere obrar a través de nuestra personalidad, que es única en el mundo!

Podemos encontrar ejemplos de por lo menos seis diferentes estilos de evangelización en la Biblia. Aunque esta no es una lista exhaustiva, la mayoría de las personas se adapta bien a uno de estos estilos o a una combinación de ellos.

Los estilos son:
- De confrontación
- Intelectual
- Testimonial
- Personal
- Por invitación
- De servicio

Usted ya ha completado el Cuestionario sobre estilos de evangelización y ha identificado su estilo básico. Algunos de ustedes calificaron alto en más de un estilo, lo que indica que tienen habilidad para manejarse en varios de ellos, según sea la necesidad particular.

Ahora vamos a considerar estos estilos en mayor profundidad, para llegar a conocer mejor nuestro estilo y el de los demás.

Pasemos a la página 20 de la Guía del participante.

El estilo de confrontación

⊃ El primer estilo que analizaremos será el de confrontación.

Los que piensan que corresponden a este estilo levanten la mano.

> Haga una pausa. Anime a los participantes a descubrir el estilo que tiene cada uno.

Transparencia

Seis estilos de evangelización
- De confrontación
- Intelectual
- Testimonial
- Personal
- Por invitación
- De servicio

Notas de planificación

GUÍA DEL PARTICIPANTE

SEIS ESTILOS DE EVANGELIZACIÓN

EL ESTILO DE CONFRONTACIÓN

Ejemplo bíblico: _____

Características:

- Seguro

- Impulsivo

- _____

Ejemplos contemporáneos:

- Billy Graham

- Chuck Colson

Advertencia:

Tenga mucho tacto al confrontar a la gente con la verdad para evitar ofenderlos sin necesidad.

Ejemplo bíblico

⊃ PEDRO en HECHOS 2 es un ejemplo bíblico de este estilo.

En este pasaje Pedro se paró frente a miles de personas en Jerusalén, la misma ciudad donde Jesús había sido crucificado pocas semanas antes, y los confrontó con la verdad acerca de Cristo. Pedro no suavizó el mensaje, lo presentó de manera franca y directa: habían sido ellos quienes habían matado al Mesías y tenían un grave problema con Dios.

Lo importante aquí es notar que esta forma de acercamiento no era extraña a la personalidad del apóstol. Él era un hombre sincero, una persona que no conocía los términos medios: "o todo o nada". Una vez había saltado de su barca para ir al encuentro de Jesús; en otra ocasión había caminado sobre el agua; y la noche del arresto del Señor le había cortado la oreja a un hombre con su espada. El estilo de confrontación iba muy bien con Pedro porque su personalidad era por naturaleza así.

Y este era el estilo que Dios necesitaba para la situación descrita en Hechos 2. El Espíritu Santo usó poderosamente el desafío lanzado por Pedro: "Arrepiéntanse y bautícese cada uno de ustedes..." Y tres mil personas acudieron a Cristo en busca de perdón aquel día.

Características

⊃ Estas personas tienen como característica ser seguras, impulsivas y DIRECTAS. También de poco hablar.

Cuando desarrollan bien su estilo, no temen abordar los temas espirituales de manera directa. Es el tipo de persona que al hablar con alguien que ha estado en peligro de muerte en un accidente no titubea en preguntarle: "¿Estaba usted preparado para morir si eso hubiera ocurrido en el accidente?"

Ejemplos contemporáneos

⊃ Algunos ejemplos contemporáneos del estilo de confrontación son los evangelistas Billy Graham y Chuck Colson.

Nota para el líder: Al tratar este y los demás estilos, agregue ejemplos de personas que el grupo conozca y por quiénes sientan respeto. Explique también su propio estilo a los participantes.

Si dispone de tiempo adicional, cuente acerca de algunas circunstancias en las que estas personas hayan sido usadas con éxito para llevar el mensaje del evangelio a los demás.

Transparencia

> **El estilo de confrontación**
> Ejemplo bíblico:
> PEDRO, en HECHOS 2
> Características:
> • Seguro
> • Impulsivo
> • DIRECTO

Notas de planificación

GUÍA DEL PARTICIPANTE

SEIS ESTILOS DE EVANGELIZACIÓN

EL ESTILO DE CONFRONTACIÓN

Ejemplo bíblico: _____

Características:

- Seguro

- Impulsivo

- _____

Ejemplos contemporáneos:

- Billy Graham

- Chuck Colson

Advertencia:

Tenga mucho tacto al confrontar a la gente con la verdad para evitar ofenderlos sin necesidad.

Advertencia:

⊃ Aquí va una advertencia para los que se manejan con este estilo de confrontación. Tengan mucho tacto al confrontar a la gente con la verdad para evitar que se ofendan sin necesidad.

El estilo intelectual

⊃ ¿Cuántos de ustedes creen pertenecer a este estilo? Levanten la mano.

> Pausa.

Ejemplo bíblico

⊃ El apóstol PABLO en el capítulo 17 de HECHOS es un ejemplo bíblico de este estilo.

En esa ocasión Pablo hablaba con un grupo de filósofos en Atenas, que probablemente no eran el tipo de personas que pudieran responder bien al estilo de confrontación. Por lo tanto, el apóstol usó el estilo intelectual, que en él era, en realidad, el más frecuente. Se puede apreciar la forma en que razonó con ellos. Partiendo de la expresión "a un Dios desconocido", elaboró un argumento lógico, que guardaba relación con los hechos, y terminó presentándoles al Cristo resucitado.

Características

⊃ Las personas que se manejan con este estilo tienen como característica ser inquisitivas, analíticas y LÓGICAS.

Les gusta debatir y disfrutan cuando pueden hacer un análisis de las ideas. Tienen la tendencia a hacer preguntas como: "¿Qué piensa usted?", "¿Por qué?" o "¿Cómo sabe usted?"

Ejemplos contemporáneos

⊃ Ejemplos de este estilo hoy son Josh McDowell y D. James Kennedy.

Advertencia:

⊃ Un par de advertencias para aquellos que utilizan este estilo: Es necesario no solo dar respuestas sino transmitir el mensaje del evangelio. Lo uno no sustituye a lo otro. Y tengan cuidado de no convertirse en argumentadores, dados a la discusión por la discusión en sí.

Transparencia

El estilo intelectual
Ejemplo bíblico:
  PABLO, en HECHOS 17
Características:
  • Inquisitivo
  • Analítico
  • LÓGICO

Notas de planificación

S E S I Ó N   D O S

SEIS ESTILOS DE EVANGELIZACIÓN

EL ESTILO INTELECTUAL

Ejemplo bíblico: _____

Características:

- Inquisitivo

- Analítico

- _____

Ejemplos contemporáneos:

- Josh McDowell

- D. James Kennedy

Advertencia:

Es necesario no solo dar solo respuestas sino transmitir el mensaje del evangelio. Lo uno no sustituye lo otro. Y tengan cuidado de no convertirse en argumentadores, dados a la discusión por la discusión en sí.

El estilo testimonial

⊃ El estilo que sigue es el testimonial.

Todos los que piensen que este es su estilo, levanten la mano.

> Pausa.

Ejemplo bíblico:

⊃ El CIEGO que se menciona en JUAN capítulo 9 constituye un ejemplo bíblico de este estilo.

Jesús le devolvió la vista a este hombre de manera milagrosa. Al ser interrogado por los líderes religiosos hostiles a Cristo, no les respondió confrontándolos ni razonando con ellos. Más bien les contó su propia experiencia y les explicó lo que Jesús había hecho por él: "Lo único que sé es que yo era ciego y ahora veo".

Todos nosotros tenemos una historia que contar acerca de la obra de Dios en nuestra vida, pero algunas personas tienen una habilidad especial para presentar el evangelio en un estilo testimonial.

Características:

⊃ Algunas características de estas personas: son comunicadores claros, buenos narradores, y OYENTES ATENTOS.

También tienen la capacidad de establecer una relación entre su experiencia y la de los demás.

Ejemplos contemporáneos:

⊃ Los ejemplos contemporáneos son Corrie ten Boom y Joni Erickson Tada.

Advertencia:

⊃ Tenga cuidado de no hablar de usted mismo sin relacionar su experiencia con la de la persona con quien habla. Lo primero que debe hacer es *escucharla* para poder conectar su experiencia con la de ella.

El estilo personal

Aquellos de ustedes que piensen que este podría ser su estilo personal básico levanten su mano.

> Pausa.

Transparencia

El estilo testimonial
Ejemplo bíblico:
   EL CIEGO, de JUAN 9
Características:
   • Comunicador claro
   • Buen narrador
   • OYENTE ATENTO

Notas de planificación

GUÍA DEL PARTICIPANTE

SEIS ESTILOS DE EVANGELIZACIÓN

EL ESTILO TESTIMONIAL

Ejemplo bíblico: _____

Características:

- Comunicador claro

- Buen narrador

- _____

Ejemplos contemporáneos:

- Corrie ten Boom

- Joni Erickson Tada

Advertencias:

Tenga cuidado de no hablar de usted mismo sin relacionar su experiencia con la de la persona con quien habla. Lo primero que debe hacer es *escucharla* para poder conectar su experiencia con la de ella.

Ejemplo bíblico:

⊃ Un ejemplo bíblico del estilo personal es MATEO, en LUCAS 5:29

Mateo acababa de tener su experiencia de fe cuando cayó en la cuenta de que sus amigos recaudadores de impuestos todavía no conocían a Jesús. Entonces se le ocurrió la idea de ofrecer un banquete, o dar "una fiesta con propósito" a la que nosotros llamamos "la fiesta de Mateo". La preparó con el propósito de que sus amigos pudieran codearse y alternar con Jesús y sus discípulos.

Aunque todos nosotros debemos desarrollar relaciones con aquellos a quienes esperamos alcanzar para Cristo, los que utilizan el estilo personal se especializan en este campo. Ellos profundizan su relación con un gran número de personas, y utilizan la amistad y la confianza que generan para llevar a otros al Señor.

Características:

⊃ Tienen una personalidad cálida, son conversadores, DADOS A HACER AMISTADES, y muestran una tendencia a enfocar su atención en las personas y sus necesidades más que en las ideas.

Ejemplos contemporáneos:

⊃ Algunos ejemplos contemporáneos son: Becky Pippert y Joe Aldrich.

Advertencias:

⊃ Si utiliza este estilo, evite concederle más valor a la amistad que a la comunicación de la verdad. Presentar el evangelio a menudo significa cuestionar el rumbo entero de la vida de alguien, y eso puede, por lo tanto, causar fricciones en la relación.

El estilo por invitación

¿Y qué del estilo por invitación? ¿Cuántos de ustedes se identifican con él? Levanten sus manos.

> Pausa.

> Nota: Si son pocas las personas que levantan sus manos identificándose con este estilo se debe a que florece solo donde se dan las oportunidades apropiadas. Quizás a usted y a los demás líderes de su ministerio les gustaría planear algunas actividades de extensión que podrían resultar estratégicas para que estas personas tuvieran dónde invitar a sus amigos.

Transparencia

El estilo personal
Ejemplo bíblico:
  MATEO, en LUCAS 5:29
Características:
• Cálido
• Conversador
• DADO A HACER AMISTADES

Notas de planificación

SESIÓN DOS

SEIS ESTILOS DE EVANGELIZACIÓN

EL ESTILO PERSONAL

Ejemplo bíblico: _____

Característica:

- Cálido

- Conversador

- _____

Ejemplos Contemporáneos:

- Becky Pippert

- Joe Aldrich

Advertencias:

Si utiliza este estilo, evite concederle más valor a la amistad que a la comunicación de la verdad. Presentar el evangelio a menudo significa cuestionar el rumbo entero de la vida de alguien, y eso puede, por lo tanto, causar fricciones en la relación.

Ejemplo bíblico:

⊃ La MUJER JUNTO AL POZO que se menciona en JUAN 4 es un ejemplo bíblico del estilo por invitación.

Jesús hablaba con la mujer junto al pozo. Cuando la convenció de que era profeta de Dios y posiblemente el Mesías, ella corrió a buscar a la gente de su aldea. Su propósito no era tanto presentarles la verdad en forma personal sino invitarlos a escuchar a Jesús por sí mismos. Ella utilizó el estilo de invitación, con el resultado de que muchos se convirtieron.

Algunos son extraordinariamente capaces de interesar a los demás en lo que ellos hacen. Hay personas que llenan su automóvil con gran cantidad de amigos y conocidos cuando van a algún lugar. Si aplicaran su habilidad de invitar para evangelizar, podrían hacer un gran impacto en beneficio del reino de Dios.

Según George Barna, experto en crecimiento de la iglesia:

Una encuesta realizada recientemente con alcance nacional (en los Estados Unidos) *entre personas adultas que no asisten a la iglesia, indicó que el veinticinco por ciento de ellas lo haría si un amigo se tomara el tiempo y la molestia de invitarlas. Eso equivale a uno de cada cuatro adultos. Si la población que no va a la iglesia en este país se encuentra aproximadamente entre los sesenta y los setenta millones de personas (nuestra mejor estimación), eso significa que entre quince y dieciocho millones de adultos esperan que los inviten a una iglesia.*[1]

¡Imagine! ¡Uno de cada cuatro entre nuestros amigos iría a la iglesia, si nosotros, (no algún extraño) lo invitáramos! ¡Qué tremenda oportunidad, en especial para quienes utilizamos este estilo!

Características:

⊃ Las personas que utilizan este estilo tienen como característica ser hospitalarias, dadas a las relaciones interpersonales, y PERSUASIVAS.

Disfrutan conocer gente nueva y ven a menudo los nuevos amigos.

Ejemplos Contemporáneos:

⊃ Un ejemplo contemporáneo es Ruth Graham.

> Nota para el líder: Cuando viaja con su esposo para asistir a alguna cruzada de Billy Graham, Ruth Graham con frecuencia entra en las tiendas y negocios de esa ciudad e invita específicamente a los empleados a asistir a la cruzada.

---

[1] George Barna, El Marketing en la Iglesia, NavPress, 1988, p. 111.

Transparencia

El estilo por invitación
Ejemplo Bíblico:
LA MUJER JUNTO AL POZO, de JUAN 4.
Características:
- Hospitalario
- Dado a las relaciones interpersonales
- PERSUASIVO

Notas de planificación

GUÍA DEL PARTICIPANTE

SEIS ESTILOS DE EVANGELIZACIÓN

EL ESTILO POR INVITACIÓN

Ejemplo Bíblico: _____

Características:

- Hospitalario

- Dado a las relaciones interpersonales

- _____

Ejemplo contemporáneo:

- Ruth Graham

Advertencia:

No permita que los demás hablen por usted. Necesita "estar siempre preparado para presentar defensa... ante todo el que le demande razón de la esperanza que hay en usted" (1 Pedro 3:15).

SESIÓN 2

Advertencia:

⊃ Advertencia: La gente que usa el estilo por invitación no debe permitir que otros dominen siempre la conversación. Como se nos dice en 1 de Pedro 3:15:

Estemos siempre preparados para presentar defensa... ante todo el que nos demande razón de la esperanza que hay en nosotros.

El estilo de servicio

⊃ Nuestro último estilo es el de servicio. ¿Cuántos de ustedes piensan que este es su estilo?

> Pausa.

Ejemplo Bíblico:

⊃ DORCAS, en HECHOS 9 es un ejemplo bíblico de este estilo.

Dorcas fue una mujer que sirvió a otros en nombre de Cristo y *"se esmeraba en hacer buenas obras y en ayudar a los pobres"* (Hechos 9:36). Una de sus formas de servicio era hacer mantos y vestidos para las viudas de su ciudad. Su manera de servir al parecer causaba impacto a favor del reino de Dios. Cuando murió, el Señor guió a Pedro a orar por ella y a reintegrarla al servicio resucitándola de los muertos. (¡*Tiene* ciertas ventajas el utilizar este estilo!)

Algunas personas sirven a los demás de una manera que atrae la atención hacia Cristo y hacia la transformación que el Señor ha operado en sus vidas. Aquellos que utilizan el estilo de servicio no sirven a los demás *en vez de* evangelizarlos. Más bien evangelizan *a través de* su servicio. Sus actos de bondad, carentes de egoísmo, por lo regular les abren las puertas para hablar de Dios a algunas personas a las que sería imposible alcanzar con cualquiera de los otros estilos mencionados antes.

Características:

⊃ Por lo general son dados a los demás, humildes y PACIENTES.

Ven las necesidades y se gozan supliéndolas. A menudo son personas poco inclinadas a hablar.

Ejemplos contemporáneos:

⊃ Aunque no se habla mucho de estas dos personas como modelos de evangelización, algunos ejemplos contemporáneos podrían incluir a la Madre Teresa y a Jimmy Carter.

Transparencia

El estilo de servicio
Ejemplo bíblico:
  DORCAS en HECHOS 9
Características:
  • Dados a los demás
  • Humildes
  • PACIENTES

Notas de planificación

S E S I Ó N   D O S

SEIS ESTILOS DE EVANGELIZACIÓN

EL ESTILO DE SERVICIO

Ejemplo Bíblico: _____

Características:

- Dado a los demás

- Humilde

- _____

Ejemplos contemporáneos:

- Madre Teresa

- Jimmy Carter

Advertencia:

Así como "las palabras no reemplazan a las acciones", "las acciones tampoco reemplazan a las palabras". En Romanos 10:14 se establece claramente que debemos presentar a Cristo *verbalmente* a las personas.

SESIÓN 2

Advertencia:

⊃ Así como "las palabras no reemplazan a las acciones", "las acciones tampoco reemplazan a las palabras". En Romanos 10:14 se establece claramente que debemos presentar a Cristo *verbalmente* a las personas.

Esto último puede hacerlo de manera sencilla señalando a Jesús como la motivación central de sus actos de servicio.

Tampoco subestime el valor de su servicio. A través de este estilo es posible alcanzar a muchos de los individuos más duros y negativos. Los actos de servicio hechos con amor son irresistibles y difíciles de refutar.

Vamos a la página siguiente del libro, titulada: *Evaluación de los estilos de evangelización.*

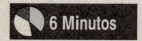

ACTIVIDAD INDIVIDUAL: *EVALUACIÓN DE LOS ESTILOS DE EVANGELIZACIÓN*

> Guía del participante, página 26

Objetivo

> Que a cada uno le quede claro cuál es su estilo básico de evangelización y que descubra los pasos a dar para desarrollarlo a través de esta *Evaluación de los estilos de evangelización*.

Instrucciones (1 minuto)

Durante esta actividad individual se espera que usted:

1. Ubique dentro de esta *evaluación de estilos* el que ha identificado como su estilo básico de evangelización.

2. A medida que avance a través de la información acerca de su estilo personal, verifique que cada punto se aplique a usted. Si comienza a darse cuenta de que varios puntos no lo describen a usted en particular, fíjese en el estilo en el que ha obtenido el segundo puntaje en el *Cuestionario de estilos de evangelización*. Considere si ese estilo no le va mejor.

3. Identifique una sugerencia con la que comenzar a desarrollar su estilo.

4. Defina cuál es su estilo (o sus estilos) y escríbalo en la *Lista de impacto* (parte interior de la contratapa de la Guía del participante). Durante la Sesión 3 explicaremos más sobre la *Lista de impacto*.

¿Tienen alguna pregunta sobre las instrucciones?

Cuentan con 4 minutos para completar este ejercicio.

Si alguien termina antes del tiempo establecido, puede buscar las referencias bíblicas dadas sobre su estilo o revisar la información acerca de los otros estilos.

Notas de planificación

GUÍA DEL PARTICIPANTE

ACTIVIDAD: EVALUACIÓN DE LOS ESTILOS DE EVANGELIZACIÓN

El siguiente material de referencia provee información adicional sobre cada estilo de evangelización. Los individuos que muestran un estilo en particular evidencian ciertos rasgos típicos, algunos de los cuales se mencionan aquí. Los encontrará de mucha utilidad para comprender mejor su estilo de evangelización, o confirmarlo.

INSTRUCCIONES

1. Ubique dentro de esta *evaluación de estilos* el que usted ha identificado como su estilo básico de evangelización.

2. A medida que avance a través de la información acerca de su estilo personal, verifique que cada punto se aplique a usted. Si comienza a darse cuenta de que varios puntos no lo describen a usted en particular, fíjese en el estilo en el que ha obtenido el segundo puntaje en el *Cuestionario de estilos de evangelización*. Considere si ese estilo no le va mejor.

3. Identifique una sugerencia con la que comenzar a desarrollar su estilo.

4. Defina cuál es su estilo (o sus estilos) y escríbalo en la *Lista de impacto* (parte interior de la contratapa de la Guía del participante).

Nota: No se confunda si ha alcanzado buen puntaje en más de un estilo. Esto indicaría que usted puede trabajar en diferentes estilos, dependiendo de la necesidad en particular. También al probar distintos estilos, uno o dos de ellos emergerán con más fuerza que los otros.

SESIÓN 2

> Encontrará copias de estas evaluaciones en las páginas 258 a 263 del Anexo de la Guía del líder.

Actividad (4 minutos)

> Avise a los participantes cuando les quede un minuto.
>
> Al finalizar los 4 minutos reúna otra vez el grupo.

Resumen (1 minuto)

La evaluación de los estilos de evangelización debe haberle provisto algunas ideas adicionales concernientes a su estilo particular. Ahora, en un ejercicio de grupo, vamos a ver más sobre el estilo de otros.

Pasemos a la página 35 de la Guía del participante.

REUNIÓN POR GRUPOS: *ESTILOS DE EVANGELIZACIÓN*

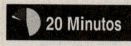

> Guía del participante, página 35

Objetivos:

> 1. Clarificar el propio estilo de evangelización a través de describirlo a los demás.
> 2. Mejorar su comprensión del estilo de los demás.

Instrucciones (1 minuto)

Forme un grupo con otras tres personas.

1. Utilizando la Evaluación de los estilos de evangelización, describa su estilo personal para hacer que le resulte más claro a su grupo:
   a. Señale por qué considera que ese estilo es el que mejor se adapta a usted.
   b. Indique las precauciones que considera necesario tomar con respecto a su estilo
   c. Mencione una idea que piensa que lo ayudará a desarrollar su estilo.
2. Escuche a las diferentes personas que integran su grupo para alcanzar una mejor comprensión de los otros estilos de evangelización.
3. El grupo seleccionará a alguien para llevar control del tiempo, de modo que todos tengan oportunidad de hablar.

¿Alguna pregunta sobre las instrucciones?

Tienen 16 minutos para completar este ejercicio.

Notas de planificación

SESIÓN DOS

EJERCICIO POR GRUPOS: ESTILOS DE EVANGELIZACIÓN

INSTRUCCIONES

Forme un grupo con otras tres personas.

1. Utilizando la *Evaluación de los estilos de evangelización*, describa su estilo personal para hacer que le resulte más claro a su grupo:

   a. Señale por qué considera que ese estilo es el que mejor se adapta a usted.

   b. Indique las precauciones que considera necesario tomar con respecto a su estilo de evangelización.

   c. Mencione una idea que piensa que lo ayudará a desarrollar su estilo.

2. Escuche a las diferentes personas que integran su grupo para alcanzar una mejor comprensión de los otros estilos de evangelización.

3. El grupo seleccionará a alguien para llevar control del tiempo, de modo que todos tengan oportunidad de hablar.

SESIÓN 2

Actividad (16 minutos)

> Avise a los participantes cuando solo les queden 2 minutos
>
> Reúna al grupo de nuevo al finalizar los 16 minutos

Resumen (3 minutos)

¿Qué se ha logrado mediante este ejercicio?

> Posibles respuestas:
> - El prestar atención a las advertencias verdaderamente me ayudó.
> - Escuchar a los demás describir su estilo me ayudó a tener más claridad sobre el mío.
> - El darme cuenta de que puedo ser yo mismo, diferente a la persona que tengo al lado, me alentó.

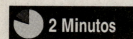

Resumen de la sesión

Guía del participante, página 36

Transparencia

> **Sesión 2 resumen**
> En esta sesión hemos:
> - Identificado nuestros estilos de evangelización.
> - Descubierto algunos pasos a dar para desarrollarlos.
> - Mejorado nuestra comprensión del estilo de evangelización de otros.

⊃ En esta sesión hemos considerado seis ejemplos de estilos de evangelización y hemos identificado uno, o una combinación de ellos, que sentimos como nuestro. También hemos analizado los pasos a dar para desarrollar nuestros estilos, y hemos ampliado nuestra comprensión en cuanto al estilo de otras personas.

¿No es un alivio saber que Dios nos puede usar para alcanzar a otros tal como somos? No tenemos que esforzarnos por adoptar una personalidad que no nos queda, y con la cual en realidad resultaríamos menos eficientes, de ser posible el cambio.

Al salir hoy de aquí, siéntase feliz por haber descubierto la realidad de que Dios sabía lo que hacía cuando lo hizo a usted. Él lo diseñó como una pieza única, mezcla de personalidad y ciertas habilidades, intereses, dones espirituales, y pasión. Todo esto con el fin de darle un estilo evangelístico que impacte eficazmente sobre muchas de las personas que lo rodean.

Lo que único que necesitamos es desarrollar nuestros estilos y ponerlos en funcionamiento. En la próxima sesión comenzaremos a hacerlo, al enfocar la manera de construir relaciones estratégicas.

El resto de este curso se centrará en las habilidades prácticas a utilizar, y cada uno las aplicará de manera natural según el estilo que Dios le haya dado.

Notas de planificación

GUÍA DEL PARTICIPANTE

RESUMEN DE LA SESIÓN

En esta sesión usted ha:

- Identificado su estilo de evangelización

- Descubierto los pasos necesarios para desarrollarlo

- Mejorado su comprensión de los estilos de evangelización de otras personas

LECTURA SUGERIDA: CAPÍTULO 9

(Libro complementario a *Conviértase en un Cristiano Contagioso*)

Para explorar más profundamente el tema de cómo alcanzar a otros siendo uno mismo, lea el capítulo 9, titulado "Encuentre una forma de acercamiento que se adecue a usted". Esto ampliará la comprensión de su estilo de evangelización.

> **Lectura sugerida: capítulo 9**
> (Libro complementario a *Conviértase en un Cristiano Contagioso*)
>
> Para explorar más profundamente el tema de cómo alcanzar a otros siendo uno mismo, lea el capítulo 9, titulado "Encuentre una forma de acercamiento que se adecue a usted". Esto ampliará la comprensión de su estilo de evangelización.

> Oración de conclusión.

> Nota para el líder: Concluya las sesiones 2, 4, 6 y 8 con una oración apropiada para su grupo. A continuación incluimos una oración modelo:
>
> Gracias Padre porque tú sabías lo que hacías cuando me diseñaste a mí y a cada una de las personas que está aquí. Te agradecemos que tú no nos pidas que seamos lo que no somos ni que nos imitemos los unos a los otros. Más bien nos has dado a cada uno un estilo único mediante el cual quieres alcanzar a todo tipo de personas con tu verdad. Ayúdanos a salir de aquí con un nuevo sentido de libertad y con entusiasmo al pensar en la forma en que nos usarás para traer a otros hacia ti. Enséñanos a ser activos y a actuar estratégicamente para alcanzar a todas las personas cuyos nombres tenemos escritos. Oramos en el nombre de Jesús, Amén.

SESIÓN 3
CÓMO CONSTRUIR RELACIONES

Dinámica de la sesión

Hasta aquí hemos corregido las concepciones erróneas acerca de la evangelización y hemos hablado de su importancia (los perdidos le interesan a Dios; por lo tanto deben interesarnos a nosotros). En la sesión 2 los participantes identificaron sus propios estilos de evangelización y se familiarizaron con los estilos de los demás. También aprendimos que siendo auténticos podemos ser utilizados por Dios para alcanzar a otros.

En esta sesión aprenderemos cómo alcanzar a otros con eficiencia, construyendo primero con ellos relaciones genuinas. Hablaremos acerca de dónde y cómo construir esas relaciones y discutiremos también sobre cómo hacer la transición a una conversación espiritual.

OBJETIVOS

En esta sesión el participante:

1. Aprenderá cómo iniciar una relación
2. Aprenderá algunos métodos adecuados para iniciar conversaciones espirituales
3. Hará un listado de frases útiles para la transición a una conversación espiritual.

BOSQUEJO

I. Sesión de introducción
   A. Bienvenida
   B. Oración
   C. Repaso
   D. Panorámica

II. Descubrimiento
   A. Cómo construir relaciones
      1. Personas que usted conoce
      2. Personas que usted alguna vez conoció
      3. Personas que le gustaría conocer
      4. Puntos a recordar
         a) Ore
         b) Escuche
         c) Trabaje sobre puntos de interés común
         d) Mencione lo antes posible los temas espirituales
   B. Cómo iniciar conversaciones espirituales
      1. Tres métodos
         a) Método directo
         b) Método indirecto: *Vídeo viñeta*
         c) Método de invitación: *Vídeo viñeta*

2. Ejercicio individual: *Cómo comenzar una conversación espiritual*
3. Principios sobre cómo iniciar conversaciones espirituales
C. Ejercicio individual: *Lista de impacto*.

III. Resumen de la sesión

MATERIALES Y EQUIPO

1.	Guía del líder
2.	Guías del participante
3.*	Etiquetas y marcadores para escribir nombres en ellas
4.*	Proyector y diapositivas. Verifique antes de cada clase para estar seguro de que tiene todo lo que necesita y de que todo está en orden. (Nota: Le sugerimos enmarcar las diapositivas. Puede utilizar marcos para las transparencias o un marco para el proyector.)
5.*	Proyector listo y funcionando, pantalla, cable, mesa, bombilla de repuesto, marcadores.
6.	Vídeo casete de la Sesión 3, *Conviértase en un cristiano contagioso*
7.	Reproductor de vídeo y monitor listo y en funcionamiento, mesa, cable de extensión eléctrica, y todos los cables de conexión necesarios.
8.*	Opcional: Reproductor de casete o de CD para pasar música instrumental. (Nota: Utilice la música antes y después de las sesiones para crear un ambiente de tranquilidad.)

*No es necesario cuando se usa el formato de grupo pequeño.

SESIÓN 3

Cómo construir relaciones

TIEMPO	CONTENIDO	MEDIOS

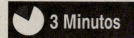 **3 Minutos**

Introducción a la sesión

Transparencia

Sesión 3 - Cómo construir relaciones

BIENVENIDA

Bienvenidos a la Sesión 3, Cómo construir relaciones.

ORACIÓN

Amado Padre, queremos comenzar haciendo una pausa para agradecerte por habernos diseñado, por habernos hecho únicos y habernos dado la habilidad de alcanzar a otros para ti, actuando de manera natural tal como somos. Te pedimos que utilices esta sesión para ayudarnos a descubrir ideas prácticas a fin de poder desarrollar, con eficiencia y de manera natural, relaciones de amistad con las personas perdidas que te necesitan. Ayúdanos a ser cada día cristianos capaces de "contagiar" nuestra fe al interactuar con ellas. Te encomendamos este tiempo. Oramos en el nombre de Jesús. Amén.

REPASO

Hasta aquí hemos tratado sobre las concepciones erróneas que teníamos y hemos aprendido que la evangelización es importante porque los perdidos le interesan a Dios.

Consideramos también que debido a la resistencia espiritual que se ha desarrollado en nuestra cultura la forma más eficaz de alcanzar a las personas es establecer con ellas relaciones de genuina amistad.

Descubrimos que una manera de lograrlo con eficiencia es utilizando nuestro propio estilo de evangelización, es decir, siendo las personas que Dios quiso que fuéramos.

En esta sesión trataremos sobre cómo establecer, intencionalmente, auténticas relaciones de amistad con los que esperamos alcanzar.

Notas de Planificación

SESIÓN 3

Cómo construir relaciones

PANORÁMICA

En la sesión 3 usted:

1. Aprenderá cómo iniciar una relación.

2. Identificará algunos métodos adecuados para iniciar conversaciones espirituales.

3. Escribirá algunas frases útiles para hacer la transición a una conversación espiritual.

SESIÓN 3

Para ilustrar la importancia de este acercamiento, consideremos cómo fuimos alcanzados la mayoría de nosotros. Si usted llegó a Cristo por un medio menos personal, tal como un programa de radio o de televisión, o por un folleto entregado por un extraño, levante su mano.

> Tome nota de todos los que levantaron la mano y diga algo así: "¡Qué maravilloso! ¡Gracias a Dios por todos los métodos que él utiliza para traernos a su Reino!"

Si usted llegó al Señor por la dedicación de un amigo, compañero de trabajo, o miembro de su familia, o mediante la relación con alguna persona, levante su mano.

> Pídales que mantengan las manos en alto y que miren a su alrededor; es muy probable que la mayoría tenga las manos levantadas.

Espero que esta pequeña encuesta nos ayude a comprender por qué enfatizamos el acercamiento personal.

La realidad es que los amigos confían en sus amigos y los escuchan. Por lo tanto, para alcanzar a otros con eficiencia, primero debemos construir con ellos relaciones genuinas. La amistad nos lleva a mostrarles que verdaderamente nos interesamos por ellos más allá del progreso espiritual que hagan.

Pase a la página 37 de su Guía del participante.

PANORÁMICA

Guía del participante, página 37

⊃ En esta sesión aprenderemos a iniciar relaciones e identificaremos algunos métodos a través de los cuales comenzar conversaciones espirituales. Vemos a ver un vídeo que muestra dos de esos métodos. Al final escribiremos frases útiles para hacer la transición a una conversación espiritual.

Para los que ya utilizan este estilo interpersonal de evangelización, lo que analizaremos será apenas un repaso de algo natural en ellos. A los demás, estas consideraciones les darán una nueva perspectiva.

Pase a la página siguiente.

Transparencia

Sesión 3 Panorámica
1. Aprenda cómo iniciar una relación
2. Identifique algunos métodos para iniciar conversaciones espirituales
3. Escriba algunas frases útiles para realizar la transición a una conversación espiritual.

GUÍA DEL LÍDER

Notas de Planificación

SESIÓN 3

Cómo construir relaciones

PANORÁMICA

En la sesión 3 usted:

1. Aprenderá cómo iniciar una relación.

2. Identificará algunos métodos adecuados para iniciar conversaciones espirituales.

3. Escribirá algunas frases útiles para hacer la transición a una conversación espiritual.

Nota para el líder: En algunos grupos surgen objeciones con respecto a la idea de establecer relaciones con los no creyentes. Las objeciones por lo general siguen este lineamiento:

¿No nos dice la Biblia que salgamos de en medio de ellos y nos mantengamos separados? Dice también que "la amistad con el mundo es enemistad contra Dios" y "No se dejen engañar: 'Las malas compañías corrompen las buenas costumbres'". ¿No es contradecir a la Biblia y peligroso para los cristianos enviarlos ahora a comenzar una nueva amistad con aquellas mismas personas que procuraban alejarlos de Dios?

Aquí van algunas ideas para confrontar estos argumentos:

En primer lugar, Dios nos advierte que seamos precavidos porque los peligros son reales. Jesús dijo: "Los envío como ovejas en medio de lobos" (Mateo 10: 16b). Ese es un lugar peligroso para las ovejas, pero notemos que es *él* quien nos envía allí. Por eso necesitamos ser "astutos como serpientes y sencillos como palomas" (Mateo 10:16b). Posteriormente nos manda ir a todo el mundo en su nombre, y promete estar con nosotros todos los días hasta el fin del mundo (Mateo 28:20).

Segundo, un análisis más cuidadoso de estos versículos que hablan de separación revela que se refieren fundamentalmente a separarnos del *pecado* de la gente, y no de la gente. Jesús oró señalando que nosotros estaríamos en el mundo pero sin ser del mundo (Juan 17:15). Él mismo fue acusado de ser "amigo de ... pecadores" (Lucas 7:34), y en vez de negarlo, aceptó ese rótulo y lo llevó sobre sí. De igual manera nosotros debemos ser amigos de la gente en el mundo, sin aceptar de ninguna manera una amistad o algún compromiso con el pecado del mundo.

En definitiva, en cualquier relación con no creyentes debemos asegurarnos de ser la influencia espiritual predominante. Cuando esto no es así, la otra persona se convierte para nosotros en el tipo de influencia mala y corrupta acerca de la cual nos previene la Biblia (1 Corintios 15:33). Entonces debemos retraernos, al menos por cierto tiempo, y hacer todo lo necesario para que se restablezca nuestra fortaleza y estabilidad espiritual. De esta manera podemos mantenernos a la ofensiva y no a la defensiva.

GUÍA DEL LÍDER

Notas de Planificación

SESIÓN 3

Cómo construir relaciones

PANORÁMICA

En la sesión 3 usted:

1. Aprenderá cómo iniciar una relación.

2. Identificará algunos métodos adecuados para iniciar conversaciones espirituales.

3. Escribirá algunas frases útiles para hacer la transición a una conversación espiritual.

37

SESIÓN 3

Descubrimiento *(46 minutos)*

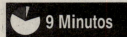 9 Minutos

CÓMO CONSTRUIR RELACIONES

> Guía del participante, página 38

Si construir relaciones genuinas es la clave para alcanzar a otros para Cristo, entonces la primera pregunta es: "¿Dónde buscamos iniciar aquellas relaciones que con el tiempo nos brindarán la oportunidad de presentarles a Cristo?"

Las personas que ya conocemos

⊃ El primer lugar fácil de pasar por alto es la gente que YA conocemos.

¿Qué ejemplos podemos dar de relaciones que ya tenemos y que podemos llegar a desarrollar más?

> Posibles respuestas:
> - Familiares
> - Vecinos
> - Amigos
> - Compañeros de trabajo

A continuación incluimos algunas sugerencias que ayudan a desarrollar este tipo de relaciones:

Para empezar, no significa que debamos comenzar una gran cantidad de actividades nuevas para las que no tenemos tiempo, sino más bien que comencemos a:

⊃ Iincluir a estas personas en las actividades que YA ESTAMOS REALIZANDO.

Por ejemplo, compartir una comida, realizar actividades con los niños, mirar juntos un partido, o ayudarnos unos a otros en las tareas domésticas.

La segunda sugerencia es:

⊃ Organizar una "FIESTA DE MATEO".

Ya hablamos de esto durante la última sesión. (El banquete de Mateo mencionado en Lucas 5:29.) En vez de ser directamente evangelística, la "Fiesta de Mateo" es una actividad social diseñada para interrelacionar a nuestros amigos que no van a la iglesia con aquellos que son cristianos, y de esta manera facilitar una interacción que dé comienzo a algunas relaciones.

Transparencia

Personas que ya conocemos
- Incluirlas en actividades que ya ESTEMOS REALIZANDO
- Organizar una "FIESTA DE MATEO"
- ¡INVITARLAS A UN ASADO PRIMERO!

Notas de Planificación

GUÍA DEL PARTICIPANTE

CÓMO CONSTRUIR RELACIONES

PERSONAS QUE _____ CONOCEMOS

Sugerencias:

- Incluirlas en actividades que _____

- Organizar una _____

- _____ primero!

PERSONAS QUE _____ CONOCIMOS

PERSONAS QUE NOS _____ CONOCER

Sugerencias:

- Estrategias _____

PUNTOS A TENER EN CUENTA

- _____

- _____

- Construir sobre estos aspectos _____

- Mencionar las cuestiones espirituales _____

38

Las fiestas de Mateo pueden ser desde reuniones pequeñas, como una cena en el hogar de alguien, hasta reuniones masivas, como por ejemplo una fiesta para toda la manzana en la que vivimos, o un concierto comunitario. Cuando usted lo organice, asegúrese de que sus amigos cristianos visiten a aquellos a quienes se quiere atraer.

La tercera sugerencia es el conocido principio:

⊃ ¡EL ASADO VIENE PRIMERO!

Esto significa que debemos interactuar con la gente en el plano *social*. Al hacerlo, comenzamos a construir la confianza y a comunicarnos en un nivel más personal, lo que aumenta las probabilidades de poder hablar con ellos de asuntos espirituales.

> **Nota para el líder:** Si usted tiene un relato que ejemplifique el principio de que el asado viene primero, úselo en lugar de la siguiente historia:

A Mark Mittelberg (uno de los autores de este curso) le recordaron este principio cuando invitó a sus nuevos vecinos, a quienes casi no conocía, a ir con él a una reunión de la iglesia. La pareja rehusó con cortesía la invitación pero ellos dijeron que les gustaría invitarlos a un asado en el patio de su casa, si él y su esposa Heidi aceptaban. Mientras se iba, Mark pensó: *"¡Qué estoy haciendo! Si esto es lo que yo enseño. ¡Primero el asado, y luego los asuntos espirituales!"*

Pocas semanas después, Mark y Heidi invitaron a sus vecinos a salir una noche. Pero hicieron el pacto entre ambos de no sacar temas espirituales por lo menos hasta que hubieran compartido varios "asados". Para su sorpresa, esa noche (después de solo un "asado") ¡sus *vecinos* iniciaron una conversación sobre temas espirituales!

> **Nota para el líder:** No hay diapositivas para las dos secciones siguientes.

Personas que alguna vez conocimos

⊃ El siguiente grupo está integrado por personas que alguna vez conocimos.

Implica renovar relaciones con no creyentes de los que nos hemos alejado durante algún tiempo.

¿Pueden pensar algunos ejemplos para este grupo?

Notas de Planificación

_____
_____
_____
_____
_____
_____
_____
_____
_____
_____
_____
_____
_____
_____
_____
_____
_____
_____
_____
_____
_____
_____
_____
_____
_____
_____
_____
_____

GUÍA DEL PARTICIPANTE

CÓMO CONSTRUIR RELACIONES

PERSONAS QUE _____ **CONOCEMOS**

Sugerencias:

- Incluirlas en actividades que _____
- Organizar una _____
- _____ primero!

PERSONAS QUE _____ **CONOCIMOS**

PERSONAS QUE NOS _____ **CONOCER**

Sugerencias:

- Estrategias _____

PUNTOS A TENER EN CUENTA

- _____
- _____
- Construir sobre estos aspectos _____
- Mencionar las cuestiones espirituales _____

> Posibles respuestas:
> - Compañeros de colegio
> - Antiguos socios en el trabajo
> - Antiguos vecinos
> - Amigos con quienes hemos perdido contacto

Retomar contacto con estas personas podría requerir algún esfuerzo, pero nos asombrará descubrir lo dispuestos que estarán muchos a renovar la amistad, aunque haya pasado mucho tiempo.

Personas a quienes nos gustaría conocer

⮕ Finalmente está el grupo de personas a quienes nos gustaría conocer.

¿En qué lugares piensa que puede encontrar este tipo de amistades?

> Posibles respuestas:
>
> - Grupos cívicos
> - Clubes de cuidado de la salud
> - Organizaciones comunitarias
> - Ligas deportivas

⮕ Además de estas ideas, otra sugerencia es utilizar lo que llamamos CONSUMO ESTRATÉGICO.

Se trata del intento deliberado de frecuentar el mismo restaurante, la misma estación de gasolina, o la misma tienda para procurar conocer a la gente que trabaja allí. Esas personas no están ahí simplemente para servirnos. A Dios le interesan, y necesitan ayuda para establecer una relación con él. Si durante nuestras visitas mantenemos esto en mente, y oramos y buscamos oportunidades para que Dios nos use, nos asombraremos al ver lo que puede pasar.

> Nota para el líder: Si usted tiene una anécdota que sirva de ejemplo en cuanto a consumo estratégico, utilícela en lugar de la siguiente:

Notas de Planificación

_____
_____
_____
_____
_____
_____
_____
_____
_____
_____
_____
_____
_____
_____
_____
_____
_____
_____
_____
_____
_____
_____
_____
_____
_____
_____
_____
_____
_____

GUÍA DEL PARTICIPANTE

CÓMO CONSTRUIR RELACIONES

PERSONAS QUE _____ CONOCEMOS

Sugerencias:

- Incluirlas en actividades que _____
- Organizar una _____
- _____ primero!

PERSONAS QUE _____ CONOCIMOS

PERSONAS QUE NOS _____ CONOCER

Sugerencias:

- Estrategias _____

PUNTOS A TENER EN CUENTA

- _____
- _____
- Construir sobre estos aspectos _____
- Mencionar las cuestiones espirituales _____

Un ejemplo de esto es lo que le ocurrió a Marcos cuando comenzó a concurrir a un restaurante cercano a su oficina. Llegó a conocer a los propietarios, Maggie y Esteban. Un día descubrió que Maggie había perdido un embarazo por segunda vez. Procuró darle ánimo en esos días tan difíciles. A los pocos meses, ella le contó que estaba embarazada otra vez. Esto le proporcionó a Marcos una oportunidad para orar, allí mismo en el restaurante, por ella y por el bebé que iba a nacer. Hasta este momento ella no ha decidido entregar su vida a Cristo, pero está cada día más interesada en hablar sobre el asunto. Y todo comenzó a través de un contacto sistemático en su propio negocio.

Puntos a tener en cuenta

Cuando comenzamos con este proceso de iniciar relaciones con personas que conocemos, o que alguna vez conocimos, o que nos gustaría conocer, necesitamos tener en cuenta los siguientes puntos:

Orar

⊃ El primer punto es ORAR.

A medida que hacemos contacto con la gente, debemos pedirle a Dios que nos indique con quién quiere él que desarrollemos una relación. Pidamos al Espíritu Santo que nos guíe hacia esas personas que él está preparando, para estar al lado de ellas, y para ayudarlas a hacer una evaluación del estado espiritual en que se encuentran; o sea, que descubran para qué están preparadas y para qué no.

Una palabra de advertencia: Muchos de nosotros, sin saber por qué, llegamos a la conclusión de que Dios solo nos acercará a personas con quienes nos será difícil relacionarnos. Sin duda, él nos pide que amemos a algunos con los que a veces no tenemos afinidad, pero también nos da su permiso para desarrollar relaciones con personas que sí nos agradan, y desea que lo hagamos. Recordémoslo al orar buscando la dirección de Dios.

Escuchar

⊃ El siguiente punto es ESCUCHAR.

La mayoría de nosotros ha oído hablar sobre este asunto, pero con frecuencia no hemos logrado ponerlo en práctica. No podemos construir relaciones auténticas si no sabemos escuchar.

Esto significa mostrar un genuino interés por las personas, por su vida, por lo que les preocupa... y hacerlo con respeto. También significa ser transparentes y vulnerables en el trato con ellos. La mayoría de las personas tiene muy pocos amigos que se interesen lo suficiente como para escucharlos, que se tomen el tiempo de entenderlos realmente, y con quienes poder comentar sus asuntos personales.

Esta es nuestra oportunidad para formar parte de esa pequeña lista, mostrándoles que sí nos interesan.

Transparencia

Punto a tener en cuenta:
- ORAR
- ESCUCHAR
- Construir sobre aspectos DE INTERÉS COMÚN
- Mencionar los asuntos espirituales en la PRIMERA OPORTUNIDAD

Notas de Planificación

_____
_____
_____
_____
_____
_____
_____
_____
_____
_____
_____
_____
_____
_____
_____
_____
_____
_____
_____
_____
_____
_____
_____
_____
_____
_____
_____
_____
_____
_____

GUÍA DEL PARTICIPANTE

CÓMO CONSTRUIR RELACIONES

PERSONAS QUE _____ CONOCEMOS

Sugerencias:

- Incluirlas en actividades que _____
- Organizar una _____
- _____ primero!

PERSONAS QUE _____ CONOCIMOS

PERSONAS QUE NOS _____ CONOCER

Sugerencias:

- Estrategias _____

PUNTOS A TENER EN CUENTA

- _____
- _____
- Construir sobre estos aspectos _____
- Mencionar las cuestiones espirituales _____

Construir sobre aspectos de interés común

⊃ El próximo punto es construir sobre aquellos aspectos que son de INTERÉS COMÚN.

Pueden ser intereses o actividades en los que tanto nosotros como ellos estemos comprometidos. Tal vez sus niños y los nuestros tengan la misma edad. O quizás estemos en el mismo tipo de trabajo u ocupación, o nos asemejemos en cuanto a gustos y preferencias musicales. También puede ser que tengamos, o hayamos tenido, las mismas luchas o los mismos problemas. Cualquiera sea el aspecto en común, descubrámoslo y desarrollémoslo. Será bueno planear actividades o mantener conversaciones más profundas relacionadas con esos asuntos de interés común.

Mencionar lo asuntos espirituales en cuanto tengamos oportunidad

⊃ Recordemos que al iniciar este tipo de relaciones debemos hacer mención a los asuntos espirituales en la PRIMERA OPORTUNIDAD que nos sea posible.

Por ejemplo, si nos preguntan qué actividades desarrollamos, podemos mencionar el estudio bíblico del que formamos parte, o el libro cristiano que estamos leyendo. Esto se hace con la finalidad de que al entrar más a fondo en los asuntos espirituales, esto no los tome por sorpresa. También tiene la ventaja de plantar semillas para futuras conversaciones de índole espiritual.

Hasta aquí hemos respondido la pregunta: "¿Dónde buscamos iniciar estas relaciones?" Estamos listos ahora para pasar al siguiente aspecto, que es complementario a este esfuerzo.

Pasemos a la página 39 de la Guía del participante.

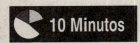

CÓMO INICIAR CONVERSACIONES ESPIRITUALES

> Página 39 de la Guía del participante.

El siguiente punto es "Cómo iniciar conversaciones espirituales". Esto puede suceder minutos o meses después de iniciada la relación, dependiendo de la disposición de nuestro amigo y de la dirección del Señor. Más allá del momento en que sea, la gente no puede entender por sí misma el mensaje del evangelio; necesita que alguien le explique (Romanos 10:14).

Otra vez, sin embargo, debemos ser sensibles al principio de "poner a los demás en primer lugar". Durante el transcurso de la conversación, y cuando ésta se vuelva más personal, podremos arriesgar una pregunta o un declaración de naturaleza más espiritual. Si ellos están listos para hablar sobre cuestiones espirituales, entonces la conversación se tornará más profunda. Si no, nos mantendremos en un posición más conservadora por un tiempo.

Notas de Planificación

GUÍA DEL PARTICIPANTE

CÓMO CONSTRUIR RELACIONES

PERSONAS QUE _____ **CONOCEMOS**

Sugerencias:

- Incluirlas en actividades que _____
- Organizar una _____
- _____ primero!

PERSONAS QUE _____ **CONOCIMOS**

PERSONAS QUE NOS _____ **CONOCER**

Sugerencias:

- Estrategias _____

PUNTOS A TENER EN CUENTA

- _____
- _____
- Construir sobre estos aspectos _____
- Mencionar las cuestiones espirituales _____

SESIÓN TRES

CÓMO INICIAR CONVERSACIONES ESPIRITUALES

SESIÓN TRES

El método directo — Casi siempre toma la forma de una pregunta o de una afirmación:

- ¿Ha pensado alguna vez en _____?
- En qué punto de su _____ espiritual cree estar?—Joseph Aldrich
- Si alguna vez desea conocer la diferencia entre religión y cristianismo, hágamelo saber.—Bill Hybels

El método indirecto

- Evoluciona según la dirección que toma la conversación, utilizando el tópico del que se habla como

  _____ a un tema *espiritual* relacionado con él.

El método de invitación

- Utiliza la conversación como una oportunidad para invitar a algún amigo a una reunión cristiana que se relacione con el asunto del que se habla.

Consejos sobre cómo invitar a la gente:

- Ofrézcase a llevarlos
- Invítelos a tomar algo o a ir a algún lugar antes o después de la reunión.

Tres métodos

Teniendo esto en mente, consideraremos ahora tres métodos con los que iniciar una conversación espiritual:

- El método directo
- El método indirecto
- El método de invitación

> Nota para el líder: Hay diapositivas para el método directo, pero no para los métodos indirecto y de invitación.

Método directo

⊃ El método directo se aplica mejor a aquellos que utilizan un estilo de confrontación, aunque todos los estilos encontrarán apropiado este método de vez en cuando. Por lo general toma forma de pregunta o de afirmación:

⊃ ¿Piensa a veces en las CUESTIONES ESPIRITUALES?

Quizás usted acaba de mantener una charla o un intercambio de opiniones sobre algún asunto y la conversación ha perdido algo de interés. Si percibe que su amigo podría estar receptivo, hágale la pregunta que Joe Aldrich usa:

⊃ ¿En qué punto de su EXPERIENCIA espiritual cree estar?

Esta pregunta intenta sondear el progreso que las personas suponen estar haciendo, y no meramente el hecho de que "estén afuera o adentro". Inicia la conversación y les permite ser sinceras con respecto al punto donde creen estar realmente.

Una propuesta que Bill Hybels suele hacer es la siguiente:

⊃ Si alguna vez desea saber la diferencia entre religión y cristianismo, hágamelo saber.

Esto les da a las personas la oportunidad de responder si es que están interesadas. Aun si no lo estuvieran en ese momento, las llevaría a reflexionar y probablemente más adelante ellas mismas vuelvan a sacar la conversación.

Este tipo de preguntas o afirmaciones permiten una transición natural hacia la presentación del evangelio, tema que discutiremos en una sesión posterior.

Método indirecto

Otra forma de comenzar una conversación espiritual es a través del método indirecto.

⊃ Este acercamiento se intenta siguiendo la dirección que va tomando la charla y se utiliza el tema en tratamiento como PUENTE hacia un tema *espiritual* relacionado con él.

Transparencia

Método directo
- ¿Alguna vez piensa usted en las CUESTIONES ESPIRITUALES?
- ¿En qué punto de su experiencia espiritual cree estar?
- Si alguna vez desea saber la diferencia entre religión y cristianismo…

SESIÓN TRES

CÓMO INICIAR CONVERSACIONES ESPIRITUALES

SESIÓN TRES

El método directo — Casi siempre toma la forma de una pregunta o de una afirmación:

- ¿Ha pensado alguna vez en _____?
- En qué punto de su _____ espiritual cree estar? —Joseph Aldrich
- Si alguna vez desea conocer la diferencia entre religión y cristianismo, hágamelo saber. —Bill Hybels

El método indirecto

- Evoluciona según la dirección que toma la conversación, utilizando el tópico del que se habla como _____ a un tema *espiritual* relacionado con él.

El método de invitación

- Utiliza la conversación como una oportunidad para invitar a algún amigo a una reunión cristiana que se relacione con el asunto del que se habla.

Consejos sobre cómo invitar a la gente:

- Ofrézcase a llevarlos
- Invítelos a tomar algo o a ir a algún lugar antes o después de la reunión.

Esto significa utilizar lo cotidiano, como pasatiempos, música, deportes, o las dificultades que todos enfrentamos, para poner un toque espiritual. Por ejemplo, si un amigo o amiga está pasando por una prueba difícil, similar a la que nosotros ya hemos enfrentado (enfermedad, problemas financieros, u otras), se puede hacer la transición a una conversación espiritual dando testimonio de cómo la fe en Cristo, o una serie de mensajes escuchados en la iglesia, nos ayudaron a superarla.

A modo de ilustración de cómo funciona esto, veremos un breve vídeo viñeta. Joanne ha ido desarrollando una relación con Leslie durante cierto tiempo, y Leslie sabe que Joanne es cristiana. Observemos como utiliza Joanne el método indirecto.

> Presentación del vídeo viñeta: *Cómo construir relaciones, Método indirecto.*

¿Qué piensa usted?

> Posibles respuestas:
> - Estuvo bueno.
> - Parecía bastante natural.

¿Cómo efectuó Joanne la transición a la conversación?

> "Una mejor pregunta sería: '¿Por qué lo hacemos?' Para responder 'cómo' lo hacemos ... *¡tenemos que orar mucho!*"

¿Qué dijo Joanne para continuar la conversación llevándola hacia lo espiritual?

> "Ah, Leslie, tengo curiosidad por saber si alguna vez has orado a Dios *realmente*. ¿O tal vez debería preguntarte qué piensas acerca de Dios?"

Método de invitación

El siguiente es el método de invitación. ¡Aquellos que preferimos el estilo evangelístico de la invitación utilizamos mucho este método!

⤴ En el método de invitación se realiza la transición invitando a nuestro amigo a un encuentro cristiano relacionado con el tema que estamos tratando.

Supongamos que en la conversación surge el tema de la música y se va a celebrar un concierto cristiano en la iglesia. Podemos utilizar el método de invitación diciendo: Si te interesa la música, vamos a tener un concierto en nuestra iglesia, dentro de un par de semanas, que te podría gustar. ¿Quisieras ir conmigo?"

SESIÓN TRES

CÓMO INICIAR CONVERSACIONES ESPIRITUALES

SESIÓN TRES

El método directo — Casi siempre toma la forma de una pregunta o de una afirmación:

- ¿Ha pensado alguna vez en _____ ?
- En qué punto de su _____ espiritual cree estar?—Joseph Aldrich
- Si alguna vez desea conocer la diferencia entre religión y cristianismo, hágamelo saber.—Bill Hybels

El método indirecto

- Evoluciona según la dirección que toma la conversación, utilizando el tópico del que se habla como _____ a un tema *espiritual* relacionado con él.

El método de invitación

- Utiliza la conversación como una oportunidad para invitar a algún amigo a una reunión cristiana que se relacione con el asunto del que se habla.

Consejos sobre cómo invitar a la gente:

- Ofrézcase a llevarlos
- Invítelos a tomar algo o a ir a algún lugar antes o después de la reunión.

Cualquiera sea la respuesta, acepte cortésmente su decisión y úsela para hacer la transición a un tema espiritual. Por ejemplo, podría preguntarles sobre su trasfondo religioso.

Ahora veremos otro vídeo viñeta. En este, Tomás ha ido desarrollando una relación con Frank. Veamos como utiliza el método de invitación.

| Proyección del vídeo viñeta: *El método de invitación* |

¿Cómo utilizó Tomás el Método de invitación?

| "Joanne y yo hemos asistido a un seminario en nuestra iglesia sobre cómo hacer un presupuesto. ¿Te interesaría ir?" |

¿Cómo continuó la conversación?

| Tom hizo estas preguntas complementarias:
• ¿Así que Leslie y tú van a la iglesia?
• ¿Asistían a la iglesia de niños?
• ¿Me intriga saber por qué dejaron de asistir a la iglesia cuando entraron a la universidad? |

↪ Un comentario de conclusión sobre las invitaciones: Podemos lograr un éxito mayor si nos ofrecemos a llevar a nuestros amigos o si realizamos con ellos alguna actividad antes o después de la reunión.

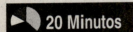

Ejercicio individual: *cómo iniciar conversaciones espirituales*

| Guía del participante, página 40. |

Muy bien, ahora cada uno de nosotros va a pensar algunas posibles formas de transición. Abramos la Guía del participante en la página 40.

Objetivo

| Escribir posibles formas de transición a utilizar. |

Instrucciones (1 minuto)

La situación transcurre mientras usted conversa con un amigo, compañero de trabajo o pariente incrédulo, preferiblemente alguien de su *Lista de impacto* (página 11).

Notas de Planificación

GUÍA DEL LÍDER

SESIÓN TRES

CÓMO INICIAR CONVERSACIONES ESPIRITUALES

SESIÓN TRES

El método directo — Casi siempre toma la forma de una pregunta o de una afirmación:

- ¿Ha pensado alguna vez en _____ ?
- En qué punto de su _____ espiritual cree estar?—Joseph Aldrich
- Si alguna vez desea conocer la diferencia entre religión y cristianismo, hágamelo saber.—Bill Hybels

El método indirecto

- Evoluciona según la dirección que toma la conversación, utilizando el tópico del que se habla como _____ a un tema *espiritual* relacionado con él.

El método de invitación

- Utiliza la conversación como una oportunidad para invitar a algún amigo a una reunión cristiana que se relacione con el asunto del que se habla.

Consejos sobre cómo invitar a la gente:

- Ofrézcase a llevarlos
- Invítelos a tomar algo o a ir a algún lugar antes o después de la reunión.

39

GUÍA DEL PARTICIPANTE

EJERCICIO: CÓMO INICIAR CONVERSACIONES ESPIRITUALES

INSTRUCCIONES

La situación transcurre mientras usted conversa con un amigo, compañero de trabajo, o pariente incrédulo, preferiblemente alguien de su *Lista de impacto* de la página 11.

1. Lea cada situación.

2. Escriba una afirmación o una pregunta que utilizaría como transición a una conversación espiritual. Use el método indirecto o el de invitación.

3. Escriba tantas opciones como le sea posible en el tiempo estipulado.

40

99

1. Lea cada situación.
2. Escriba una afirmación o una pregunta que *utilizaría* como transición a una conversación espiritual. Use el método indirecto o el de invitación. Por ejemplo, vaya a la situación número 2 en la siguiente página:

   Un amigo suyo le acaba de contar acerca de los pasatiempos que le gusta desarrollar en su tiempo libre y se interesa por conocer los suyos.

Una frase de transición podría ser:
   "Me gusta utilizar mi tiempo libre para ayudar a edificar las vidas de los adolescentes en nuestra iglesia".
3. Escriba tantas opciones como le sea posible en el tiempo estipulado.

¿Tienen alguna pregunta sobre las instrucciones?

Tienen 9 minutos para realizar este ejercicio

Muy bien, comiencen ya.

Actividad (9 minutos)

> Transcurridos 5 minutos avise a los participantes que les quedan 4 minutos
>
> Reúna al grupo de nuevo después de los 9 minutos.

Resumen (9 Minutos)

Muy bien. Ahora vamos a considerar estas situaciones, para escuchar las respuestas que ustedes han dado; dos o tres respuestas por cada uno. Vamos a mantener un ritmo vivo. Así que después de que yo lea cada situación, ustedes expresen en voz alta lo que escribieron. Voy a repetir las respuestas para que los demás puedan anotar aquellas que consideren utilizables.

⊃ Bien, vamos a la situación número 1. Síganme a medida que leo: Usted se encuentra en una situación en la que resulta natural hacer un comentario sobre el buen tiempo, los paisajes espectaculares, lo intrincado de la naturaleza o las maravillas de la creación (mientras realiza, por ejemplo, una caminata o visita el zoológico).

¿Qué tipo de transición ha escrito?

Notas de Planificación

GUÍA DEL LÍDER

GUÍA DEL PARTICIPANTE

EJERCICIO: CÓMO INICIAR CONVERSACIONES ESPIRITUALES

INSTRUCCIONES

La situación transcurre mientras usted conversa con un amigo, compañero de trabajo, o pariente incrédulo, preferiblemente alguien de su *Lista de impacto* de la página 11.

1. Lea cada situación.

2. Escriba una afirmación o una pregunta que utilizaría como transición a una conversación espiritual. Use el método indirecto o el de invitación.

3. Escriba tantas opciones como le sea posible en el tiempo estipulado.

SESIÓN TRES

EJERCICIO: CÓMO INICIAR CONVERSACIONES ESPIRITUALES

Situación	Transiciones posibles
1. Usted se encuentra en una situación en la cual resulta natural hacer un comentario sobre el buen tiempo, los paisajes espectaculares, lo intrincado de la naturaleza o las maravillas de la creación (por ejemplo, mientras realiza una caminata, o visita el zoológico). Ejemplo de transición: "Dios debe tener mucha imaginación para haber creado toda esta belleza".	Usted diría: "
2. Su amigo le acaba de contar sobre los pasatiempos que prefiere desarrollar en su tiempo libre y está interesado en conocer los suyos. Ejemplo de transición: "Me gusta utilizar mi tiempo libre ayudando a edificar las vidas de los adolescentes en nuestra iglesia".	Usted diría: "
3. Usted habla con un compañero de trabajo sobre una festividad próxima como el Día de Acción de Gracias, la Navidad, o la Semana Santa. Ejemplo de transición: Por simple curiosidad, ¿observan ustedes alguna tradición familiar o religiosa en relación con esta festividad?	Usted diría: "

Nota para el líder:

1. Requiera dos o tres respuestas para cada situación. (¡Controle el tiempo! Solo hay 9 minutos asignados para esto, a menos que usted les haya concedido más.)

2. Repita las respuestas dadas.

3. Si escucha una respuesta con la cual no está de acuerdo, podría decir algo así:

   "No sé si yo me sentiría cómodo diciendo eso, pero parece que usted sí, y tal vez otros también".

NOTA: Hay posibles transiciones para cada una de las situaciones enumeradas a continuación. Si tiene una que le guste en particular, tal vez quiera mencionarla después de solicitar las respuestas del grupo. Por ejemplo:

Todas son magníficas respuestas. Aquí va la última. Si yo estuviera en el zoológico, diría: "¿Sabes? Dios realmente tuvo mucha imaginación al crear tantos tipos diferentes de animales. Por ejemplo, mira la trompa de ese elefante. ¡La usa como si fuera una mano!"

Posible transición para la situación número 1:

- "¿Sabes? Dios realmente mostró mucha imaginación al crear tantos tipos diferentes de animales. Por ejemplo, mira la trompa de ese elefante. ¡La usa como si fuera una mano!" (Esta declaración destaca la imaginación de Dios para crear tan increíble complejidad.)
- "¡Obviamente Dios ha demostrado un gran sentido del humor al crear ese pez o ese animal tan ridículo, o criaturas tan peculiares como nosotros!"
- "¿Cómo piensas que haya llegado a existir toda esta belleza a nuestro alrededor, la que parece obedecer a un claro diseño? ¿Es apenas un resultado del azar ciego? ¿Qué otras alternativas ves? ¿Por qué aceptas o rechazas esas opciones?"
- "Dios debe que ser infinitamente grande, sabio y poderoso para llegar a producir algo como esto".

Nota: Tenga presente que la otra persona no necesariamente debe estar de acuerdo con su premisa para que se logre el objetivo de la charla sobre temas espirituales.

GUÍA DEL LÍDER

Notas de Planificación

SESIÓN TRES

EJERCICIO: CÓMO INICIAR CONVERSACIONES ESPIRITUALES

Situación	Transiciones posibles
1. Usted se encuentra en una situación en la cual resulta natural hacer un comentario sobre el buen tiempo, los paisajes espectaculares, lo intrincado de la naturaleza o las maravillas de la creación (por ejemplo, mientras realiza una caminata, o visita el zoológico). Ejemplo de transición: "Dios debe tener mucha imaginación para haber creado toda esta belleza".	Usted diría: "
2. Su amigo le acaba de contar sobre los pasatiempos que prefiere desarrollar en su tiempo libre y está interesado en conocer los suyos. Ejemplo de transición: "Me gusta utilizar mi tiempo libre ayudando a edificar las vidas de los adolescentes en nuestra iglesia".	Usted diría: "
3. Usted habla con un compañero de trabajo sobre una festividad próxima como el Día de Acción de Gracias, la Navidad, o la Semana Santa. Ejemplo de transición: Por simple curiosidad, ¿observan ustedes alguna tradición familiar o religiosa en relación con esta festividad?	Usted diría: "

41

⊃ Consideremos la situación número 2: Su amigo le acaba de contar acerca de los pasatiempos que prefiere desarrollar en su tiempo libre y está interesado en conocer los suyos.

> Analice cada situación y solicite dos o tres respuestas. ¡Controle el tiempo!

> Posible transición para la situación número 2:
>
> - "Yo ayudo con el sistema de sonido en mi iglesia". "Disfruto enseñando en una clase de escuela dominical" o "Me gusta pasar el tiempo con mi grupo jóvenes". Refiérase a cualquier actividad relacionada con el ministerio como su pasatiempo, o a la iglesia como el lugar donde pasa su tiempo libre.
> - "¿Te gustaría ir a...?" (Invite a su amigo a realizar una actividad relacionada con su pasatiempo, por ejemplo a esquiar o a jugar golf, en un lugar donde haya influencia cristiana.)
> - "Yo sé que te gusta _____; este libro podría interesarte". (Obséquiele un libro de auto ayuda o biográfico escrito por un cristiano que domine el tema de su predilección.)

⊃ Ahora pasemos a la situación número 3: Usted habla con un compañero de trabajo sobre una festividad, como el Día de Acción de Gracias, la Navidad, o la Semana Santa.

¿Qué transición se le ocurre?

> Posibles transiciones para la situación número 3:
>
> - "¿Qué tipo de tradiciones familiares o de festividades observas?" ("¿Qué significan ellas para ti?")
> - En relación con el Día de Acción de Gracias puede preguntar: ¿Por qué cosas te sientes más agradecido?" (Si le parece adecuado ser más directo, pregúntele *a quién* le va agradecer todas esas cosas.)
> - En Navidad mencione que supuestamente toda la celebración se debe la llegada de un bebé muy especial. Pregunte: "¿Quién crees que fue en realidad el niño Jesús? ¿Verdaderamente fue Dios que vino a la tierra como hombre?"

GUÍA DEL LÍDER

Notas de Planificación

SESIÓN TRES

EJERCICIO: CÓMO INICIAR CONVERSACIONES ESPIRITUALES

Situación	Transiciones posibles
1. Usted se encuentra en una situación en la cual resulta natural hacer un comentario sobre el buen tiempo, los paisajes espectaculares, lo intrincado de la naturaleza o las maravillas de la creación (por ejemplo, mientras realiza una caminata, o visita el zoológico). Ejemplo de transición: "Dios debe tener mucha imaginación para haber creado toda esta belleza".	Usted diría: "
2. Su amigo le acaba de contar sobre los pasatiempos que prefiere desarrollar en su tiempo libre y está interesado en conocer los suyos. Ejemplo de transición: "Me gusta utilizar mi tiempo libre ayudando a edificar las vidas de los adolescentes en nuestra iglesia".	Usted diría: "
3. Usted habla con un compañero de trabajo sobre una festividad próxima como el Día de Acción de Gracias, la Navidad, o la Semana Santa. Ejemplo de transición: Por simple curiosidad, ¿observan ustedes alguna tradición familiar o religiosa en relación con esta festividad?	Usted diría: "

41

- Mencione que el hecho central de la Semana Santa es que un hombre resucitó de entre los muertos. Pregunte: "¿Estás de acuerdo con la afirmación de que Jesús resucitó de los muertos?" Si responde que no, pregúntele: "¿Qué crees que ocurrió en realidad el día en que el cuerpo de Jesús desapareció de la tumba?"

Nota: Invítelo a una reunión especial que su iglesia realice en relación con esa festividad. Si ya asiste a alguna iglesia, pregúntele cómo es, qué es lo que más le gusta de ella, etc. Compare sus respuestas con las que usted dio a las mismas preguntas.

⊃ La situación número 4 es: Usted habla con algunos amigos sobre el último show de televisión, el último programa de noticias, o una canción de moda.

¿Que se le ocurriría decir?

Recuerde repetir las respuestas que le den.

Posibles transiciones para la situación número 4:

- "¿Han oído algo sobre...?" (Mencione otra canción que esté siendo emitida y tenga algún significado espiritual, o que sea interpretada o haya sido escrita por un cristiano.) Si les gusta un cierto estilo musical, dígales que piensa que les agradaría escuchar a otro grupo, y mencióneles un grupo musical cristiano que interprete ese género de música. Luego deles la oportunidad de escuchar alguna grabación o de asistir a algún concierto con usted.)
- Converse sobre los valores (positivos o negativos) de un show de televisión, o haga mención a un capítulo de un programa que tenga que ver con asuntos espirituales. Por ejemplo: "¿Qué piensan del programa en el que _____ oraron?" o "¿Qué piensan de ese episodio en el que _____ dijo que había visto al espíritu de su padre?"

Nota: Inicie temas relacionados con la fe basándose en asuntos mencionados en las noticias acerca de, por ejemplo, sacerdotes, líderes y atletas cristianos o temas religiosos, morales, etc.

GUÍA DEL LÍDER

Notas de Planificación

GUÍA DEL PARTICIPANTE

EJERCICIO: CÓMO INICIAR CONVERSACIONES ESPIRITUALES

Situación	Posibles transiciones
4. Usted comenta con algunos amigos el último show de TV, programa, o canción de moda. Ejemplo de transición: "Otra canción que he oído por radio y me gusta es _____ cantada por _____, que es un cantante cristiano y realmente tiene mucho que decir".	Usted diría: "
5. Es la clausura de la temporada de fútbol, béisbol o básquetbol; los partidos finales son muy reñidos, y todo el mundo los mira y habla del asunto. Ejemplo de transición: "Una de las cosas que más disfruto de este deporte es ver a _____. Obviamente, juega bien. Pero su actitud como cristiano parece ponerle un toque diferente al juego".	Usted diría: "
6. Un amigo le confía un problema que está enfrentando, o una dificultad a la cual intenta sobreponerse. Ejemplo de transición: "Me siento identificado con el problema que describes. También yo tuve que enfrentarlo, y lo que me ayudó enormemente fue descubrir una fuente de fortaleza espiritual".	Usted diría: "

42

➲ Situación número 5: Es la clausura de la temporada de fútbol, béisbol o básquetbol; los partidos finales son muy reñidos, y todo el mundo los mira y habla del asunto.

¿Qué frases de transición ha escrito?

> Posibles transiciones para la situación número 5:
>
> - "¿Quieres escuchar a _____ el próximo sábado por la mañana?" (Invite a su amigo a escuchar a un atleta cristiano que hablará en un desayuno o en una cena con la intención de dar testimonio de su fe. Estas reuniones son cada día más frecuentes en todo el país. O quizá usted mismo quiera organizar un encuentro de este tipo.)
> - "Pensé que te gustaría este nuevo libro acerca de (o escrito por)_____". Obséquiele a su amigo un libro biográfico o un casete de algún cristiano que integre el plantel de uno de los equipos favoritos, o que haya alcanzado cierto renombre en ese deporte.)
>
> *Nota:* Hable de un jugador cristiano que usted conozca. Mencione algo acerca de su motivación espiritual en el deporte, o cite algo que esta persona haya dicho en cuanto a la forma en que Dios la ha guiado o ayudado.

➲ Finalmente, la situación número 6: Un amigo le confía un problema que está enfrentando, o una dificultad a la que intenta sobreponerse.

¿Que frases de transición ha escrito?

> Posibles transiciones para la situación número 6:
>
> - "¿Te gustaría venir conmigo a _____ alguna vez?" (Invite a su amigo a una clase, seminario, programa, o grupo de apoyo cristiano donde pueda recibir nuevas ideas y ayuda para enfrentar y superar su problema.)
> - Háblele de dificultades similares que haya tenido o aún tenga en su vida. Por ejemplo: "Yo estoy pasando por la misma situación. Todavía lucho con ella, pero lo que realmente ha comenzado a ayudarme es..." (Describa a continuación de qué manera Dios o la iglesia le son de gran ayuda.)
> - "Aquí tienes un libro que te puede ayudar". (Ofrézcale un libro o un casete de algún comunicador cristiano reconocido y con experiencia en determinada área.)
>
> *Nota:* Explique principios bíblicos que le pueden transmitir sabiduría o dirección. Ofrézcase a orar por él. Si lo considera apropiado, pídale permiso para orar allí mismo.

GUÍA DEL LÍDER

Notas de Planificación

_____

GUÍA DEL PARTICIPANTE

EJERCICIO: CÓMO INICIAR CONVERSACIONES ESPIRITUALES

Situación	Posibles transiciones
4. Usted comenta con algunos amigos el último show de TV, programa, o canción de moda. Ejemplo de transición: "Otra canción que he oído por radio y me gusta es _____ cantada por _____, que es un cantante cristiano y realmente tiene mucho que decir".	Usted diría: "
5. Es la clausura de la temporada de fútbol, béisbol o básquetbol; los partidos finales son muy reñidos, y todo el mundo los mira y habla del asunto. Ejemplo de transición: "Una de las cosas que más disfruto de este deporte es ver a _____. Obviamente, juega bien. Pero su actitud como cristiano parece ponerle un toque diferente al juego".	Usted diría: "
6. Un amigo le confía un problema que está enfrentando, o una dificultad a la cual intenta sobreponerse. Ejemplo de transición: "Me siento identificado con el problema que describes. También yo tuve que enfrentarlo, y lo que me ayudó enormemente fue descubrir una fuente de fortaleza espiritual".	Usted diría: "

42

SESIÓN 3

Resumen (1 minuto)

¿Qué beneficios recibió de este ejercicio?

Posibles respuestas:

- Me proporcionó ideas sobre cómo hacer la transición a una conversación espiritual.
- Me abrió los ojos en cuanto a cómo hacerlo de una manera natural.
- Ahora me siento menos nervioso.

Pasemos a la página 43 de la Guía del participante

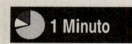 1 Minuto

Principios sobre cómo iniciar conversaciones espirituales.

Página 43 de la Guía del participante..

Existen algunos principios a tener en cuenta al iniciar conversaciones espirituales:

⊃ Concentrarse en los GUSTOS e INTERESES de la otra persona.

Interesarse por su esfera de interés y relacionar con ella los temas espirituales.

⊃ Estar dispuesto a correr RIESGOS.

El inicio de una conversación espiritual siempre nos saca de la zona cómoda, por así decirlo. Dios honra y utiliza el esfuerzo por alcanzar a otros, y además desarrolla confianza en nosotros mismos.

⊃ Sacar el mayor provecho de las OPORTUNIDADES QUE SE PRESENTAN EN EL MOMENTO.

Son las circunstancias de la vida diaria en las que se nos presenta una disyuntiva: tomar el camino más fácil o correr el riesgo de incomodar iniciando una conversación sobre temas espirituales. Por ejemplo, si alguien nos pregunta que vamos a hacer este fin de semana, tenemos la opción de no exponernos y decir que planeamos pintar la cocina, o podemos aprovechar la oportunidad para contarle sobre nuestra intención de ir a la iglesia.

Necesitamos pedirle al Espíritu Santo que nos ayude a reconocer las oportunidades apropiadas, y que nos dé la confianza y el valor para aprovecharlas.

Transparencia

Principios sobre cómo iniciar conversaciones espirituales
- Concentrarse en los GUSTOS e INTERESES de la otra persona.
- Estar dispuestos a correr RIESGOS.
- Sacar el mayor provecho de las OPORTUNIDADES OCASIONALES.

GUÍA DEL LÍDER

Notas de Planificación

SESIÓN TRES

EJERCICIO: CÓMO INICIAR CONVERSACIONES ESPIRITUALES

- Concentrarse en los _____ e _____ de la otra persona.

- Estar dispuestos a correr _____

- Sacar el mayor provecho de las OPORTUNIDADES OCASIONALES _____

Y recuerde: ¡Debe poner a los demás en primer lugar!

43

> Nota para el líder: Si ha asignado un tiempo para ello, este sería un buen momento para contar una breve anécdota sobre cómo aprovechó, o le *hubiera gustado* aprovechar una oportunidad ocasional.

Una palabra final de aliento. Una vez iniciada la conversación espiritual, es muy importante practicar el principio de "poner a los demás en primer lugar". Tenemos que resistir la tentación de pensar que porque han mostrado cierto interés y receptividad ya podemos explicarles en ese momento todo lo que Cristo significa para nosotros.

En vez de hacer eso, por lo menos inicialmente, enfoquemos la conversación sobre su vida y trasfondo religioso. Podemos hacer preguntas como: "Me gustaría saber cuál ha sido tu trasfondo espiritual". O, "¿Te enseñaron desde niño alguna perspectiva religiosa en particular?" Tomás hizo un buen trabajo al respecto en este vídeo. Hay más preguntas de este tipo en el anexo de las páginas 123 y 124.

Cualquiera sea la pregunta, escuchemos con atención la respuesta para "conocer y ganar". Específicamente debemos *conocer* sus puntos de vista en lo espiritual, para poder aplicar el mensaje del evangelio, y *ganarnos* el derecho a expresar nuestros conceptos y opiniones.

Ahora es tiempo de actualizar la *Lista de Impacto.*

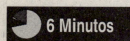

EJERCICIO INDIVIDUAL: *LISTA DE IMPACTO*

> Guía del participante, página 44

Objetivos

> Actualizar la *Lista de impacto* en lo que hace a los tres tipos de relaciones a construir a la luz del material presentado en la Sesión 3.

Instrucciones (1 minuto)

Haremos esto como una actividad individual.

1. Repase los nombres que colocó en la página 11 de su Guía del participante para asegurarse de que esas son las personas con las cuales Dios lo está guiando a desarrollar una amistad. Luego escriba de uno a tres de esos nombres en la Lista de impacto que aparece en la cara interna de la contratapa de su Guía del participante.
2. Identifique en qué nivel de la Escala de disposición (ubicada junto a la Lista de impacto) está cada uno, colocando una calificación de 1 a 4 delante de su nombre.

GUÍA DEL LÍDER

Notas de Planificación

SESIÓN TRES
EJERCICIO: CÓMO INICIAR CONVERSACIONES ESPIRITUALES

- Concentrarse en los _____ e _____ de la otra persona.

- Estar dispuestos a correr _____

- Sacar el mayor provecho de las OPORTUNIDADES OCASIONALES _____

Y recuerde: ¡Debe poner a los demás en primer lugar!

43

GUÍA DEL PARTICIPANTE
EJERCICIO INDIVIDUAL: ACTUALIZACIÓN DE LA LISTA DE IMPACTO

INSTRUCCIONES

1. Revise los nombres que aparecen en la página 11 de la Guía del participante para ver si esas son las personas con las cuales Dios lo está guiando a desarrollar una amistad. Luego escriba de uno a tres de esos nombres en la *Lista de impacto* que aparece en la cara interna de la contratapa de su Guía del participante.

2. Identifique en qué nivel de la *Escala de disposición* (ubicada junto a la *Lista de impacto*) está cada uno, colocando una calificación de 1 a 4 delante de su nombre.

3. Actualice la siguiente información relacionada con la persona número 1 en su *Lista de impacto*:

    a. Enumere los puntos de interés que tienen en común usted y ella.

    b. Revise la frase de transición que ha escrito (páginas 41-42) y escriba una o dos más que considere que podrían ser eficaces en el trato con esa persona.

    c. Determine el siguiente paso a dar con esa persona tanto en lo relacional como en lo espiritual. Puede volver a mirar la *Escala de disposición* (en la parte interna de la contratapa) y el modelo de la *Lista de impacto*, para sacar ideas.

4. A continuación haga lo mismo con las otras personas que aparecen en su *Lista de impacto*.

Nota: Hay un modelo completo de la *Lista de Impacto* en la página siguiente.

44

113

> Nota: El nivel de disposición tiene que ver con el grado de receptividad de la persona hacia el evangelio y hacia la posibilidad de tomar la decisión de seguir a Cristo, y no con el grado de religiosidad que tenga o la frecuencia con que asista a una iglesia.

3. Actualice la siguiente información relacionada con la *persona número 1* de su *Lista de impacto:*
   a. Enumere los puntos de interés que tienen en común usted y ella.
   b. Revise la frase de transición que tiene escrita (páginas 41-42) y escriba una o dos más que considere que podrían resultar eficaces en el trato con esa persona.
   c. Determine el siguiente paso a dar con esa persona tanto en lo relacional como en lo espiritual. Puede volver a mirar la *Escala de disposición* (en la cara interna de la contratapa) y el modelo de la *Lista de impacto,* para sacar ideas.
4. A continuación haga lo mismo con las otras personas que aparecen en su *Lista de impacto.*

> Nota: Hay un modelo de la *Lista de Impacto* en la página 45 de la Guía del participante. Se incluyen modelos de la *Lista de impacto* y de la *Escala de disposición* en el Anexo de la Guía del líder, páginas 264-265.

¿Hay preguntas en relación con las instrucciones?

Tienen cinco minutos para terminar este ejercicio.

Actividad (5 minutos)

> Avise a los participantes cuando les quede solo un minuto.
>
> Reúna al grupo de nuevo una vez transcurridos los 5 minutos y prosiga con el Resumen de la sesión.

Resumen

Ahora que ha identificado los pasos a dar en relación con su amigo, busque durante la semana una oportunidad para *hacerlo.* Pasemos entonces a la página 46 de la Guía del participante.

GUÍA DEL LÍDER

Notas de Planificación

GUÍA DEL PARTICIPANTE

EJERCICIO INDIVIDUAL: ACTUALIZACIÓN DE LA LISTA DE IMPACTO

INSTRUCCIONES

1. Revise los nombres que aparecen en la página 11 de la Guía del participante para ver si esas son las personas con las cuales Dios lo está guiando a desarrollar una amistad. Luego escriba de uno a tres de esos nombres en la *Lista de impacto* que aparece en la cara interna de la contratapa de su Guía del participante.

2. Identifique en qué nivel de la *Escala de disposición* (ubicada junto a la *Lista de impacto*) está cada uno, colocando una calificación de 1 a 4 delante de su nombre.

3. Actualice la siguiente información relacionada con la persona número 1 en su *Lista de impacto*:

    a. Enumere los puntos de interés que tienen en común usted y ella.

    b. Revise la frase de transición que ha escrito (páginas 41-42) y escriba una o dos más que considere que podrían ser eficaces en el trato con esa persona.

    c. Determine el siguiente paso a dar con esa persona tanto en lo relacional como en lo espiritual. Puede volver a mirar la *Escala de disposición* (en la parte interna de la contratapa) y el modelo de la *Lista de impacto*, para sacar ideas.

4. A continuación haga lo mismo con las otras personas que aparecen en su *Lista de impacto*.

Nota: Hay un modelo completo de la *Lista de Impacto* en la página siguiente.

44

Lista de Impacto Nombre: *Juan T. Muestra*   Estilo: *Interpersonal*

Los nombres de la *Lista de impacto* irán cambiando a medida que sus amigos se conviertan en cristianos, o que se alejen de su esfera de influencia. Esta lista debe constituir una parte dinámica de su estrategia de evangelización.

Recuerde que no debe desarrollar "relaciones asfixiantes" con las personas. Hágales saber a través de acciones y palabras que ellos le importan, sea que estén de acuerdo con el mensaje cristiano o no.

Nombre	Nivel de Disposición (1-4)	Puntos de interés común	Transición a las conversaciones	Pasos siguientes: En la relación	Pasos siguientes: En lo espiritual
Jeff	2 espectador	• Tenemos trabajos similares • Tenemos hijos de la misma edad • Ambos jugamos al tenis	"Jeff, hace poco leí un libro sobre el rol de los padres escrito desde la perspectiva cristiana. Pienso que lo encontrarás interesante."	1. Almorzar juntos 2. Jugar tenis 3. Hacer algo en conjunto las dos familias	1. Plantear temas espirituales 2. Obsequiarle un libro sobre la crianza de los hijos 3. Invitarlo a la iglesia
Esteban	3 escéptico	• Somos vecinos • Tenemos gustos musicales similares • A ambos nos gusta intercambiar ideas	"Esteban, comprendo por qué desconfías de la religión organizada. A menudo yo me he sentido igual..."	1. Pasar más tiempos juntos (para ganar su confianza) 2. Ayudarlo en una reparación doméstica 3. Invitarlo a comer	1. Contarle mi testimonio 2. Motivar sus preguntas 3. Invitarlo a un concierto apropiado
Betty	2 espectador	• Somos miembros de la misma familia • Tenemos un mismo trasfondo religioso • Nos gusta hacer caminatas	"Betty, cuando miras este hermoso paisaje, ¿no te hace pensar que debemos ser muy importantes para aquel que lo creó?"	1. Llamarla con más frecuencia 2. Crear más relación entre ella y mis hijos 3. Mantener conversaciones personales en un nivel más profundo	1. Ayudarla a ver la diferencia entre asistir a la iglesia y relacionarse con Cristo

SESIÓN 3

Resumen de la sesión

| Guía del participante, página 46 |

Transparencia

Resumen de la sesión 3

En esta sesión:
- Aprendimos a iniciar relaciones
- Identificamos algunos métodos a través de los cuales iniciar conversaciones espirituales
- Anotamos frases útiles para hacer la transición hacia conversaciones espirituales.

⊃ Esta ha sido una sesión con mucho material. Hemos hablado acerca de la tremenda importancia de construir relaciones auténticas con las personas que esperamos alcanzar, y sobre cómo iniciarlas.

Luego identificamos métodos a través de los cuales iniciar una conversación espiritual, y anotamos algunas frases útiles para hacer la transición.

Finalmente, utilizamos esta información como ayuda para determinar el siguiente paso a dar con la primera persona de la Lista de impacto. Me gustaría animar a todos (y me incluyo) a completar el proceso con las demás personas de la lista.

El paso que sigue naturalmente es contarles lo que Dios ha hecho en nuestra vida. ¡Y aquí es donde realmente comienza la aventura! Porque la interacción en este nivel nos abre puertas para comunicar aquellos conceptos que pueden, en definitiva, guiar a nuestro amigo o amiga a Cristo, y a una eternidad en los cielos. Este es el tema que exploraremos en las Sesión 4, ¿Cuál es su historia?

> **Lectura sugerida: Capítulos 7, 8 y 10**
> (*Libro complementario* Conviértase en un cristiano contagioso.)
>
> Para ampliar su comprensión sobre cómo construir relaciones, lea los capítulos 7, 8 y 10.
>
> El capítulo 7 se titula "Oportunidades estratégicas que se dan en las relaciones" y el capítulo 8 es "Cómo alternar con personas no religiosas". Además, el capítulo 10, "Cómo iniciar conversaciones espirituales", ofrece numerosas ideas útiles para llevar la conversación hacia asuntos relacionados con la fe.

| Receso. |

Notas de Planificación

GUÍA DEL PARTICIPANTE

RESUMEN DE LA SESIÓN

En esta sesión usted:

- Aprendió a iniciar relaciones

- Identificó métodos a través de los cuales iniciar conversaciones espirituales

- Anotó frases útiles para hacer una transición hacia conversaciones espirituales.

LECTURA SUGERIDA: CAPÍTULOS 7, 8 Y 10

(Libro complementario *Conviértase en un cristiano contagioso.*)

Para mejorar su comprensión del tema Cómo construir relaciones, lea los capítulos 7, 8 y 10.

El capítulo 7 se titula "Oportunidades estratégicas que se dan en las relaciones" y el capítulo 8 es "Cómo alternar con personas no religiosas". Además, el capítulo 10, "Cómo iniciar conversaciones espirituales", ofrece numerosas ideas útiles para llevar la conversación hacia asuntos relacionados con la fe.

SESION 4
¿CUÁL ES SU HISTORIA?

Dinámica de la sesión

Hasta aquí hemos tratado acerca de las concepciones erróneas que teníamos sobre la evangelización, y hemos aprendido la importancia de evangelizar porque los perdidos le interesan a Dios. Hemos identificado nuestros estilos de evangelización, y nos hemos familiarizado con los estilos de otros. En la sesión 3 hablamos acerca de dónde y cómo construir relaciones y cómo iniciar conversaciones espirituales.

En esta sesión los participantes descubrirán la razón por la que su historia personal es importante: resulta de interés para sus amigos, quienes se pueden identificar con ella, y constituye un argumento indiscutible. Aprenderán el método de contar su testimonio en "tres episodios": Antes de Cristo (a.C.), Conversión (✝), y Después de llegar a Cristo (d.C.). También les daremos algunos consejos sobre cómo contar su historia, y realizaremos algunas prácticas.

OBJETIVOS

En esta sesión los participantes:

1. Tomarán conciencia de dos razones por las que su historia personal resulta importante.
2. Escribirán su testimonio utilizando el método de los "tres episodios" (Antes de Cristo, Conversión, y Después de llegar a Cristo).
3. Realizarán prácticas contando su historia personal en tres episodios.

BOSQUEJO

I. Introducción a la sesión
   A. Bienvenida
   B. Repaso
   C. Resumen previo

II. Descubrimiento
   A. Por qué resulta importante la historia personal
   B. Cómo organizar la historia
      1. Primer episodio (a.C.)
      2. Segundo episodio: ✝
      3. Tercer episodio (d.C.)
      4. Pregunta de conclusión
      5. Tema unificador
   C. Escriba su historia
      1. a.C.- Antes de Cristo
      2. ✝—Conversión
      3. dC- Después de llegar a Cristo

DINÁMICA DE LA SESIÓN 4

      D. Recomendaciones en cuanto a la historia.
         1. El tema
         2. Episodio intermedio
         3. Conclusión
         4. Uso de las Escrituras
         5. Lenguaje
         6. Extensión
         7. Secuencia
         8. Cómo poner a los demás en primer lugar
      E. Ejercicio individual: *Bosqueje su historia*
      F. Actividad por parejas: *Práctica de narración de la historia* (incluye el vídeo viñeta *¿Cuál es su historia?*)

III. Resumen

MATERIALES Y EQUIPO

1.	La Guía del líder
2.	Las Guías del participante
3.*	Etiquetas y marcadores para escribir nombres en ellas
4.*	Transparencias para proyectar. Antes de cada clase verifique que todo esté en orden. (Nota: le sugerimos enmarcar las transparencias. Puede utilizar marcos para las transparencias o un marco para el proyector.)
5.*	Proyector listo para operar, pantalla, cable, mesa, bombilla de repuesto, marcadores.
6.	Vídeo casete de la "Sesión 4" del curso *Conviértase en un cristiano contagioso*.
7.	Reproductor y monitor de vídeo listos para operar, mesa, cable, y todos los accesorios necesarios.
8.*	Optativo: Reproductor de CDs. para pasar música instrumental. (Nota: utilice música antes y después de las sesiones para crear un ambiente distendido.)

*No resulta necesario cuando se utiliza el formato de grupos pequeños.

SESIÓN 4

¿Cuál es su historia?

TIEMPO	CONTENIDO	MEDIOS

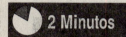 **2 Minutos**

Sesión de introducción

BIENVENIDA

Bienvenidos a la Sesión 4- ¿Cuál es su historia?

Transparencia

> Sesión 4 – ¿Cuál es su historia?

REPASO

En la última sesión aprendimos maneras prácticas de construir relaciones e iniciar conversaciones espirituales con personas a las que estamos procurando alcanzar para Cristo. Ahora queremos concentrarnos en la forma de comunicar lo que Cristo ha hecho por nosotros una vez que logramos iniciar esas conversaciones.

RESUMEN PREVIO

Guía del participante, página 47

Transparencia

Objetivos de la Sesión 4
1. Descubrir por qué nuestra historia es importante
2. Escribir la historia personal
3. Realizar una práctica de narración de la historia en un ambiente seguro y familiar

↪ En esta sesión descubriremos por qué nuestras historias personales son importantes, y tendremos la oportunidad de escribirlas. Veremos un vídeo viñeta en el cual Joanne cuenta su historia. Finalmente, todos realizaremos prácticas de narración de nuestras historias en un ambiente seguro y familiar, y nos sentiremos mejor preparados al momento de contarla a nuestros amigos.

Si su estilo es testimonial, este tema adquiere especial importancia para usted, dado que su historia de vida constituye su principal herramienta.

Pasemos a la página 48 de la Guía del participante.

GUÍA DEL LÍDER

Notas de planificación

SESIÓN 4

¿Cuál es su historia?

RESUMEN PREVIO

En esta sesión usted:

1. Descubrirá por qué su historia es importante

2. Escribirá su historia personal

3. Realizará prácticas de narración de su historia en un ambiente seguro y familiar

SESIÓN 4

Descubrimiento (46 minutos)

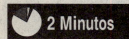 **2 Minutos**

POR QUÉ ES IMPORTANTE SU HISTORIA

> Guía del participante, página 48.

Lee Strobel, uno de los autores de este curso, fue entrevistado por el reportero de un periódico que planeaba publicar una nota periodística sobre la Iglesia Comunitaria de Willow Creek. Sin aviso previo, el reportero se volvió hacia Lee y le dijo: "Ahora cuénteme su historia". Lee apenas tuvo tiempo de tomar aliento antes de contarle a ese hombre lo que Dios había hecho en su vida. ¡Pero aquello que dijo durante los siguientes minutos fue incluido textualmente por el reportero en su artículo para uno de los diarios más grandes de Chicago!

Al reflexionar más tarde sobre esa experiencia, Lee se alegró de haber tenido su historia organizada de antemano, y de haber practicado contarla en una situación menos tensionadora. Aunque nunca nos toque narrar nuestra historia ante un reportero gráfico, debemos prepararnos anticipadamente para cuando surja la oportunidad.

Aquí proponemos tres razones por las que nuestra historia resulta importante:

⊃ Primero, porque a nuestros amigos les INTERESA.

Como resultado natural de nuestro interés por ellos, por haberlos escuchado y haber llegado a desarrollar una genuina relación con ellos, querrán, en reciprocidad, saber más de nosotros. A los verdaderos amigos les gusta conocer la forma de pensar, los valores y el trasfondo de sus amigos.

⊃ Segundo, porque se pueden IDENTIFICAR con ella.

Tenemos la tendencia natural a acercarnos más a las personas cuyo trasfondo y experiencia se asemejan a los nuestros, y por eso es muy probable que nuestros amigos lleguen a relacionar sus experiencias con las nuestras.

No descarte su testimonio por no ser llamativo o espectacular. Si usted ha pasado la mayor parte de su vida siendo una "buena" persona, quizás asistiendo a la iglesia y siendo "religioso", pero sin conocer a Cristo personalmente, entonces la suya es una historia con la cual muchas personas pueden identificarse. Así que no la menosprecie. Dios puede utilizar su historia poderosamente con gente de un trasfondo similar al suyo y que necesita a Cristo tal como usted lo necesitaba.

Si su testimonio incluye pecados demasiado fuertes, tendrá que suavizarlo un poco para ciertos oyentes. De otra manera podrían escudarse en argumentos como: "Me alegro que usted se haya acercado a la religión, porque siendo tan malo es obvio que la necesitaba".

Transparencia

Por qué es importante nuestra historia

- Porque a nuestros amigos les INTERESA
- Porque pueden IDENTIFICARSE con ella
- Porque les es difícil REFUTARLA

Notas de planificación

GUÍA DEL PARTICIPANTE

POR QUÉ ES IMPORTANTE NUESTRA HISTORIA

- Porque a nuestros amigos les _____

- Porque nuestros amigos pueden _____ con ella.

- Porque les es difícil _____

SESIÓN 4

⊃ Finalmente, porque nuestra historia es DIFÍCIL DE REFUTAR.

Cuando la gente percibe de qué forma Dios ha cambiado nuestras vidas, les resulta difícil negar las evidencias que demuestran que el cristianismo es la verdad. Tal como lo dice Chuck Swindoll en su libro Ven antes del invierno: "Los escépticos pueden rechazar nuestra doctrina o atacar nuestra iglesia, pero, si son honestos, no pueden desconocer el hecho de que nuestra vida ha cambiado".

3 Minutos

CÓMO ORGANIZAR LA HISTORIA

Guía del participante, página 49.

Nota para el líder: En ocho ocasiones durante el transcurso de esta parte de la sesión se le pedirá que escriba cierta información en la transparencia (esta es una copia de la página 49 de la Guía del participante). Esta información se colocará en los casilleros numerados del 1 al 8 de la transparencia.

Al terminar, la transparencia deberá quedar como el ejemplo que damos a continuación.

CÓMO ORGANIZAR LA HISTORIA
La Historia de Pablo - Hechos 26: Los tres episodios

Episodios	a.C. Antes de Cristo	✝ Conversión	d.C. Después de llegar a Cristo
Versículos	4–11	12–18	19–23
Pregunta de Conclusión	"Rey Agripa, ¿cree usted en los profetas?" (Hechos 26:27)		
Tema unificador	El celo de Pablo por servir a Dios		

En el capítulo 26 de los Hechos encontramos a Pablo contando su historia. Aunque aparecen muchos detalles importantes, básicamente consiste en tres secciones, a las que llamaremos tres "episodios". Vamos a armar nuestro relato utilizando estos tres episodios como guía. De esta manera tendremos que recordar solo un sencillo bosquejo de tres secciones, en vez de memorizar toda una presentación. Esta forma de acercamiento nos dará flexibilidad y a la vez nos hará sentir seguros.

GUÍA DEL LÍDER

Notas de planificación

GUÍA DEL PARTICIPANTE

POR QUÉ ES IMPORTANTE NUESTRA HISTORIA

- Porque a nuestros amigos les _____

- Porque nuestros amigos pueden _____ con ella.

- Porque les es difícil _____

SESIÓN CUATRO

CÓMO ORGANIZAR LA HISTORIA

LA HISTORIA DE PABLO - HECHOS 26: LOS TRES EPISODIOS

	1 a.C.	3 ✝	5 d.C.
Episodios			
	2	4	6
Versículos			
Pregunta de conclusión	7		
Tema unificador	8		

SESIÓN 4

Por favor, pasemos a la página 49 de la Guía del participante y miremos más en detalle la historia del apóstol Pablo.

PRIMER EPISODIO: AC

➲ Representaremos el primer episodio con las letras a.C.; trata de la vida de Pablo "ANTES DE CRISTO".

> Escriba "Antes de Cristo" en el casillero número 1 de la transparencia.

➲ Este episodio aparece en los versículos 4 al 11.

> Escriba "4 - 11" en el casillero 2 de la transparencia.

Aquí Pablo narra los primeros años de su vida. Era fariseo y estaba convencido de que debía hacer todo lo posible por oponerse a las enseñanzas de Jesús. Esto incluía poner a los cristianos en prisión y aun condenarlos a muerte.

SEGUNDO EPISODIO: ✝

➲ Representamos este segundo episodio por una cruz (✝); aquí se explica la "CONVERSIÓN" de Pablo.

> Escriba "Conversión" en el casillero 3 de la transparencia.

➲ La encontramos en los versículos 12 a 18.

> Escriba "12 - 18" en el casillero 4 de la transparencia.

En estos versículos el apóstol relata cómo llegó a Cristo. Cuenta que iba camino a Damasco para perseguir a los cristianos cuando Cristo se le apareció y lo comisionó como su siervo y vocero.

TERCER EPISODIO: d.C.

➲ Representamos este tercer episodio con las letras d.C.; aquí se narra la vida de Pablo "DESPUÉS DE LLEGAR CRISTO".

Hemos tomado las abreviaturas del calendario, que divide el tiempo en a.C. (antes de Cristo) y d.C. (después de Cristo). Este también utiliza las siglas AD, Anno Domini, que en latín significa "en el año del Señor".

> Escriba "Después de llegar a Cristo" en el casillero 5 de la transparencia.

➲ Encontramos este episodio en los versículos 19 al 23.

GUÍA DEL LÍDER

Notas de planificación

SESIÓN CUATRO

CÓMO ORGANIZAR LA HISTORIA

LA HISTORIA DE PABLO - HECHOS 26: LOS TRES EPISODIOS

Episodios	1 a.C.	3 ✝	5 d.C.
Versículos	2	4	6
Pregunta de conclusión	7		
Tema unificador	8		

> Escriba "19 - 23" en el casillero 6 de la transparencia.

Aquí leemos sobre la vida del apóstol Pablo después de llegar a Cristo y sobre la forma en que él predicaba y llamaba al arrepentimiento a la gente para que se volviera a Dios y demostrara ese arrepentimiento a través de sus obras.

PREGUNTA DE CONCLUSIÓN

⊃ En el versículo 27 encontramos a Pablo diciendo: "Rey Agripa, ¿cree usted en los profetas? ¡A mí me consta que sí!"

> Escriba "¿Cree usted en los profetas?" en el casillero 7 de la transparencia.

Transparencia

Como conclusión de la historia, notamos que Pablo le pide a su interlocutor que responda a lo que él acababa de decir, y eso es precisamente lo que hace el rey Agripa (versículo 28).

TEMA UNIFICADOR

⊃ Finalmente, al leer la historia de Pablo de principio a fin, descubrimos un *tema unificador*, que es su CELO POR SERVIR A DIOS.

> Escriba "El celo de Pablo por servir a Dios" en el casillero 8 de la transparencia.

En el período a.C. su celo estaba mal enfocado y era destructivo. En el período d.C. su celo se convirtió en positivo y se enfocó hacia la edificación de la iglesia.

CÓMO ESCRIBIR LA HISTORIA

> Guía del participante, página 50.

Ahora ya está listo para trabajar en su propia historia. Hemos desarrollado seis preguntas para ayudarlo a organizarla en los mismos tres episodios. Por favor, siga las instrucciones de la Guía del participante, y escriba sus respuestas en el espacio que encontrará debajo de cada pregunta. Por el momento no escriba nada en la columna sombreada a la derecha de la página. No se preocupe por "completarla a la perfección" o desarrollarla totalmente la primera vez. Por el momento, lo que queremos es lograr la idea principal. Ya habrá tiempo para pulirla más tarde.

> Lea la primera pregunta y el primer ejemplo y deles luego a los participantes más o menos un minuto para escribir sus ideas.
>
> Repita el mismo proceso a través de las seis preguntas.

Notas de planificación

SESIÓN CUATRO

CÓMO ORGANIZAR LA HISTORIA

LA HISTORIA DE PABLO - HECHOS 26: LOS TRES EPISODIOS

	1 a.C.	3 ✝	5 d.C.
Episodios			
Versículos	2	4	6
Pregunta de conclusión	7		
Tema unificador	8		

GUÍA DEL PARTICIPANTE

CÓMO ESCRIBIR SU HISTORIA

a.C.— ANTES DE CRISTO

1. ¿Dónde se hallaba usted espiritualmente antes de recibir a Cristo, y de qué manera afectaba eso sus acciones, sus sentimientos, actitudes y relaciones?*

   Durante mi niñez mi madre tenía muchos temores e inseguridades, los que me transmitió. Como resultado, yo sentía que no podía confiar en nadie, ni siquiera en Dios.

   * Si usted se entregó a Cristo en la niñez, puede comenzar desde la pregunta número 2.

2. ¿Qué lo hizo empezar a considerar a Dios o a Cristo como una posible solución a sus necesidades?

   Cuando estaba en la universidad, mi compañera de cuarto me invitó a su iglesia; allí el pastor explicó que la mayor parte de la gente procura encontrar seguridad en otras personas o en sus posesiones. Entonces señaló que solo Dios puede darnos la seguridad que buscamos.

   Bosquejo

a.C.- Antes de Cristo

⊃ 1. ¿Dónde se hallaba usted espiritualmente antes de recibir a Cristo, y de qué manera afectaba eso sus acciones, sus sentimientos, actitudes y relaciones?

Ejemplo: *Durante mi niñez mi madre tenía muchos temores e inseguridades, los que me transmitió. Como resultado, yo sentía que no podía confiar en nadie, ni siquiera en Dios.*

Aquellos de ustedes que se convirtieron a Cristo de niños no tendrán mucha historia a.C. de la cual hablar. Por lo tanto, pueden comenzar a partir de la siguiente pregunta.

Los demás, tomémonos un minuto para responder esta pregunta.

> Nota para el líder: Haga una pausa de un minuto o dé el tiempo suficiente como para que la mayoría de las personas llegue a responder cada pregunta.

⊃ 2. ¿Qué lo hizo empezar a considerar a Dios o a Cristo como una posible solución a sus necesidades?

Ejemplo: *Cuando estaba en la universidad, mi compañera de cuarto me invitó a su iglesia; allí el pastor explicó que la mayor parte de la gente procura encontrar seguridad en otras personas o en sus posesiones. Pero él señaló que solo Dios puede darnos la seguridad que buscamos.*

> Pausa.

✝—Conversión

⊃ 3. ¿A que conclusión final llegó que lo impulsó a recibir a Cristo?

> Pausa.

Ejemplo: *Yo había probado muchas cosas: cambié de novios, logré buenas notas en la escuela y participaba en las actividades estudiantiles. Pero me di cuenta de que el pastor tenía razón. Estas personas o actividades no me daban la seguridad que buscaba. Solo Dios podía hacerlo.*

> Pausa.

⊃ 4. ¿Específicamente, *cómo* recibió usted a Cristo?

Ejemplo: *Oré y le pedí a Cristo que me perdonara por todas las cosas erradas que había hecho. Luego le pedí que entrara en mi vida, que me guiara y me diera esa seguridad que yo buscaba.*

Notas de planificación

GUÍA DEL PARTICIPANTE

CÓMO ESCRIBIR SU HISTORIA

a.C.— ANTES DE CRISTO

1. ¿Dónde se hallaba usted espiritualmente antes de recibir a Cristo, y de qué manera afectaba eso sus acciones, sus sentimientos, actitudes y relaciones?*

   Durante mi niñez mi madre tenía muchos temores e inseguridades, los que me transmitió. Como resultado, yo sentía que no podía confiar en nadie, ni siquiera en Dios.

   Bosquejo

   * Si usted se entregó a Cristo en la niñez, puede comenzar desde la pregunta número 2.

2. ¿Qué lo hizo empezar a considerar a Dios o a Cristo como una posible solución a sus necesidades?

   Cuando estaba en la universidad, mi compañera de cuarto me invitó a su iglesia; allí el pastor explicó que la mayor parte de la gente procura encontrar seguridad en otras personas o en sus posesiones. Entonces señaló que solo Dios puede darnos la seguridad que buscamos.

SESIÓN CUATRO

CÓMO ESCRIBIR SU HISTORIA

✝—CONVERSIÓN

3. ¿A qué conclusión final llegó que la impulsó a recibir a Cristo?

   Yo había probado muchas cosas: cambié de novias, logré buenas notas en la escuela y participaba de las actividades estudiantiles. Pero me di cuenta de que el pastor tenía razón. Estas personas y actividades no me daban la seguridad que buscaba.

   Bosquejo

4. ¿Específicamente, cómo recibió usted a Cristo?

   Oré y le pedí a Cristo que me perdonara por todas las cosas erradas que había hecho. Luego le pedí que entrara en mi vida, que me guiara y me diera esa seguridad que yo buscaba.

SESIÓN 4

d.C.- Después de llegar a Cristo

NOTA: Al desarrollar las dos preguntas siguientes, aquellos de ustedes que son cristianos desde su niñez deberán colocar el énfasis en el beneficio que Cristo ha traído a su vida, contraponiéndolo a lo que imaginan que habría sido su vida de no haberlo conocido. Para obtener ideas sobre cómo hacerlo, remítanse a la nota que aparece en la Guía del participante.

⊃ 5. ¿De qué manera comenzó a cambiar su vida después de haber confiado en Cristo?

Ejemplo: *Ya no tuve temores ni inseguridad. Comencé a sentirme confiada y en paz porque sabía que Dios estaba en el control.*

| Pausa. |

⊃ ¿Qué otros beneficios ha experimentado a partir de su conversión a Cristo? (En especial tome en cuenta aquellos con los que más se identificarían las personas que tiene en su *Lista de impacto*.)

Ejemplo: *Me relaciono con la gente de una manera mucho más sana ahora, y ya no siento tanto temor al fracaso como antes. ¡Y lo principal es que ahora sé que pasaré la eternidad en el cielo!*

| Pausa. |

⊃ En cuanto a los puntos 7 y 8, escriba una pregunta de conclusión y el tema unificador.

| Pausa. |

RECOMENDACIONES EN CUANTO A LA HISTORIA

| Guía del participante, página 53. |

Ahora que ha determinado los elementos principales de su historia, está casi listo para armarla.

Por favor, pasemos a la página 53 de la Guía del participante y revisemos algunas de las recomendaciones a tener en cuenta al narrar la historia.

Tema

⊃ La primera recomendación tiene que ver con el tema.

El tema es el elemento central de nuestra vida que muestra un CONTRASTE entre nuestra actitud espiritual antes de conocer a Cristo y después de habernos entregado a él.

El tema debe comenzar describiendo un problema en el Episodio 1 (a.C.), que se resuelve total o parcialmente en el Episodio 3 (d.C.), tal como lo observamos en el caso de Pablo, cuyo tema era el celo por Dios.

Transparencia

Recomendaciones en cuanto a la historia
- Tema
- Episodio Intermedio
- Conclusión
- Uso de las Escrituras
- Lenguaje
- Extensión
- Secuencia
- Cómo poner a los demás en primer lugar

GUÍA DEL LÍDER

Notas de planificación

GUÍA DEL PARTICIPANTE

CÓMO CONTAR SU HISTORIA

d.C.- DESPUÉS DE LA CONVERSIÓN

5. ¿De qué manera comenzó a cambiar su vida después de haber confiado en Cristo?*
   Ya no tuve temor ni inseguridad. Comencé a sentirme confiada y en paz porque sabía que Dios estaba en el control.

   Bosquejo

   * Si usted se convirtió a Cristo de niño, responda las preguntas 5 y 6 contrastando su vida actual con lo que habría sido de no haber conocido a Cristo (ver al pie de este gráfico)

6. ¿Qué otros beneficios ha experimentado a partir de su conversión a Cristo? (En especial tome en cuenta aquellos con los que más se identificarían las personas que tiene en su *Lista de impacto*.)
   Me relaciono con la gente de manera mucho más sana ahora, y ya no siento tanto temor al fracaso como antes. ¡Y lo principal es que ahora sé que pasaré la eternidad en el cielo!

7. Pregunta de conclusión: *¿Se identifica usted con alguna de estas cosas?*

8. Tema unificador: *Búsqueda de seguridad.*

* Esto se puede determinar a través de una reflexión sobre aquellas etapas de la vida en las en las que usted no estaba cerca de Dios, considerando sus aspectos débiles y susceptibles a la tentación, y observando el estilo de vida que escogieron viejos amigos suyos o compañeros de estudio que decidieron no seguir a Cristo.

SESIÓN CUATRO

RECOMENDACIONES EN CUANTO A LA HISTORIA

TEMA
- Es el elemento central de nuestra vida que muestra un _____ entre nuestra actitud espiritual antes de conocer a Cristo y después de habernos entregado a él.

EPISODIO INTERMEDIO
- Debemos mantenerlo sencillo, claro y como algo que se puede _____.

CONCLUSIÓN
- Finalice con una pregunta o una afirmación que requiera _____.

USO DE LAS ESCRITURAS
- Piense y recuerde si hubo un versículo clave que realmente le abrió los ojos. Si no lo hubo, no fuerce la situación.

LENGUAJE
- Evite los clisés religiosos y la "jerga espiritual".

EXTENSIÓN
- Sea _____ y vaya al grano.

SECUENCIA
- Con la práctica aprenderá a comenzar o terminar con cualquiera de los episodios, según la situación lo requiera.

CÓMO PONER A LOS DEMÁS EN PRIMER LUGAR
- Concéntrese en su amigo.
- Enfatice los aspectos de su historia que se relacionen con los intereses de *él* o de *ella*.

Es necesario evitar la tendencia a imitar los temas de los demás o los patrones a los que creemos que se debe conformar un buen tema. Este debe ser personal y tomado de nuestra propia experiencia; de lo contrario no sonará real cuando lo compartamos con la gente.

Episodio intermedio

⊃ La siguiente recomendación tiene que ver con el episodio intermedio, o sea nuestra experiencia de "conversión."

Debemos mantenerlo sencillo, claro y mostrarlo como algo que se puede REPETIR.

El apóstol Pablo no presenta un informe místico acerca de cómo vagaba perdido, de cómo lo encontró Dios repentinamente, y de cómo después todo resultó grandioso. No. Él da detalles específicos de lo que realmente ocurrió.

Nuestra historia debe contener un relato específico de la manera en que recibimos a Cristo, enfatizando aquellos elementos que se pueden repetir en otros. Por ejemplo, si usted recibió a Cristo en un encuentro evangelístico, debe mencionarlo, pero más bien enfocando la atención sobre la oración de entrega que sobre la reunión en sí. Aunque su amigo no esté listo para recibir al Señor en ese momento y lugar, le quedará sin embargo un modelo a seguir más tarde, si es que usted le explica específicamente cómo orar para recibirlo.

Si su conversión forma parte de un proceso que se fue desarrollando durante un cierto período, quizá no pueda determinar la fecha exacta en la que recibió a Cristo. Está bien. Si ésta es su experiencia, transmita el contenido de lo que usted sentía y de lo que le pidió al Señor cuando comenzó a mostrar una apertura hacia él buscando su perdón y su guía.

Conclusión

⊃ La siguiente recomendación se relaciona con la conclusión.

Es preciso terminar la historia con una pregunta o una declaración que requiera una RESPUESTA.

Pablo ejemplificó este aspecto en el pasaje de Hechos 26 que consideramos anteriormente. En los versículos 25 a 29 hizo una aplicación de lo que le había dicho a Agripa al solicitarle que diera una respuesta personal. Nosotros podemos hacer lo mismo, por ejemplo, preguntando a la persona si lo que hemos contado guarda alguna relación con su vida.

Notas de planificación

SESIÓN CUATRO

RECOMENDACIONES EN CUANTO A LA HISTORIA

TEMA

- Es el elemento central de nuestra vida que muestra un _____ entre nuestra actitud espiritual antes de conocer a Cristo y después de habernos entregado a él.

EPISODIO INTERMEDIO

- Debemos mantenerlo sencillo, claro y como algo que se puede _____.

CONCLUSIÓN

- Finalice con una pregunta o una afirmación que requiera _____.

USO DE LAS ESCRITURAS

- Piense y recuerde si hubo un versículo clave que realmente le abrió los ojos. Si no lo hubo, no fuerce la situación.

LENGUAJE

- Evite los clisés religiosos y la "jerga espiritual".

EXTENSIÓN

- Sea _____ y vaya al grano.

SECUENCIA

- Con la práctica aprenderá a comenzar o terminar con cualquiera de los episodios, según la situación lo requiera.

CÓMO PONER A LOS DEMÁS EN PRIMER LUGAR

- Concéntrese en su amigo.
- Enfatice los aspectos de su historia que se relacionen con los intereses de *él* o de *ella*.

53

Uso de las Escrituras

⊃ La siguiente recomendación tiene que ver con el uso de las Escrituras.

Aunque todo lo que decimos debe estar de acuerdo con lo la Biblia enseña, no es necesario citar una gran cantidad de versículos. Es posible que si lo hacemos esto moleste a la persona que procuramos alcanzar.

⊃ Consideremos si en realidad hubo un versículo clave que nos abrió los ojos. Si tenemos un versículo que guarde estrecha relación con la historia, usémoslo. Si no, es mejor no forzar la situación.

El lenguaje

⊃ Lo siguiente es el lenguaje. Necesitamos aprender a transmitir las verdades bíblicas en el idioma corriente que se habla en la calle.

Evitemos los clisés religiosos y la "jerga espiritual".

Cuanto más años de convertidos tenemos, mas difícil resulta poner esto en práctica. Olvidamos fácilmente que mucho de lo que hablamos entre nosotros tiene un significado claro dentro de nuestro propio círculo, pero les suena a mensaje en clave a quienes no integran el grupo.

Por ejemplo, "ir a la Palabra" significa sencillamente "leer la Biblia". La expresión "usted necesita un salvador personal" se entendería mejor si dijéramos "usted necesita que Jesús perdone sus pecados".

La frase "permítale a Jesús ser su Señor" resultaría más clara si dijéramos "pídale a Jesús que dirija su vida".

"Usted debe nacer de nuevo" es un concepto bíblico que frecuentemente se entiende mal. Podemos hacer que resulte más claro diciendo: "Jesús señaló que cada uno de nosotros necesita revivir espiritualmente a través de recibir su perdón y su dirección para la vida".

Al tomarnos el tiempo y el trabajo de repensar las palabras que utilizamos habitualmente para cambiarlas cuando es necesario, quitamos barreras que dificultan la comunicación y nos separan de nuestros amigos que necesitan a Cristo. Les hace ver a ellos que nos importan lo suficiente como para traducir, por así decirlo, las verdades bíblicas a su propio idioma. ¡Y hasta es probable que nuestra propia comprensión de las cosas se agudice durante el proceso!

La extensión

⊃ Con respecto a la extensión del relato, la recomendación es: sea BREVE y vaya al grano.

Su amigo le hará saber si desea conocer mas detalles. Procure contar su historia en tres o cuatro minutos. (A propósito, esa es aproximadamente la extensión del relato de Pablo en Hechos 26.)

Lo bueno de utilizar el método de los tres episodios es que se puede comprimir o ampliar la historia para adecuarla a cualquier situación.

Notas de planificación

SESIÓN CUATRO

RECOMENDACIONES EN CUANTO A LA HISTORIA

TEMA
- Es el elemento central de nuestra vida que muestra un _____ entre nuestra actitud espiritual antes de conocer a Cristo y después de habernos entregado a él.

EPISODIO INTERMEDIO
- Debemos mantenerlo sencillo, claro y como algo que se puede _____.

CONCLUSIÓN
- Finalice con una pregunta o una afirmación que requiera _____.

USO DE LAS ESCRITURAS
- Piense y recuerde si hubo un versículo clave que realmente le abrió los ojos. Si no lo hubo, no fuerce la situación.

LENGUAJE
- Evite los clisés religiosos y la "jerga espiritual".

EXTENSIÓN
- Sea _____ y vaya al grano.

SECUENCIA
- Con la práctica aprenderá a comenzar o terminar con cualquiera de los episodios, según la situación lo requiera.

CÓMO PONER A LOS DEMÁS EN PRIMER LUGAR
- Concéntrese en su amigo.
- Enfatice los aspectos de su historia que se relacionen con los intereses de *él* o de *ella*.

Secuencia

⊃ Por el momento estamos aprendiendo a utilizar la secuencia: a.C. - Conversión - d.C.

Con la práctica, aprenderá a comenzar o terminar con cualquiera de los episodios, según la situación lo requiera.

Por ejemplo, según sea el curso de la conversación, podría resultar más apropiado comenzar con la etapa d.C. de la vida, y decir luego: "Bueno, yo no siempre fui así", y continuar con la etapa a.C. hasta llegar a la experiencia de conversión. El asunto es que uno recién se vuelve flexible una vez que conoce el método de los tres episodios.

Cómo poner a los demás en primer lugar

⊃ Finalmente, el principio de "poner a los demás primero" resulta importante al contar nuestra historia personal. Necesitamos ganarnos el derecho a contar nuestro testimonio animando primero a nuestro amigo a hablarnos de su trasfondo espiritual.

Luego debemos concentrarnos principalmente en nuestro amigo, enfatizando específicamente los aspectos de nuestra experiencia que tengan relación con sus intereses.

Debemos preguntarnos a cada momento ¿Escucha y entiende lo que decimos? ¿Tiene sentido para él? ¿Da señales no verbales de sentirse confundido o desorientado? Es más importante detenernos y ayudar a nuestro amigo a entender que satisfacer nuestro propio deseo de terminar con la historia sin interrupciones. En última instancia, el objetivo de nuestro relato es él y no nosotros.

Ejercicio individual: *Bosqueje su historia*

Guía del participante, página 54

> Nota para el líder: Antes de la sesión de práctica de "Cómo contar su historia", sería prudente entender que hay algunos en el grupo que todavía pueden no tener una historia que contar. En otras palabras, que todavía no han rendido sus vidas a Cristo. Asegúreles a quienes se hayan dado cuenta de que esta es su situación que no hay mejor lugar para hacer este descubrimiento que aquí mismo.
>
> Anímelos a sentarse y escuchar los relatos de algunos de sus compañeros durante la práctica, e ínstelos a hablar con usted después de la sesión. En realidad, un buen número de personas ha conocido a Cristo en el proceso de asistir a este curso.

Notas de planificación

SESIÓN CUATRO

RECOMENDACIONES EN CUANTO A LA HISTORIA

TEMA
- Es el elemento central de nuestra vida que muestra un _____ entre nuestra actitud espiritual antes de conocer a Cristo y después de habernos entregado a él.

EPISODIO INTERMEDIO
- Debemos mantenerlo sencillo, claro y como algo que se puede _____.

CONCLUSIÓN
- Finalice con una pregunta o una afirmación que requiera _____.

USO DE LAS ESCRITURAS
- Piense y recuerde si hubo un versículo clave que realmente le abrió los ojos. Si no lo hubo, no fuerce la situación.

LENGUAJE
- Evite los clisés religiosos y la "jerga espiritual".

EXTENSIÓN
- Sea _____ y vaya al grano.

SECUENCIA
- Con la práctica aprenderá a comenzar o terminar con cualquiera de los episodios, según la situación lo requiera.

CÓMO PONER A LOS DEMÁS EN PRIMER LUGAR
- Concéntrese en su amigo.
- Enfatice los aspectos de su historia que se relacionen con los intereses de *él* o de *ella*.

53

SESIÓN 4

Objetivo

> Escribir un bosquejo de su historia personal.

Instrucciones (1 minuto)

Ahora estamos listos para bosquejar nuestras historias.

Por favor abran su Guía del participante en la página 54.

Haremos este ejercicio en forma individual.

1. Vuelva a sus respuestas a las seis preguntas y encierre en un círculo las palabras clave de cada una de las respuestas.
2. Escriba esas palabras clave en forma de bosquejo en el espacio destinado para ello en la columna a la derecha de sus respuestas. Encontrará un ejemplo de esto en las páginas 55 y 56.

> Nota para el líder: El bosquejo de muestra se encuentra en la página 269 del Anexo.

Volvemos a señalar que este es apenas un primer borrador. ¡Usted tendrá tiempo suficiente, de hecho el resto de su vida, para pulir su historia!

¿Alguna pregunta en relación con las instrucciones?

Tienen cinco minutos para completar este ejercicio.

Actividad (5 minutos)

> Avise a los participantes cuando les quede solo un minuto
>
> Reúna el grupo de nuevo cuando hayan transcurrido los cinco minutos.

Resumen

Ahora que tiene la historia en forma de bosquejo; el próximo paso es practicar narrándola.

ACTIVIDAD POR PAREJAS: *PRACTIQUE LA NARRACIÓN DE SU HISTORIA*

> Guía del participante, página 57

Objetivos

> 1. Enfocar una presentación eficaz de la historia personal.
> 2. Practicar la narración de la historia.
> 3. Recibir comentarios y críticas constructivas sobre la manera de contar la historia.

Notas de planificación

GUÍA DEL PARTICIPANTE

EJERCICIO INDIVIDUAL: BOSQUEJE SU HISTORIA

INSTRUCCIONES

1. Vuelva a sus respuestas a las seis preguntas y encierre en un círculo las palabras clave de cada una de las respuestas.

2. Escriba esas palabras clave en forma de bosquejo en el espacio destinado para ello en la columna a la derecha de sus respuestas. Encontrará un ejemplo de esto en las páginas 55 y 56.

> Este es apenas un *primer borrador*. ¡Usted tendrá tiempo suficiente, de hecho, el resto de su vida, para pulir su historia!

SESIÓN CUATRO

EJERCICIO INDIVIDUAL: BOSQUEJE SU HISTORIA

CÓMO ESCRIBIR SU HISTORIA — EJEMPLO

a.C.		Bosquejo
1.	¿Dónde se hallaba usted espiritualmente antes de recibir a Cristo, y cómo afectaba eso sus acciones, sentimientos, actitudes y relaciones? *Durante mi niñez mi madre tenía muchos temores e inseguridades, los que me transmitió. Como resultado, yo sentía que no podía confiar en nadie, ni siquiera en Dios.*	*Los temores e inseguridades de mamá* *No podía confiar en nadie* *Ni siquiera en Dios*
2.	¿Qué lo hizo empezar a considerar a Dios o a Cristo como una posible solución a sus necesidades? *Cuando estaba en la universidad, mi compañera de cuarto me invitó a su iglesia; allí el pastor explicó que la mayor parte de la gente procura encontrar seguridad en otras personas o en sus posesiones. Pero él señaló que sólo Dios podía darnos la seguridad que buscamos.*	*Compañera de cuarto en la universidad. Su iglesia* *Seguridad en otros y en sus posesiones.* *Sólo Dios da seguridad*
✝ 3.	¿A qué conclusión final llegó que la impulsó a recibir a Cristo? *Yo había probado muchas cosas: cambié de novios, logré buenas notas en la escuela y participaba de las actividades estudiantiles. Pero me di cuenta de que el pastor tenía razón. Estas personas y actividades no me daban la seguridad que buscaba. Sólo Dios podía hacerlo.*	*Lo probé todo* *El pastor estaba en lo cierto* *Sólo Dios da seguridad*
4.	¿Específicamente, cómo recibió usted a Cristo? *Oré y le pedí a Cristo que me perdonara por todas las cosas erradas que había hecho. Luego le pedí que entrara en mi vida, que me guiara y me diera la seguridad que yo buscaba.*	*Oré* *Me perdonó* *Me guió* *Me dio seguridad*

GUÍA DEL PARTICIPANTE

EJERCICIO INDIVIDUAL: BOSQUEJE SU HISTORIA

CÓMO ESCRIBIR SU HISTORIA — EJEMPLO, continuación.

d.C.		Bosquejo
5.	¿De qué manera comenzó a cambiar su vida después de haber confiado en Cristo? *Ya no tuve temor ni inseguridad. Comencé a sentirme confiada y en paz porque sabía que Dios estaba en el control.*	*No más temor* *Ni inseguridad* *Mayor confianza y paz* *Dios en el control*
6.	¿Qué otros beneficios ha experimentado a partir de su conversión a Cristo? (En especial tome en cuenta aquellos con los que más se identificarían las personas que tiene en su *Lista de impacto*.) *Me relaciono con la gente de manera mucho más sana ahora, y ya no siento tanto temor al fracaso como antes. ¡Y lo principal es que ahora sé que pasaré la eternidad en el cielo!*	*Relaciones más sanas* *Menos temor al fracaso* *El cielo*
7.	Pregunta de conclusión: *¿Se identifica usted con alguna de estas cosas?*	*¿Se siente identificado?*
8.	Tema unificador: *Búsqueda de seguridad*	

Primero observemos a Joanne contándole su historia a Leslie, para darnos una idea de cómo son las cosas. Prestemos atención a los tres episodios.

Vídeo viñeta: ¿Cuál es su historia? (4 minutos)

Pasar el vídeo de la presentación modelo.

Resumen (1 minuto)

Vayamos a la *Planilla de retroalimentación de la historia* en la página 57 de la Guía del participante.

Posibles respuestas
• Buena. • El tema fue claro. • Ella no dijo mucho acerca del tercer episodio. • Pidió una respuesta verbal.

Práctica

El objetivo de esta práctica es darle la oportunidad de expresar con claridad su historia en un ambiente familiar antes de contarla "en vivo" a un amigo. Cuanto mas la practique, más eficaz resultará, y más seguro y confiado se sentirá cuando llegue el momento de contarla.

Instrucciones (1 minuto)

Bien. Ahora estamos listos para practicar.

Primero, consiga un compañero o compañera.

1. Uno de los dos contará su historia y el otro escuchará y utilizará la *Planilla de retroalimentación de la historia* para anotar sus comentarios.
   NOTA: El que escuche deberá *cooperar* con la persona que cuenta su testimonio.

2. Después de que la primera persona haya hecho su relato, el que ha escuchado hará sus comentarios sobre lo que funcionó bien y sobre los aspectos que se deben mejorar. (Usar la Planilla como guía)

3. Luego intercambiarán papeles: el que ha escuchado pasará a contar, y el que ha hecho su relato pasará ahora a escuchar. Se repiten los pasos uno y dos.

Cada persona dispondrá de cuatro minutos para contar su historia, y dos minutos para escuchar comentarios. Llevaremos control del tiempo. No lo desperdicien. Cuatro minutos pasan rápidamente. Si no ha terminado de hacer su relato cuando acabe el tiempo, deténgase igualmente en ese momento.

¿Alguna pregunta en relación con las instrucciones?

Muy bien, comencemos.

Notas de planificación

SESIÓN CUATRO

ACTIVIDAD POR PAREJAS: PRACTIQUE CONTAR SU HISTORIA

INSTRUCCIONES

1. Primero, consiga un compañero o compañera. Uno de los dos contará su historia y el otro escuchará y utilizará la *Planilla de retroalimentación de la historia* para anotar sus comentarios.

2. Después de que la primera persona haya hecho su relato, el que ha escuchado hará sus comentarios sobre lo que funcionó bien y sobre los aspectos que se deben mejorar. (Usar la Planilla como guía).

3. Luego intercambiarán papeles: el que ha escuchado pasará a contar, y el que ha hecho su relato pasará ahora a escuchar. Se repiten los pasos uno y dos.

Planilla de retroalimentación de la historia

DETALLE	OBSERVACIONES
Tres episodios: ☐ a.C.—Fue explicado con claridad ☐ ✝—La experiencia es repetible ☐ d.C.—Fue explicado con claridad	¿Qué cosas funcionaron bien?
☐ **Tema**—Desarrolló una idea central ☐ **Conclusión**—Se solicitó una respuesta ☐ **Uso de las Escrituras**—No se abusó de ellas ☐ **Lenguaje**—Se evitaron los clisés religiosos ☐ **Extension**—Se mantuvo dentro de los 4 minutos	Aspectos a mejorar:

57

SESIÓN 4

Actividad (12 minutos)

1. Señale la finalización del tiempo después de 4 minutos y anime a quienes han hecho el papel de oyentes a hacer comentarios sinceros.
2. Señale la finalización de los 2 minutos e inste a los participantes a intercambiar papeles. Solicite a los que escucharon primero que ahora comiencen a contar su historia.
3. Señale la finalización de los 4 minutos, e inste a quienes han hecho el papel de oyentes a hacer sus comentarios a los narradores.
4. Finalice a los 2 minutos y reúna al grupo de nuevo.

Resumen (3 minutos)

¿Cómo resultó? ¿A quién le gustaría contar lo que aprendió a través de este ejercicio?

Posibles respuestas:

- Contar mi testimonio fue más fácil de lo que pensé.
- Mantener el hilo y limitarme a los 4 minutos fue más difícil de lo que pensé.
- Fue muy bueno escuchar comentarios para poder mejorar.

Muchos de ustedes descubrirán que es muy útil escribir la propia historia. Si desea hacerlo, encontrará un espacio destinado a ese fin en la página 122 de la Guía del participante.

Nota para el líder: También se provee espacio para que usted escriba su propia historia en la página 268 del Anexo.

Nota para el líder: Si usted se siente cómodo haciendo sus comentarios por escrito, ofrézcase a revisar los relatos de los participantes:

"Si desea que yo revise su historia y haga algunos comentarios sobre ella, entréguemela cuando la tenga lista, preferiblemente durante la próxima semana".

Es una magnífica manera de alentarlos a dar el próximo paso, y ayudarlos a desarrollar lo que luego dirán ante la gente. Este tipo de interacción debe ser estimulado también en pequeños grupos dentro de la iglesia.

Notas de planificación

SESIÓN CUATRO

ACTIVIDAD POR PAREJAS: PRACTIQUE CONTAR SU HISTORIA

INSTRUCCIONES

1. Primero, consiga un compañero o compañera. Uno de los dos contará su historia y el otro escuchará y utilizará la *Planilla de retroalimentación de la historia* para anotar sus comentarios.

2. Después de que la primera persona haya hecho su relato, el que ha escuchado hará sus comentarios sobre lo que funcionó bien y sobre los aspectos que se deben mejorar. (Usar la Planilla como guía).

3. Luego intercambiarán papeles: el que ha escuchado pasará a contar, y el que ha hecho su relato pasará ahora a escuchar. Se repiten los pasos uno y dos.

Planilla de retroalimentación de la historia

DETALLE	OBSERVACIONES
Tres episodios: ☐ a.C.—Fue explicado con claridad ☐ ✝—La experiencia es repetible ☐ d.C.—Fue explicado con claridad	¿Qué cosas funcionaron bien?
☐ **Tema**—Desarrolló una idea central ☐ **Conclusión**—Se solicitó una respuesta ☐ **Uso de las Escrituras**—No se abusó de ellas ☐ **Lenguaje**—Se evitaron los clisés religiosos ☐ **Extension**—Se mantuvo dentro de los 4 minutos	Aspectos a mejorar:

SESIÓN 4

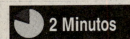

Resumen de la sesión

Guía del participante, página 58.

Transparencia

Sesión 4 Resumen

En esta sesión usted:
1. Descubrió por qué su historia es importante
2. Escribió su historia personal usando el método de los tres episodios
3. Practicó la narración de su historia.

⊃ En esta sesión hemos analizado *por qué* es importante nuestra historia personal. También hemos visto que se trata de una poderosa herramienta para comunicar la fe a nuestros amigos. De la misma manera en que nosotros mostramos interés por sus vidas, resulta natural que ellos quieran saber más acerca de nosotros. Es posible que ellos se *identifiquen* con muchas de las experiencias por las cuales hemos pasado, y que sientan curiosidad por nuestra faceta espiritual. Al contarles de una manera clara y sencilla cómo Dios nos ha llevado hacia él, les estaremos dando evidencias irrefutables de la veracidad del cristianismo. En esta sesión usted también ha escrito su testimonio personal utilizando el patrón de los "tres episodios", del que Pablo es modelo: Antes de Cristo (a.C.), Conversión (✝), y Después de llegar a Cristo (d.C.). El esfuerzo realizado durante esta sesión para responder las seis preguntas y practicar la narración de su historia seguramente le proporcionará más confianza a la hora de contarla a las personas que está procurando alcanzar para Cristo. Esta semana, mientras que lo que aprendió está fresco aún en su mente, pídale a Dios que le dé la oportunidad de contar su testimonio a uno de sus amigos y descubrir lo que él piensa. Se sorprenderá de ver cómo Dios puede usarlo.

Lectura sugerida: Ninguna

Terminar con un oración.

Nota para el líder: Quizá desee terminar orando en grupos de dos o tres para interceder por las personas incluidas en la *Lista de impacto* que cada uno está procurando alcanzar.

GUÍA DEL LÍDER

Notas de planificación

___

GUÍA DEL PARTICIPANTE

RESUMEN DE LA SESIÓN

En esta sesión usted:

- Descubrió por qué su historia es importante.

- Escribió su historia personal usando el método de los tres episodios.

- Practicó la narración de su historia.

LECTURA SUGERIDA: NINGUNA

SESIÓN 5
¿CUÁL ES LA HISTORIA DE DIOS?

Dinámica de la sesión

Hasta aquí hemos hablado de concepciones erróneas que tenemos acerca de la evangelización; hemos aprendido sobre su importancia, y hemos identificado estilos personales de evangelizar. Hablamos sobre cómo y dónde construir relaciones, y sobre cómo iniciar conversaciones espirituales. En la Sesión 4 los participantes descubrieron la razón por la que sus historias personales resultan importantes, y aprendieron un método para contarlas, el sistema de los "tres episodios": antes de Cristo (a.C.), conversión (✝), y después haber llegado a de Cristo (a.C.). Escribieron también sus testimonios personales y practicaron narrarlos.

La Sesión 5 presenta los cuatro puntos principales del mensaje del evangelio (Dios, nosotros, Cristo, y usted). Luego expone dos ilustraciones del evangelio: "*Haga* en contraste con *Hecho*" y "El Puente", con su correspondiente práctica.

OBJETIVOS

En esta sesión los participantes:

1. Conocerán los cuatro puntos del mensaje del evangelio (Dios, nosotros, Cristo y usted).
2. Realizarán la práctica de transmitir el mensaje del evangelio a otra persona.

BOSQUEJO

I. Introducción a la sesión
   A. Bienvenida
   B. Oración
   C. Repaso
   D. Resumen previo

II. Descubrimiento
   A. El mensaje del Evangelio
      1. Dios
      2. Nosotros
      3. Cristo
      4. Usted
   B. Vídeo viñetas y práctica: *Cómo presentar el Evangelio*
   C. Práctica sobre cómo presentar el Evangelio: *Usted elige su ilustración*

III. Resumen de la sesión

MATERIALES Y EQUIPO

1.	La Guía del líder.
2.	Las Guías del participante.
3.*	Etiquetas y marcadores para escribir nombres en ellas.
4.*	Transparencias para proyectar. Antes de cada clase verifique que todo esté en orden. (Nota: le sugerimos enmarcar las transparencias. Puede utilizar marcos para las transparencias o un marco para el proyector.)
5.*	Proyector listo para operar, pantalla, cable, mesa, bombilla de repuesto, marcadores.
6.	Vídeo casete de la "Sesión 4" del curso *Conviértase en un cristiano contagioso*.
7.	Reproductor y monitor de vídeo listos para operar, mesa, cable, y todos los accesorios necesarios.
8.*	Optativo: Reproductor de CDs. para pasar música instrumental. (Nota: utilice música antes y después de las sesiones para crear un ambiente distendido.)

*No resulta necesario cuando se utiliza el formato de grupos pequeños.

SESIÓN 5

¿Cuál es la historia de Dios?

TIEMPO	CONTENIDO	MEDIOS

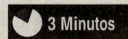 **3 Minutos**

Introducción a la sesión

BIENVENIDA

Bienvenidos a la Sesión 5 - ¿Cuál es la historia de Dios?

Transparencia

> Sesión 5—¿Cuál es la historia de Dios?

ORACIÓN

Querido Padre, en la última sesión ahondamos en los relatos que hablan de cómo tú nos alcanzaste, y muchos de nosotros todavía experimentamos sentimientos de gratitud al recordar la manera en que nos cambiaste de rebeldes a hijos e hijas bendecidos. Queremos agradecerte otra vez por tu amor y tu misericordia hacia nosotros. Te encomendamos esta sesión, en la que exploraremos las maravillas del mensaje del evangelio. Ayúdanos a empaparnos de la verdad que nos transmite este material tan importante. Oramos en el nombre de Cristo. Amén.

REPASO

Hasta aquí hemos descubierto lo eficaz que puede resultar el método de evangelización a través de relaciones personales cuando lo utilizamos en nuestro propio estilo. Hemos analizado ideas prácticas en lo tocante a construir relaciones y plantear temas espirituales de conversación. En la última sesión descubrimos que podemos transmitir con eficacia, en lenguaje llano y directo, el testimonio en cuanto al cambio de vida que Cristo produjo en nosotros.

También aprendimos y practicamos un estilo de contar nuestro testimonio al que denominamos el método de los "tres episodios":

   a.C. Como éramos antes de encontrarnos con Cristo.

   ✝ La forma en que llegamos a conocer a Cristo.

   d.C. De que manera cambió nuestra vida como resultado de recibir el perdón y la guía del Señor.

GUÍA DEL LÍDER

Notas de planificación

SESIÓN 5

¿Cuál es la historia de Dios?

RESUMEN PREVIO

En la Sesión 5 usted:

1. Conocerá los cuatro puntos principales del mensaje del evangelio

2. Realizará una práctica de presentación de dos ilustraciones del evangelio

Pero antes de embarcarnos en el próximo tema, queremos hacer dos cosas:

Primero, felicitarlos. ¡Hemos llegado a la mitad del curso! Esto implica haber recorrido un largo trecho en nuestra preparación para alcanzar a la gente para Cristo.

Segundo, señalar que ésta es la sesión más importante de todo el curso. Habla del mensaje central de la fe cristiana: el Evangelio. Bill Hybels cuenta acerca de una invitación que recibió para hacer un viaje por mar. En él conoció a varios hombres con los que mantuvo trato en el barco. Cuando estaba a punto de descender por las escaleras para abandonar el buque, uno de ellos, que había descubierto que Bill era pastor, le dijo: "Bill, antes de que se vaya, ¿puede responderme una pregunta? ¿Qué significa ser cristiano?" Bill sabía que solo contaba con unos 45 segundos para responder antes de perder la atención de este grupo de marineros, amistosos pero para nada religiosos.

Si hubiera estado en los zapatos de Bill ¿qué hubiera dicho? ¿Podría haber comunicado el mensaje central del evangelio de una manera concisa? La mayoría de nosotros nos hubiéramos sentido incómodos en una situación de este tipo. Pero cuando finalicemos esta sesión no solo sabremos qué decir sino que podremos hacerlo con confianza. Así que, ¡empecemos!

RESUMEN PREVIO

> Guía del participante, página 59.

En esta sesión consideraremos los cuatro puntos principales del mensaje del evangelio. Luego veremos dos diferentes presentaciones del evangelio que hacen Tom y Joanne en el vídeo. Finalmente, cada uno de nosotros tendrá la oportunidad de practicar la presentación de esas ilustraciones del evangelio a otra persona.

Transparencia

Sesión 5, Resumen previo
1. Reconozca los cuatro puntos principales del mensaje del evangelio.
2. Practique presentando las dos ilustraciones del evangelio.

Descubrimiento *(46 minutos)*

> Guía del participante, página 60.

11 Minutos

EL MENSAJE DEL EVANGELIO

Durante la última sesión nos concentramos en el aspecto "subjetivo" o personal de la evangelización, o sea la narración de nuestra propia historia, destacando lo que Cristo ha hecho por nosotros.

En esta sesión vamos a extendernos a un segundo aspecto. Yendo más allá de lo que Cristo ha hecho en nuestra vida, veremos lo que Cristo ha hecho por todas las personas.

La Biblia establece con claridad que la gente se salva solamente por confiar en Cristo. Este mensaje es el que la gente necesita escuchar, y sobre él nos concentraremos en esta sesión.

Notas de planificación

SESIÓN 5

¿Cuál es la historia de Dios?

RESUMEN PREVIO

En la Sesión 5 usted:

1. Conocerá los cuatro puntos principales del mensaje del evangelio

2. Realizará una práctica de presentación de dos ilustraciones del evangelio

Para una mejor comprensión de este mensaje, lo hemos organizado en cuatro puntos principales: Dios, nosotros, Cristo y usted.

Nuestro objetivo es alcanzar un mejor conocimiento del mensaje del evangelio, de tal manera que podamos comunicarlo más eficazmente a nuestros amigos y demás personas.

Dios

Abramos la Guía del participante en la página 60.

⊃ El primer punto se relaciona con DIOS.

Si miramos estos puntos como parte de una obra de teatro, el primer personaje que se presenta es Dios: el Padre amoroso. Hay tres cualidades suyas que debemos conocer. La primera es que:

⊃ Dios es AMOROSO.

En 1 Juan 4:16b leemos:

Dios es amor. El que permanece en amor, permanece en Dios, y Dios en él.

La mayoría de las personas *quiere* creer que esta es una de las características de Dios, y pocos la cuestionan. Dicen que Dios es amor, y hasta ahí llegan, como si ese fuera el final de la historia. Parecería que la imagen que tienen de él es la de un abuelo tierno que nos pasa la mano por la cabeza y nos dice: "No importa lo que hagas, todo está bien porque te amo".

Sabemos que esta es una visión incompleta de Dios porque:

⊃ Dios es SANTO.

Por "santo" aquí queremos decir "absolutamente puro". 1 Pedro 1:15-16 declara:

Más bien, sean ustedes santos en todo lo que hagan, como también es santo quien los llamó; pues está escrito: "Sean santos, porque yo soy santo".

Cualquier cosa impura contrasta radicalmente con Dios, puesto que él no tiene pecado ni impureza de ninguna clase. La luz resplandeciente de su santidad expone a la vista cualquier cosa que esté por debajo de su norma perfecta y la descalifica.

⊃ Dios es JUSTO.

Esto quiere decir que Dios es un juez bueno y perfecto.

Dios, que es justo, pagará con sufrimiento a quienes los hacen sufrir a ustedes (2 Tesalonicenses 1:6).

La santidad de Dios no solo expone y descalifica cualquier cosa impura o pecaminosa, sino que su justicia también la condena. Debe castigar la rebelión, el pecado y la imperfección porque un buen juez no permite que las acciones impropias de los infractores de la ley queden sin castigo.

Transparencia

1. DIOS:
   a. Dios es AMOROSO
   b. Dios es SANTO
   c. Dios es JUSTO

Notas de planificación

GUÍA DEL PARTICIPANTE

EL MENSAJE DEL EVANGELIO

1. _____

a. Dios es _____

Dios es amor. El que permanece en amor, permanece en Dios, y Dios en él. (1 Juan 4:16b)

b. Dios es _____ (absolutamente puro).

Más bien, sean ustedes santos en todo lo que hagan, como también es santo quien los llamó; pues está escrito: "Sean santos, porque yo soy santo" (1 Pedro 1:16).

c. Dios es _____ (un juez bueno).

Dios, que es justo, pagará con sufrimiento a quienes los hacen sufrir a ustedes (2 Tesalonicenses 1:6).

Nosotros

⮕ El próximo punto se refiere a NOSOTROS.

Somos los personajes que aparecen en segundo lugar en esta obra de teatro, los infractores que nos hemos rebelado contra nuestro Padre amoroso.

⮕ Fuimos creados buenos, pero nos convertimos en PECADORES.

> *... pues todos han pecado y están privados de la gloria de Dios (Romanos 3:23).*

La raza humana originalmente fue creada buena, pero se volvió pecaminosa a causa de la rebelión de Adán y Eva contra la ley de Dios. Mas la rebelión no acabó en ellos. Todos nosotros continuamos con la misma actitud, rebelándonos contra Dios y quebrantando sus leyes.

⮕ Somos merecedores de la MUERTE, tanto en lo físico como en lo espiritual.

Romanos 6:23 dice:

> *Porque la paga del pecado es muerte...* (Véase también Hebreos 9:22).

Nuestra deuda con Dios debe ser pagada, y el pago estipulado es nuestra muerte. Esta muerte no es solamente física sino espiritual. Se trata de la separación de Dios por toda la eternidad en un lugar al que la Biblia menciona como el infierno.

El punto siguiente es que:

⮕ Nosotros somos seres espiritualmente INCAPACITADOS, es decir, estamos en una "bancarrota moral".

Isaías 64:6 dice:

> *Todos somos como gente impura; todos nuestros actos de justicia son como trapos de inmundicia* (véase también Efesios 2:8-9).

Hemos incurrido en una deuda que debe ser pagada, y no tenemos fondos en la cuenta de nuestro banco moral como para comprar nuestra liberación y poder salir de la fila de los condenados a muerte.

Hasta aquí, todas las noticias son malas. Pero resulta importante comprender lo que enfrentaremos si nos mantenemos separados de Cristo.

Podemos cometer el error de ir demasiado rápido y decirle a la gente que se puede salvar a través de Cristo antes de que comprendan que son pecadores que se enfrentan a un Dios santo.

Si nuestros amigos no comprenden esto, no verán su necesidad, o la relevancia del Evangelio en sus vidas. Deben entender que aunque nosotros nos creamos muy buenos no satisfacemos, ni aun nos acercamos, a las perfectas normas de Dios.

Es aquí donde aparecen las buenas nuevas del evangelio. Precisamente el significado de la palabra evangelio es "buenas nuevas", en referencia a lo que Cristo ha hecho por nosotros.

Transparencia

2. NOSOTROS
   a. Fuimos creados buenos, pero nos convertimos en PECADORES
   b. Merecemos la MUERTE
   c. Nos hallamos espiritualmente INCAPACITADOS

Notas de planificación

SESIÓN CINCO

EL MENSAJE DEL EVANGELIO

2. _____

a. Fuimos creados buenos, pero nos convertimos en _____.

... pues todos han pecado y están privados de la gloria de Dios (Romanos 3:23).

b. Merecemos la _____ tanto en lo físico como en lo espiritual.

Porque la paga del pecado es muerte... (Romanos 6:23).

(Véase también Hebreos 9:22)

c. Nos hallamos espiritualmente _____ (estamos en una "bancarrota moral").

Todos somos como gente impura; todos nuestros actos de justicia son como trapos de inmundicia (Isaías 64:6).

(Véase también Efesios 2:8-9)

Cristo

⊃ El tercer punto se relaciona con CRISTO.

Él es el *Héroe* de esta historia. Cristo es el único que puede brindarnos la oportunidad de obtener perdón y lograr una reconciliación entre ese Padre amoroso y nosotros, los infractores. Él es el único que puede resolver nuestra situación.

Lo primero que debemos recordar es que:

⊃ Cristo es DIOS, que se hizo hombre.

> Juan 1:1, 14 afirma:
>
> *En el principio ya existía el Verbo, y el Verbo estaba con Dios, y el Verbo era Dios ... Y el Verbo se hizo hombre. Y hemos contemplado su gloria, la gloria que corresponde al Hijo unigénito del Padre, lleno de gracia y de verdad (véase también Juan 8:24).*

Es importante comprender quién es Jesús. Tal como lo celebramos en Navidad, él es el "Dios encarnado", tanto divino como humano. No es tan solo el Creador del universo (1 Juan 1:3), sino que también se hizo humano. Dios realmente se hizo hombre y vivió entre nosotros. Lo segundo es que

⊃ Cristo murió como nuestro SUBSTITUTO.

> *Él mismo, en su cuerpo, llevó al madero nuestros pecados, para que muramos al pecado y vivamos para la justicia. Por sus heridas ustedes sido sanados (1 Pedro 2:24)* (véase también 1 Pedro 3:18; 2 Corintios 5:21).

Esta constituye la idea central del evangelio. La deuda de muerte que teníamos fue pagada por Cristo, quien murió en nuestro lugar. Él hizo posible que se nos ofreciera el regalo más grande del mundo. Él nos concede su perdón, su justicia y su vida a cambio de nuestros pecados, de nuestra culpa y de la sentencia de muerte que pesaba sobre nosotros. ¡Qué regalo tan *increíble!* Pero hay dos preguntas que siempre surgen a esta altura.

La primera es: "¿Por qué debía pagarse un precio, después de todo?" ¿Por qué no podía Dios perdonar y olvidar como lo hacemos nosotros?" Respondiendo a esa pregunta, supongamos que su vecino accidentalmente choca el nuevo automóvil que usted ha estacionado frente a su casa. Aunque usted perdonara a su vecino, el vehículo seguiría abollado, y tendría que pagar la reparación. De la misma manera, nuestros pecados han hecho un daño que debe ser pagado. Dios puede perdonar y olvidar *nuestros* pecados, pero a *él* le queda la deuda sin resolver, que es nada menos que una pena de muerte.

Transparencia

3. CRISTO
   a. Es DIOS, quien también se hizo hombre
   b. Murió como nuestro SUBSTITUTO
   c. Nos ofrece su perdón como un REGALO

Notas de planificación

GUÍA DEL PARTICIPANTE

EL MENSAJE DEL EVANGELIO

3. _____

a. Cristo es _____, que también se hizo hombre.

En el principio ya existía el Verbo, y el Verbo estaba con Dios, y el Verbo era Dios ... Y el Verbo se hizo hombre. Y hemos contemplado su gloria, la gloria que corresponde al Hijo unigénito del Padre, lleno de gracia y de verdad. (Juan 1:1, 14)

(Véase también Juan 8:24)

b. Cristo murió como nuestro _____.

Él mismo, en su cuerpo, llevó al madero nuestros pecados, para que muramos al pecado y vivamos para la justicia. Por sus heridas ustedes han sido sanados. (1 Pedro 2:24).

(Véase también 1 Pedro 3:18; 2 Corintios 5:21)

c. Cristo ofrece su perdón como un _____.

Porque por gracia ustedes han sido salvados mediante la fe; esto no procede de ustedes, sino que es el regalo de Dios, no por obras, para que nadie se jacte. (Efesios 2:8-9)

(Véase también Romanos 6:23)

La segunda pregunta es: "¿Por qué tuvo que morir Cristo? ¿Qué justicia se manifiesta en el hecho de que Jesús, un inocente espectador, sufriera en nuestro lugar?" Algunos han comparado a Cristo con la persona que, sin ser culpable, recibe el castigo por las culpas ajenas. Utilizando una expresión popular, es quien termina "pagando los platos rotos".

Castigar a alguien por las faltas de otro era un injusto sistema de castigo practicado en la época medieval. Cuando un niño de la familia real quebrantaba las reglas, sus maestros no se atrevían a disciplinarlo en forma directa. En cambio, azotaban a un esclavo en presencia del infractor. Se suponía que esto haría sentir tan mal al niño que este cambiaría su comportamiento y comenzaría a cumplir las reglas. Pero esta práctica no solo no daba resultados, sino que era obviamente injusta.

Esto nos muestra que la identidad de Cristo es muy importante. No se trata de un espectador renuente a quien Dios fuerza a entrar en escena como víctima propiciatoria, para ser el "muchacho de los castigos". Él es en realidad el Dios contra quien hemos pecado, pero que nos dice: "Te amo, y deseo perdonarte; voy a pagar tu deuda, voy a asumir la pena de muerte por ti".

Finalmente:

⊃ Cristo nos ofrece su perdón como un REGALO Efesios 2:8-9 dice:

Porque por gracia ustedes han sido salvados mediante la fe; esto no procede de ustedes, sino que es el regalo de Dios, no por obras, para que nadie se jacte. (Véase también Romanos 6:23)

A pesar de lo enorme de nuestra deuda, y del alto precio que Jesús pagó para comprar nuestro perdón y nuestra vida nueva, el paquete completo se nos ofrece en forma gratuita. Es literalmente un regalo a la espera ser abierto.

Usted

⊃ El cuarto y último punto se refiere a USTED, a mí, a nuestros amigos.

Cada uno de nosotros elige en forma individual el papel que quiere representar en esta historia, y decide si finalmente se va a reconciliar con el Padre amoroso.

Cada uno de nosotros tiene que tomar una decisión. Podemos conocer bien los primeros tres puntos y sin embargo seguir en la fila de los condenados a muerte, si es que no respondemos al llamado del evangelio. Por eso este punto final resulta de vital importancia.

Transparencia

4. USTED (y yo)
a. Tenemos que DAR UNA RESPUESTA.
b. Debemos pedirle a Cristo que nos PERDONE y nos GUÍE.
c Veremos como resultado una TRANSFORMACIÓN espiritual.

GUÍA DEL LÍDER

Notas de planificación

_____
_____
_____
_____
_____
_____
_____
_____
_____
_____
_____
_____
_____
_____
_____
_____
_____
_____
_____
_____
_____
_____
_____
_____
_____
_____
_____
_____
_____
_____
_____
_____
_____
_____
_____
_____
_____
_____
_____
_____

GUÍA DEL PARTICIPANTE

EL MENSAJE DEL EVANGELIO

3. _____

a. Cristo es _____, que también se hizo hombre.

En el principio ya existía el Verbo, y el Verbo estaba con Dios, y el Verbo era Dios ... Y el Verbo se hizo hombre. Y hemos contemplado su gloria, la gloria que corresponde al Hijo unigénito del Padre, lleno de gracia y de verdad. (Juan 1:1, 14)

(Véase también Juan 8:24)

b. Cristo murió como nuestro _____.

Él mismo, en su cuerpo, llevó al madero nuestros pecados, para que muramos al pecado y vivamos para la justicia. Por sus heridas ustedes han sido sanados. (1 Pedro 2:24).

(Véase también 1 Pedro 3:18; 2 Corintios 5:21)

c. Cristo ofrece su perdón como un _____.

Porque por gracia ustedes han sido salvados mediante la fe; esto no procede de ustedes, sino que es el regalo de Dios, no por obras, para que nadie se jacte. (Efesios 2:8-9)

(Véase también Romanos 6:23)

62

SESIÓN CINCO

EL MENSAJE DEL EVANGELIO

4. _____

a. Usted y yo tenemos que _____.

Más a cuantos lo recibieron, a los que creen en su nombre, les dio el derecho de ser hijos de Dios. (Juan 1:12)

(Véase también Romanos 10:13)

b. Debemos pedirle a Cristo que nos _____ y nos _____.

Si confesamos nuestros pecados, Dios, que es fiel y justo, nos los perdonará y nos limpiará de toda maldad. (1 Juan 1:9)

Más bien, honren en su corazón a Cristo como Señor. (1 Pedro 3:15)

(Véase también Juan 10:27 y Lucas 13:5)

c. Veremos que como resultado el Espíritu Santo realizará en nosotros una _____ espiritual.

Por lo tanto, si alguno está en Cristo, es una nueva creación. ¡Lo viejo ha pasado, ha llegado ya lo nuevo! (2 Corintios 5:17).

(Véase también 1 Corintios 6: 19–20)

63

- Usted y yo tenemos que DAR UNA RESPUESTA.

    Juan 1:12 dice:

    Más a cuantos lo recibieron, a los que creen en su nombre, les dio el derecho de ser hijos de Dios (Véase también Romanos 10:13).

El regalo se nos ofrece pero cada uno de nosotros es responsable de recibirlo. Hay muchas personas en las iglesias, y tal vez las haya hoy aquí, que comprenden los tres primeros puntos pero que nunca han entrado en una relación personal con Cristo ni han aceptado el regalo que él ofrece.

Jesús nos advirtió en Mateo 7:21-23 que en el día del juicio muchas personas van a llevarse un fiasco cuando descubran que su conocimiento y sus obras religiosas no les sirvieron para ganar la aceptación de Dios.

No alcanza con escuchar el evangelio, o con comprenderlo y aun aceptarlo intelectualmente.

- Usted y yo tenemos que PEDIRLE a Cristo que nos PERDONE y nos GUIE.

    1 Juan 1:9 dice:

    Si confesamos nuestros pecados, Dios, que es fiel y justo, nos los perdonará y nos limpiará de toda maldad.

    Y 1 Pedro 3:15 señala:

    Más bien, honren en su corazón a Cristo como Señor (Véase también Juan 10:27 y Lucas 13:5).

Estos versículos explican el sentido de nuestra respuesta. Al "perdonarnos", Cristo anula nuestra sentencia de muerte y nos da vida eterna con él.

Al convertirse en nuestro "guía", Cristo asume el control de nuestra vida. Es importante que toda persona comprenda que viene a Cristo no sólo para recibir el perdón de sus pecados pasados sino también la fortaleza, la dirección y guía que necesita para encarar un nuevo comienzo que le posibilite vivir de la manera que Dios quiere.

- Finalmente, veremos como resultado que el Espíritu Santo producirá una TRANSFORMACIÓN espiritual.

    Por lo tanto, si alguno está en Cristo, es una nueva creación. ¡Lo viejo ha pasado, ha llegado ya lo nuevo! (2 Corintios 5:17) (Véase también 1 Corintios 6: 19-20).

Cuando nuestra respuesta a Cristo es recibirlo como aquel que nos "perdona" y nos "guía", ocurre una transformación espiritual dentro de nosotros que nos cambia radicalmente, de tal manera que sentimos el deseo de seguir a Cristo (algo que antes de recibirlo era probablemente una idea totalmente ajena a nuestra mente).

Notas de planificación

S E S I Ó N   C I N C O

EL MENSAJE DEL EVANGELIO

4. _____

a. Usted y yo tenemos que _____.

Más a cuantos lo recibieron, a los que creen en su nombre, les dio el derecho de ser hijos de Dios. (Juan 1:12)

(Véase también Romanos 10:13)

b. Debemos pedirle a Cristo que nos _____ y nos _____.

Si confesamos nuestros pecados, Dios, que es fiel y justo, nos los perdonará y nos limpiará de toda maldad. (1 Juan 1:9)

Más bien, honren en su corazón a Cristo como Señor. (1 Pedro 3:15)

(Véase también Juan 10:27 y Lucas 13:5)

c. Veremos que como resultado el Espíritu Santo realizará en nosotros una _____ espiritual.

Por lo tanto, si alguno está en Cristo, es una nueva creación. ¡Lo viejo ha pasado, ha llegado ya lo nuevo! (2 Corintios 5:17).

(Véase también 1 Corintios 6: 19–20)

SESIÓN 5

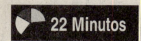

VÍDEO VIÑETA Y PRÁCTICA: *CÓMO PRESENTAR EL EVANGELIO*

Guía del participante, página 64.

Objetivos

1. Visualizar dos ilustraciones del evangelio.
2. Practicar cada ilustración con un compañero.
3. Realizar una segunda práctica de aquella ilustración con la que se sienta mas cómodo para dominarla bien.

Introducción (1 minuto)

Ahora vamos a considerar dos ilustraciones que pueden añadir claridad al mensaje del evangelio. Pero primero observemos a Tom explicarle una de ellas a Frank. Luego la practicaremos.

Abramos la guía del participante en la página 64. Allí encontramos la ilustración "Hacer en contraste con Hecho". Los puntos principales se encuentran en la columna "bosquejo". Síganme mientras leo. A propósito, esta fue la ilustración utilizada por Bill Hybels cuando estaba en el barco, en la situación que mencionamos anteriormente.

Ilustración: **Hacer** *en contraste con* **Hecho**

⊃ La diferencia entre religión y cristianismo es que la religión nos dice: "HAZLO". Se trata del intento por hacer la cantidad suficiente de buenas acciones como para agradar a Dios.

El problema es que nunca sabemos cuando hemos hecho lo suficiente y, para colmo, la Biblia nos dice que *nosotros jamás* podremos hacer lo bastante como para lograr el favor de Dios. (Romanos 3:23: ... *pues todos han pecado y están privados de la gloria de Dios".)*

Por el contrario, el cristianismo nos dice: "FUE HECHO".

Cristo hizo por nosotros lo que jamás podríamos hacer. Vivió una vida de perfección que nosotros no podemos vivir. Y murió en la cruz para pagar por todas nuestras malas acciones.

Pero conocer esta verdad no es suficiente. Tenemos que recibir lo que él hizo por nosotros. Y lo recibimos al pedir su perdón y su dirección para nuestra vida.

Luego usted les pedirá que den una respuesta a lo que acaba de explicarles. Contará con un par de ejemplos escritos para usted.

Muy bien, ahora veamos a Tom usar esta ilustración con Frank.

Notas de planificación

GUÍA DEL LÍDER

GUÍA DEL PARTICIPANTE

CÓMO PRESENTAR EL EVANGELIO

Hacer en contraste con *Hecho*

Esta ilustración complementa en forma natural a la pregunta "¿Le gustaría conocer la diferencia entre religión y cristianismo?"

Narración	Bosquejo
La diferencia entre religión y cristianismo es la siguiente:	
La religión nos dice: "HAZLO". Se trata del intento por hacer la cantidad suficiente de buenas acciones como para agradar a Dios y, de alguna manera, ganar su perdón y la entrada al cielo. Este plan, basado en el esfuerzo personal, adquiere muchas formas y maneras: desde procurar ser una persona buena y moral hasta participar activamente dentro de una religión organizada, sea esta cristiana o de cualquier otra índole.	La religión: • Dice: "HAZLO" • Procura hacer cosas buenas para agradar a Dios
El problema es que nunca sabemos cuándo hemos hecho lo suficiente. Y lo que es aún peor, la Biblia señala con claridad que nosotros jamás podemos hacer lo bastante como para lograr el favor de Dios. Lo dice en Romanos 3:23: "...pues todos han pecado y están privados de la gloria de Dios". Puesto en pocas palabras, el plan 'HACER' no puede darnos paz con Dios, ni siquiera paz con nosotros mismos.	El problema: • Nunca sabemos cuándo hemos hecho lo suficiente. • La Biblia dice que *nosotros jamás* podremos hacer lo bastante como para agradar a Dios. (Romanos 3:23)
Por el contrario, el cristianismo nos dice: "FUE HECHO". En otras palabras, Cristo ya hizo por nosotros lo que nunca podríamos hacer por nuestra cuenta. Vivió una vida de perfección que nosotros no podíamos vivir. Y murió en la cruz para pagar por todas nuestras malas acciones. Y ahora nos ofrece gratuitamente su regalo: perdón y dirección para nuestras vidas.	El cristianismo: • Dice "FUE HECHO" • Cristo hizo lo que nosotros no podíamos hacer: —Vivió una vida de perfección que nosotros no podíamos vivir. —Murió en la cruz para pagar por nuestras malas acciones.
Pero conocer esta verdad no es suficiente. Tenemos que recibir humildemente lo que él hizo por nosotros. Y lo recibimos al pedir su perdón y su dirección para nuestra vida.	Nuestra respuesta: • No es suficiente con saber todo esto. • Tenemos que *recibir* lo que Cristo ha hecho por nosotros. • Debemos pedir su perdón y su dirección para nuestra vida.
(A esta altura hágales una pregunta complementaria como: "¿Tiene lógica esto para usted? o ¿Qué piensa de lo que acabo de decir?"	La respuesta de los presentes: • ¿Esto tiene lógica para usted? • ¿Qué piensa acerca de lo que he dicho?

64

SESIÓN 5

Instrucciones (3 minutos)

> Ver el vídeo viñeta: *Hacer* en contraste con *Hecho*. Cuando haya acabado la viñeta, detenga el reproductor de vídeo.

¿Lo hizo bien Tom?

> Pida algunas respuestas.
>
> Posibles respuestas:
>
> "Me gustó la calma de Tom".
>
> "La vulnerabilidad de Tom cuando le preguntó a Frank si lo había molestado pareció aflojar tensiones".
>
> "Me gustó la forma en que Tom le permitió a Frank irse".
>
> Luego lleve a los participantes a practicar la ilustración "*Hacer* en contraste con *Hecho*" con un compañero o compañera.

Muy bien, ahora vamos a conseguir un compañero.

1. Uno de los dos realizará la práctica de explicar la ilustración *Hacer* en contraste con *Hecho*, mientras el otro escucha.

2. Cuando les avise que se acabó el tiempo, cambien de rol y repitan el ejercicio.

Tenemos 3 minutos por presentación, de modo que hagámoslo rápido. Yo llevaré control del tiempo.

¿Alguna pregunta relacionada con las instrucciones? Muy bien, entonces adelante, comencemos.

Actividad (6 minutos)

> Al finalizar los tres minutos avise a los participantes que inviertan los roles, haciendo que el segundo participante realice la práctica de explicar la ilustración.
> Al fin de los tres minutos, pase a la siguiente ilustración.

Introducción (1 minuto)

La segunda ilustración se titula El Puente. Necesitaremos lápiz y papel. El bosquejo se halla en las páginas 65-67 de la Guía del participante.

La ilustración de El Puente*

⊃ Dios quiere relacionarse con nosotros.

⊃ Sin embargo, nos hemos rebelado contra él y hemos roto la relación.

---

*Adaptada de *El Puente* © 1981, Los Navegantes. Utilizada con permiso de NavPress. Todos los derechos reservados.

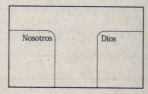

GUÍA DEL LÍDER

Notas de planificación

GUÍA DEL PARTICIPANTE
CÓMO PRESENTAR EL EVANGELIO

Hacer en contraste con *Hecho*

Esta ilustración complementa en forma natural a la pregunta "¿Le gustaría conocer la diferencia entre religión y cristianismo?"

Narración	Bosquejo
La diferencia entre religión y cristianismo es la siguiente:	
La religión nos dice: "HAZLO". Se trata del intento por hacer la cantidad suficiente de buenas acciones como para agradar a Dios y, de alguna manera, ganar su perdón y la entrada al cielo. Este plan, basado en el esfuerzo personal, adquiere muchas formas y maneras: desde procurar ser una persona buena y moral hasta participar activamente dentro de una religión organizada, sea esta cristiana o de cualquier otra índole.	La religión: • Dice: "HAZLO" • Procura hacer cosas buenas para agradar a Dios
El problema es que nunca sabemos cuándo hemos hecho lo suficiente. Y lo que es aún peor, la Biblia señala con claridad que nosotros jamás podemos hacer lo bastante como para lograr el favor de Dios. Lo dice en Romanos 3:23: "...pues todos han pecado y están privados de la gloria de Dios". Puesto en pocas palabras, el plan 'HACER' no puede darnos paz con Dios, ni siquiera paz con nosotros mismos.	El problema: • Nunca sabemos cuándo hemos hecho lo suficiente. • La Biblia dice que *nosotros jamás* podremos hacer lo bastante como para agradar a Dios. (Romanos 3:23)
Por el contrario, el cristianismo nos dice: "FUE HECHO". En otras palabras, Cristo ya hizo por nosotros lo que nunca podríamos hacer por nuestra cuenta. Vivió una vida de perfección que nosotros no podíamos vivir. Y murió en la cruz para pagar por todas nuestras malas acciones. Y ahora nos ofrece gratuitamente su regalo: perdón y dirección para nuestras vidas.	El cristianismo: • Dice "FUE HECHO" • Cristo hizo lo que nosotros no podíamos hacer: —Vivió una vida de perfección que nosotros no podíamos vivir. —Murió en la cruz para pagar por nuestras malas acciones.
Pero conocer esta verdad no es suficiente. Tenemos que recibir humildemente lo que él hizo por nosotros. Y lo recibimos al pedir su perdón y su dirección para nuestra vida.	Nuestra respuesta: • No es suficiente con saber todo esto. • Tenemos que *recibir* lo que Cristo ha hecho por nosotros. • Debemos pedir su perdón y su dirección para nuestra vida.
(A esta altura hágales una pregunta complementaria como: "¿Tiene lógica esto para usted? o ¿Qué piensa de lo que acabo de decir?"	La respuesta de los presentes: • ¿Esto tiene lógica para usted? • ¿Qué piensa acerca de lo que he dicho?

64

SESIÓN CINCO
CÓMO PRESENTAR EL EVANGELIO

El Puente

El Puente utiliza un sencillo dibujo para ilustrar el mensaje del evangelio.*

Narración	Bosquejo	Dibujo
Somos importantes para Dios. Él nos hizo y quiere relacionarse con nosotros. *[Escriba la palabra "nosotros" en un costado de una hoja de papel, y "Dios" en el costado opuesto.]*	Dios quiere relacionarse con nosotros.	Nosotros / Dios
Sin embargo, nos hemos rebelado contra Dios; todos lo hemos desobedecido; nuestros pecados han roto la relación y nos han separado de él. *[Trace líneas en torno a las palabras, formando paredes que separen a "nosotros" de "Dios" y dejando en medio un abismo de separación.]*	Sin embargo, nosotros nos hemos rebelado contra él, y hemos roto la relación.	Nosotros / Dios
En cierta medida, la mayoría de nosotros tenemos conciencia de nuestro distanciamiento de Dios, así que comenzamos a hacer todo lo que sabemos para acercarnos de nuevo a él: ser buenos vecinos, pagar los impuestos, asistir a una iglesia, o dar dinero con fines benéficos. No hay nada de malo en hacer todo esto, pero la Biblia señala claramente que ninguna acción logrará que ganemos el perdón de Dios o que podamos restablecer nuestra relación con él. *[Por encima de la palabra "nosotros" dibuje flechas cayendo hacia el abismo. Estas simbolizan nuestros esfuerzos por alcanzar a Dios, los que siempre insuficientes. Optativo: Escriba Romanos 3:23 al lado de las flechas, para que las personas capten cuál es la fuente bíblica de esta ilustración.]*	La mayoría de nosotros tenemos conciencia de este hecho, y procuramos hacer cosas para volver a Dios, pero estas no dan resultado.	Nosotros / Dios

*Adaptada de *El Puente*, 1981, Los Navegantes. Utilizada con permiso de NavPress. Todos los derechos reservados.

65

171

SESIÓN 5

- La mayoría de nosotros tenemos conciencia de este hecho, y procuramos *hacer* cosas para volver a Dios, pero estas no dan resultado.

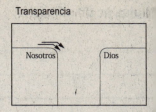
Transparencia

- Además, los pecados que hemos cometido deben ser castigados, y ese castigo consiste en la muerte.

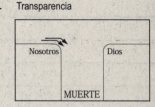
Transparencia

- *Pero* Dios hizo por nosotros lo que nosotros no podíamos hacer, esto es, construir un puente para llevarnos otra vez a él.

Transparencia

- Al morir en la cruz, Cristo cumplió con la pena de muerte que pesaba sobre nosotros.

Transparencia

- Una última cosa. No alcanza con conocer todo esto. Tenemos que *actuar* en consecuencia, admitir que nos hemos rebelado contra Dios y pedirle que perdone nuestros pecados y guíe nuestras vidas.

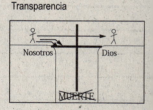
Transparencia

- Concluya la ilustración preguntando a sus amigos en qué lugar del diagrama creen estar.

Ahora observemos como Joanne utiliza esta ilustración con Leslie.

Instrucciones (4 minutos)

Notas de planificación

GUÍA DEL PARTICIPANTE

CÓMO PRESENTAR EL EVANGELIO

El Puente, continuación

Narración	Bosquejo	Dibujo
Además, los pecados que hemos cometido deben ser castigados, y ese castigo consiste en la muerte. La pena que pesa sobre nosotros es de muerte, tanto física como espiritual, o sea separación de Dios por toda la eternidad en un lugar llamado infierno. *[Escriba la palabra "muerte" en el fondo del abismo. Opcional: Escriba Romanos 6:23 junto a la palabra muerte.]*	Además, los pecados que hemos cometido deben ser castigados, y ese castigo consiste en la muerte. La pena que pesa sobre nosotros es la muerte.	
La situación parece desoladora, pero la buena nueva es que le importamos a Dios. En efecto, él nos ama tanto que hizo por nosotros lo que nosotros no podíamos hacer por esfuerzo propio. Construyó un puente a través del cual pudiéramos encontrar el perdón y restablecer nuestra relación con él. *[Dibuje una cruz que toque ambos lados del abismo. Opcional: escriba 1 Pedro 3:18 junto a la cruz.]*	Pero Dios hizo por nosotros lo que no podíamos hacer, esto es, construir un puente para llevarnos otra vez a él.	
Cristo construyó este puente cuando vino a la tierra como uno de nosotros y murió en la cruz para dejar saldada la pena de muerte que pesaba sobre nosotros. *[Escribir una X cruzando y anulando la palabra muerte.]*	Cristo construyó este puente cuando vino a la tierra como uno de nosotros y murió en la cruz para cumplir con la pena de muerte que pesaba sobre nosotros.	
Este gráfico compendia el mensaje central de la Biblia. Que es lo que Dios quiere que cada uno de nosotros comprendamos. Pero no alcanza con comprenderlo solamente, o aun estar de acuerdo con él. Tenemos que actuar en consecuencia. Dios quiere que pasemos al otro lado. Podemos hacerlo al admitir humildemente que nos hemos rebelado con-	Una última cosa. No es suficiente conocer todo esto. Tenemos que actuar en consecuencia, y admitir que nos hemos rebelado contra Dios, pedirle que perdone nuestros pecados y guíe nuestras vidas.	

66

SESIÓN CINCO

CÓMO PRESENTAR EL EVANGELIO

El Puente, continuación

Narración	Bosquejo	Dibujo
tra Dios, y que necesitamos su perdón y su dirección. Una vez que Dios perdona nuestros pecados y cancela nuestra deuda, se establece una firme relación con él, porque inmediatamente él nos adopta como hijos e hijas suyos. *[Mientras explica lo anterior, dibuje una figurita humana al lado de la palabra "Nosotros", y luego una flecha que, cruzando el abismo, vaya de la figura humana hacia la palabra "Dios" y otra figurita humana al lado de la palabra "Dios". Opcional: Escriba Juan 1:12]* *[A esta altura de la ilustración, pregunte si le encuentra sentido o si hay alguna parte que les gustaría analizar más. Finalmente, pregúnteles en qué lugar del gráfico consideran estar, y, de mostrar ellos apertura, si les gustaría cruzar el puente permitiendo que Cristo los perdonara, los condujera y fuera su amigo.]* *[Nota: Si no están listos para recibir a Cristo, sería muy útil que escribiera los cuatro versículos mencionados anteriormente y se los diera junto con el diagrama para que los estudiaran y pensaran al respecto.]*	Preguntas de conclusión: • ¿Esto le suena lógico? • ¿En qué lugar del diagrama cree que está? • ¿Hay alguna razón por la que usted no quiera cruzar este abismo?	

67

¿Cual es su reacción?

> Solicite respuestas y luego repita el ejercicio anterior.

Ahora vamos a practicar la ilustración de El Puente. Use el espacio al final de la página 67 para los dibujos. Cada persona dispondrá de 3 minutos. ¡Adelante, comencemos!

Actividad (6 minutos)

> Al finalizar los primeros tres minutos, indique a los participantes que deben invertir roles, haciendo que el segundo practique comunicar la ilustración.
>
> Luego de tres minutos, pase a la siguiente práctica.

PRÁCTICA, CÓMO PRESENTAR EL EVANGELIO: *USTED ELIGE SU ILUSTRACIÓN*

Instrucciones (1 minuto)

Muy bien, ahora vamos a enfocar el asunto de una manera más personal.

Abramos la guía del participante en la página 68.

1. Escojamos una persona de la Lista de impacto y, brevemente, digámosle al compañero el nombre, la clase de relación que nos une a ella (si es un vecino, un compañero de trabajo, un pariente) y el lugar de la Escala de disposición en que está. Esto ayudará al compañero a interactuar como si fuera esa persona de la Lista de impacto que hemos seleccionado.

2. Escojamos y presentemos la ilustración (El Puente, o Hacer en contraste con Hecho) según se adecue mejor a la persona de la Lista de impacto seleccionada. Los compañeros suelen cometer el error de no cooperar en la presentación de la ilustración. No traten de hacerla más difícil para la persona que la presenta.

3. Después de que la primera persona haya presentado su ilustración, el que hizo el papel de oyente hará sus comentarios en cuanto a aquello que funcionó bien y a los aspectos que podrían mejorarse. Se utilizará la planilla de la página 69 de la Guía del participante como referencia al hacer los comentarios de retroalimentación.

4. Luego se intercambiarán los roles. Repetir los pasos 1 y 2.

¿Alguna pregunta en relación con las instrucciones?

Bien. Cada uno cuenta con 4 minutos. Comiencen.

GUÍA DEL LÍDER

Notas de planificación

SESIÓN CINCO
CÓMO PRESENTAR EL EVANGELIO

El Puente, continuación

Narración	Bosquejo	Dibujo
tra Dios, y que necesitamos su perdón y su dirección. Una vez que Dios perdona nuestros pecados y cancela nuestra deuda, se establece una firme relación con él, porque inmediatamente él nos adopta como hijos e hijas suyos. *[Mientras explica lo anterior, dibuje una figurita humana al lado de la palabra "Nosotros", y luego una flecha que, cruzando el abismo, vaya de la figura humana hacia la palabra "Dios" y otra figurita humana al lado de la palabra "Dios". Opcional: Escriba Juan 1:12]* *[A esta altura de la ilustración, pregunte si le encuentran sentido o si hay alguna parte que les gustaría analizar más. Finalmente, pregúnteles en qué lugar del gráfico consideran estar, y, de mostrar ellos apertura, si les gustaría cruzar el puente permitiendo que Cristo los perdonara, los condujera y fuera su amigo.]* *[Nota: Si no están listos para recibir a Cristo, sería muy útil que escribiera los cuatro versículos mencionados anteriormente y se los diera junto con el diagrama para que los estudiaran y pensaran al respecto.]*	Preguntas de conclusión: • ¿Esto le suena lógico? • ¿En qué lugar del diagrama cree que está? • ¿Hay alguna razón por la que usted no quiera cruzar este abismo?	(diagrama: Nosotros — MUERTE — Dios)

GUÍA DEL PARTICIPANTE
CÓMO PRESENTAR EL EVANGELIO: USTED ELIGE SU ILUSTRACIÓN

En este ejercicio practicaremos presentar el evangelio utilizando cualquiera de las dos ilustraciones, "*Hacer* en contraste con *Hecho*" o "El Puente", como si habláramos con la persona número uno de nuestra *Lista de impacto*.

INSTRUCCIONES

1. Escojamos una persona de la *Lista de impacto* y, brevemente, digámosle al compañero el nombre, la clase de relación que nos une a ella (si es un vecino, un compañero de trabajo, un pariente) y el lugar de la *Escala de disposición* en que está. Esto ayudará al compañero a interactuar como si fuera esa persona de la *Lista de impacto* que hemos seleccionado.
2. Escojamos y presentemos la ilustración (El Puente, o *Hacer* en contraste con *Hecho*) según se adecue mejor a la persona de la Lista de impacto seleccionada. Los compañeros suelen cometer el error de no cooperar en la presentación de la ilustración. No traten de hacerla más difícil para la persona que la presenta.
3. Después de que la primera persona haya presentado su ilustración, el que hizo el papel de oyente hará sus comentarios en cuanto a aquello que funcionó bien y a los aspectos que podrían mejorarse. Se utilizará la planilla de la página 69 de la Guía del participante como referencia al hacer los comentarios de retroalimentación.
4. Luego se intercambiarán los roles. Repetir los pasos 1 y 2.

Algunas recomendaciones para el minuto de evaluación:
- Para el que presentó la ilustración: señale aquello que funcionó bien, y mencione aquello que cambiaría en una próxima presentación.
- Para el que actuó como oyente: señale el que considera como el punto más fuerte de la presentación, y haga una o dos sugerencias de mejora.

Se puede utilizar el espacio excedente para dibujar la ilustración de El Puente:

SESIÓN CINCO
CÓMO PRESENTAR EL EVANGELIO: USTED ELIGE SU ILUSTRACIÓN

PLANILLA DE EVALUACIÓN DE UNA ILUSTRACIÓN DEL EVANGELIO

PUNTO	OBSERVACIONES
¿Qué ilustración se utilizó? ☐ *Hacer* en contraste con *Hecho* ☐ El Puente ¿Se mencionaron los cuatro puntos siguientes? ☐ Dios ☐ Nosotros ☐ Cristo ☐ Usted	¿Qué cosas funcionaron bien?
Otros puntos: ☐ La presentación se mantuvo libre de clisés religiosos y resultó fácilmente comprensible? ☐ ¿Resultó claro lo que se debía hacer al terminar la presentación? ☐ ¿Se mantuvo la presentación dentro de los 3 minutos señalados como límite?	Aspectos a mejorar:

SESIÓN 5

Actividad (10 minutos)

> Al finalizar los primeros 4 minutos indique a los participantes que deben realizar la sesión de evaluación.
>
> Pasado 1 minuto indique a los participantes que intercambien roles para que el segundo participante practique la ilustración.
>
> Luego de los 4 minutos indique a los participantes que deben realizar la segunda sesión de evaluación.
>
> Marque el tiempo después de transcurrido 1 minuto.

Resumen (2 minutos)

¿Cómo resultó?

> Posibles respuestas:
> - Al comienzo estaba nervioso, pero no fue tan difícil una vez que comencé. Creo que puedo hacerlo.
> - Realizar la práctica me dio claridad.

Hemos tenido la oportunidad de practicar presentando el evangelio a través de dos ilustraciones diferentes. En las paginas 115-121 del Anexo de la Guía del participante hay otras ilustraciones que podemos leer con posterioridad y que podrían resultar útiles con algunas de las personas de la *Lista de impacto*.

Resumen de la sesión

Guía del participante, página 70

⤴ Para resumir lo realizado en esta sesión, digamos que hemos cubierto los cuatro puntos del mensaje del evangelio:

Dios, que es amoroso, santo y justo.

Nosotros, que fuimos creados buenos, pero nos convertimos en pecadores, merecemos la muerte y nos hallamos espiritualmente incapacitados, (es decir, en "bancarrota moral").

Cristo, que es Dios pero se hizo hombre. Él murió como nuestro substituto y resucito. Nos ofrece su perdón como un regalo.

Usted (y yo), que debemos responder: recibir a Cristo, su perdón y su dirección. Como resultado, el Espíritu Santo operará en nosotros una transformación espiritual.

También realizamos prácticas de las ilustraciones "*Hacer* en contraste con *Hecho*" y "El Puente".

Transparencia:

Sesión 5 Resumen
En esta sesión:
- Consideramos los cuatro puntos básicos del mensaje del evangelio.
- Realizamos prácticas presentando dos ilustraciones del evangelio.

Notas de planificación

GUÍA DEL PARTICIPANTE

RESUMEN DE LA SESIÓN

En esta sesión usted:

- Identificó los cuatro puntos básicos del evangelio.

- Realizó prácticas presentando dos ilustraciones del evangelio.

LECTURAS SUGERIDAS: CAPÍTULO 11

(Libro complementario *Conviértase en un cristiano contagioso*)

Para efectuar un repaso útil de los puntos mas importantes contenidos en esta sesión, lea el capítulo 11, "Cómo hacer claro el mensaje". Lo ayudará a sentirse más seguro en el manejo de los elementos que conforman este mensaje del evangelio.

Ahora estamos en condiciones de aprender a orar con alguien para guiarlo a poner su fe en Cristo, que será el tema de la Sesión 6: Cómo cruzar la línea.

> **LECTURA SUGERIDA: Capítulo 11**
>
> (Libro complementario: *Conviértase en un cristiano contagioso*)
>
> Para efectuar un repaso útil de los puntos mas importantes contenidos en esta sesión, lea el capítulo 11, "Cómo hacer claro el mensaje". Lo ayudará a sentirse más seguro en el manejo de los elementos que conforman este mensaje del evangelio.

> Receso.

SESIÓN 6
CÓMO CRUZAR LA LÍNEA

Dinámica de la sesión

Hasta aquí hemos hablado de lo que es la evangelización y las razones por las que resulta importante. Los participantes han identificado sus propios estilos de evangelización y se han familiarizado con los estilos de otras personas. Hemos hablado acerca de cómo y dónde construir relaciones y cómo iniciar conversaciones espirituales. Aprendimos el método de "los tres episodios" para contar nuestro testimonio personal (Antes de Cristo, Conversión y Después de Cristo), y reconocimos los cuatro elementos básicos del mensaje del evangelio (Dios, Nosotros, Cristo y Usted). Realizamos prácticas de narración de nuestras historias personales y de comunicación del evangelio a través de las dos ilustraciones "Hacer en contraste con Hecho" y "El Puente".

En la Sesión 6, los participantes realizarán prácticas de sus historias personales por segunda vez, para lograr mayor soltura. Aprenderán también a conducir a sus amigos no creyentes a "cruzar la línea" de fe. Consideraremos los cuatro pasos necesarios para cruzar esa línea: Evaluar la disposición de la persona, Orar, Celebrar su decisión de comprometerse, y Dar el siguiente paso. Los participantes realizarán prácticas de orar con alguien para guiarlo en su decisión de "cruzar la línea" de fe.

OBJETIVOS

En esta sesión el participante:

1. Realizará la práctica de narrar por segunda vez su historia personal (para lograr mayor soltura).
2. Tomará nota de los pasos necesarios para guiar a una persona a "cruzar la línea" de fe, es decir, dejar de ser incrédula para pasar a ser cristiana.
3. Realizará la práctica de orar con alguien para que reciba a Cristo.

BOSQUEJO

I. Introducción a la sesión
   A. Bienvenida
   B. Repaso
   C. Resumen previo

II. Descubrimiento
   A. Actividad por parejas: *Práctica de narración de la historia.*
   B. Cómo cruzar la línea.
      1. Evaluar la disposición
      2. Orar
      3. Celebrar la decisión de comprometerse
      4. Dar el paso siguiente
   C. Vídeo viñeta y práctica: *Cómo cruzar la línea*

III. Resumen de la Sesión

DINÁMICA DE LA SESIÓN 6

MATERIALES Y EQUIPO

1.	La Guía del líder
2.	Las Guías del participante
3.*	Etiquetas y marcadores para escribir nombres en ellas
4.*	Transparencias para proyectar. Antes de cada clase verifique que todo esté en orden. (Nota: le sugerimos enmarcar las transparencias. Puede utilizar marcos para las transparencias o un marco para el proyector.)
5.*	Proyector listo para operar, pantalla, cable, mesa, bombilla de repuesto, marcadores.
6.	Vídeo casete de la "Sesión 6" del curso *Conviértase en un cristiano contagioso*.
7.	Reproductor y monitor de vídeo listos para operar, mesa, cable, y todos los accesorios necesarios.
8.*	Optativo: Reproductor de CDs. para pasar música instrumental. (Nota: utilice música antes y después de las sesiones para crear un ambiente distendido.)

*No resulta necesario cuando se utiliza el formato de grupos pequeños.

SESIÓN 6

Cómo cruzar la línea

| TIEMPO | CONTENIDO | MEDIOS |

⏱ 2 Minutos

Sesión de introducción

BIENVENIDA

Bienvenidos a la Sesión 6, Cómo cruzar la línea

REPASO

Estamos bien encaminados ahora en cuanto a aprender formas eficaces de comunicar el mensaje de Cristo a otros.

Aprendimos a usar el método de los "tres episodios" para transmitir nuestro testimonio personal (Antes de Cristo, Conversión y Después de Cristo), y los cuatro puntos del mensaje del evangelio (Dios, Nosotros, Cristo y Usted).

Hemos realizado prácticas de narración de nuestras historias personales y de comunicación del evangelio a través de las ilustraciones "*Hacer* en contraste con *Hecho*" y "El Puente".

Transparencia

Sesión 6 - Cómo cruzar la línea

Transparencia

Sesión 6 - Resumen previo
1. Realizará la práctica de narrar su historia personal
2. Aprenderá los pasos a seguir para guiar a una persona a "cruzar la línea" de fe.
3. Realizará la práctica de orar con alguien para que reciba a Cristo.

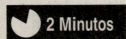

RESUMEN PREVIO

Guía del participante, página 71.

⊃ En esta sesión practicaremos narrar nuestra historia personal por segunda vez para lograr mayor soltura; aprenderemos los pasos para guiar a una persona a "cruzar la línea" de fe, es decir, dejar de ser incrédula y pasar a ser cristiana; y luego realizaremos la práctica de orar por ella.

Descubrimiento *(46 minutos)*

ACTIVIDAD POR PAREJAS: *PRÁCTICA DE NARRACIÓN DE LA HISTORIA*

Guía del participante, página 72.

Notas de planificación

SESIÓN 6

Cómo cruzar la línea

RESUMEN PREVIO

En la Sesión 6 usted:

1. Realizará la práctica de narrar su historia personal.

2. Aprenderá los pasos a seguir para guiar a una persona a "cruzar la línea" de fe.

3. Realizará la práctica de orar con alguien para que reciba a Cristo.

Como sabemos, el curso *Conviértase en un cristiano contagioso* tiene una orientación práctica. Esto se debe a que la práctica nos capacita para poner en acción lo que aprendemos.

Comenzaremos esta sesión con una ejercitación: contar nuestras historias de la Sesión 4.

Objetivos:

> 1. Lograr mayor soltura al contar nuestro testimonio.
> 2. Recibir comentarios constructivos sobre la manera en que lo contamos.

Instrucciones (1 minuto)

Trabaje en pareja con alguien con quien no lo haya hecho antes. Para repasar su historia, vuelva a las páginas 50-52 de la Guía del participante.

1. Uno de ustedes contará su historia al compañero como si este fuera la persona número uno de la *Lista de impacto*. Brevemente (en 30 segundos) deberá decirle a su compañero el nombre de esa persona, la clase de relación que lo une a ella (si es un vecino, un compañero de trabajo, un pariente) y en qué lugar de la *Escala de disposición* se encuentra. Esto ayudará al compañero a interactuar con él como si fuera la persona seleccionada de la *Lista de impacto*.

   Nota: Para no perder tiempo, la persona que haga el papel de amigo en general debería *cooperar*.

2. Después de que la primera persona haya presentado su historia, el que hizo el papel de oyente hará sus comentarios en cuanto a aquello que funcionó bien y a los aspectos que podrían mejorarse. Se utilizará la planilla de la página 73 de la Guía del participante como referencia al hacer los comentarios de retroalimentación.

3. Intercambiarán papeles y repetirán los pasos uno y dos.

Se han asignado 4 minutos para que cada persona cuente su testimonio personal y dos minutos para recibir los comentarios de su compañero. Les haré saber cuando pasen los 6 minutos para que puedan cambiar roles. Si transcurrido los minutos usted no ha terminado de contar su historia, deténgase allí de todos modos.

¿Alguna pregunta relacionada con las instrucciones?

Actividad (12 minutos)

> Avise cuando hayan transcurrido los 6 minutos e indique a los participantes que intercambien roles, haciendo que la segunda persona comience a contar su historia.
>
> Detenga el ejercicio luego de los 6 minutos y reúna al grupo de nuevo.

Notas de planificación

GUÍA DEL PARTICIPANTE

ACTIVIDAD POR PAREJAS: PRÁCTICA DE NARRACIÓN DE LA HISTORIA

INSTRUCCIONES

Trabaje en pareja con alguien con quien no lo haya hecho antes. Para repasar su historia, vuelva a las páginas 50-52 de la Guía del participante.

1. Uno de ustedes contará su historia al compañero como si este fuera la persona número uno de la *Lista de impacto*. Brevemente (en 30 segundos) debe decirle a su compañero el nombre de esa persona, la clase de relación que lo une a ella (si es un vecino, compañero de trabajo, un pariente) y en qué lugar de la *Escala de disposición* se encuentra. Esto ayudará al compañero a interactuar con él como si fuera la persona seleccionada de la *Lista de impacto*.

    Nota: Para no perder tiempo, la persona que haga el papel de amigo en general debería *cooperar*.

2. Después de que la primera persona haya presentado su historia, el que hizo el papel de oyente hará sus comentarios en cuanto a aquello que funcionó bien y a los aspectos que podrían mejorarse. Se utilizará la planilla de la página 73 de la Guía del participante como referencia al hacer los comentarios de retroalimentación.

3. Intercambiarán papeles y repetirán los pasos uno y dos.

SESIÓN SEIS

ACTIVIDAD POR PAREJAS: PRÁCTICA DE NARRACIÓN DE LA HISTORIA

PLANILLA DE EVALUACIÓN DE LA HISTORIA

DETALLE	OBSERVACIONES
Tres episodios:	¿Qué cosas funcionaron bien?
☐ a.C.—Fue explicado con claridad	
☐ ✝—La experiencia es repetible	
☐ d.C.—Fue explicado con claridad	
☐ **Tema**—Desarrolló una idea central	
☐ **Conclusión**—Se solicitó una respuesta	Aspectos a mejorar:
☐ **Uso de las Escrituras**—No se abusó de ellas	
☐ **Lenguaje**—Se evitaron los clisés religiosos (Si no ocurrió así, ¿cuáles fueron estos?)	
☐ **Extensión**—Se mantuvo dentro de los 4 minutos.	

SESIÓN 6

Resumen (2 minutos)

¿Cómo resultó? ¿Este ejercicio les abrió alguna nueva perspectiva?

> Posibles respuestas:
> - La ejercitación lo vuelve más fácil.
> - Estoy aprendiendo a hacerlo mejor.
> - Fue muy bueno escuchar comentarios para mejorar.

 **9 Minutos**

CÓMO CRUZAR LA LÍNEA

Habiendo avanzado hasta este punto con la persona de nuestra Lista de impacto, es importante no detenernos aquí. Sería como si un agricultor sembrara pero no cosechara, o como si un atleta al correr una maratón se detuviera diez yardas antes de llegar a la meta.

En esta sesión vamos a descubrir cómo recoger la cosecha y cómo dar los pasos finales para cruzar la línea de llegada.

Se trata de la parte más emocionante del proceso. Nada en el mundo se compara con la alegría de ser una pieza clave en el proceso de ayudar a una persona a "cruzar la línea" y entregar su vida a Cristo.

> Si usted ha tenido la oportunidad de guiar una persona a Cristo, cuente brevemente su experiencia.

Confío en que antes de que pase mucho tiempo todos nosotros experimentemos la emoción de conducir a una persona en su entrada a la familia de Dios. Esta sesión ha sido diseñada precisamente para ayudarnos a hacerlo.

Se requieren cuatro pasos para "cruzar la línea" de fe:

1. Evaluar la disposición
2. Orar
3. Celebrar la decisión de comprometerse
4. Dar el paso siguiente

Ahora analizaremos cuidadosamente cada uno de ellos.

Evaluar la disposición

> Guía del Participante, página 74.

El principio de "Poner a los demás primero" evidentemente se aplica al evaluar la disposición de nuestro amigo. Es importante dado que necesitaremos hacer muchas preguntas y escuchar atentamente para averiguar si está listo a considerar la posibilidad de entregar su vida a Cristo.

Transparencia

Cómo cruzar la línea
Cuatro Pasos:
1. Evaluar la disposición
2. Orar
3. Celebrar la decisión de comprometerse
4. Dar el paso siguiente

Notas de planificación

GUÍA DEL PARTICIPANTE

CÓMO CRUZAR LA LÍNEA

EVALUACIÓN DE LA DISPOSICIÓN

- ¿Ha llegado usted al punto de _____, o está todavía en el proceso de pensarlo?

- ¿En qué etapa del proceso considera estar _____?

- ¿Hay alguna razón que le impida pedirle a Dios su _____ y su _____ ahora?

ORACIÓN

- Ore con la persona, guiándola en la oración y _____

- Ínstela a:

    Pedir el _____ de Dios.

    Pedir el _____ de Dios.

- Dar gracias

Hay tres preguntas útiles que podemos usar al evaluar la disposición de la persona.

La primera es:

➲ ¿Ha llegado usted al punto de CONFIAR EN CRISTO o está todavía en el proceso de pensarlo?

Es necesario hacerle saber que no hay objeción en cuanto a que todavía no haya llegado a este punto. A menudo la persona señalará que está en el proceso.

Asumiendo que su respuesta a la primera pregunta sea que todavía no ha dado ese paso, podemos entonces preguntarle:

➲ ¿En qué etapa del proceso diría que se encuentra en ESTE MOMENTO?

Aquí podemos utilizar la ilustración de El Puente. Dibújela en una hoja de papel o en una servilleta, y pídale que le muestre dónde se encuentra ahora. Pregúntele si está listo para cruzar, o si se halla en alguna etapa anterior, aún pensándolo.

Si todavía lo está considerando, necesitamos ir más despacio y dedicar más tiempo a analizar aquellos temas que pudieran estar deteniéndolo.

Si pareciera estar al borde de tomar una decisión y posiblemente abierto a dar el paso final, entonces deberíamos preguntarle:

➲ ¿Existe alguna razón por la que no quiera pedirle a Dios el PERDÓN y la DIRECCIÓN para su vida en este preciso momento?

Con más frecuencia de lo esperaríamos, escucharemos: "No, en realidad no hay ninguna razón". Está listo entonces para que lo ayudemos a "cruzar la línea" de fe.

Tenga en cuenta que este no es solo un paso racional sino también una batalla espiritual. Si usted siente que esto es lo que ocurre, dígale que en momentos de decisión como este con frecuencia algunas personas *sienten* como si alguien estuviera diciéndoles al oído que no deben hacerlo, que tendrían que esperar un poco más. Anímelos a ignorar esa voz y a optar por aquello que consideran correcto, es decir, seguir a Cristo.

Transparencia

Evaluación de la disposición

- ¿Ha llegado usted al punto de CONFIAR EN CRISTO?
- ¿En qué etapa del proceso diría que se encuentra en ESTE MOMENTO?
- ¿Hay alguna razón que le impida pedirle a Dios su PERDÓN y su DIRECCIÓN?

Notas de planificación

GUÍA DEL PARTICIPANTE

CÓMO CRUZAR LA LÍNEA

EVALUACIÓN DE LA DISPOSICIÓN

- ¿Ha llegado usted al punto de _____, o está todavía en el proceso de pensarlo?

- ¿En qué etapa del proceso considera estar _____?

- ¿Hay alguna razón que le impida pedirle a Dios su

  _____ y su _____ ahora?

ORACIÓN

- Ore con la persona, guiándola en la oración y _____

- Ínstela a:

  Pedir el _____ de Dios.

  Pedir el _____ de Dios.

- Dar gracias

Oración

> Nota para el líder: Creemos que es mejor instar a su amigo o amiga a orar con sus propias palabras que hacerle repetir frases, como a veces se hace. Cuando les pedimos que repitan frases, tienden a concentrar su atención en memorizar y repetir lo que nosotros decimos en vez de expresar con autenticidad lo que hay en sus corazones. Pero cuando los animamos a hablarle a Dios con sus propias palabras sobre los tres puntos clave mencionados a continuación, expresarán con naturalidad y sinceridad sus pensamientos delante del Señor. Además eso los ayudará a comenzar su vida de oración de manera correcta.

Cuando su amigo o amiga esté dispuesto a orar con usted para recibir a Cristo, ¡relájese! Dios ha orquestado toda una cadena de sucesos para llegar a este momento. Él lo ayudará a llevarlo a buen fin. Recuerde también que lo importante es la actitud de arrepentimiento y de fe que tenga su amigo en el corazón, y no una fórmula verbal mágica a través de la cual usted lo conduzca.

Dicho esto, he aquí algunas sugerencias en cuanto a cómo proceder:

⊃ Primero, usted y su amigo orarán juntos y usted conducirá la oración INSTÁNDOLO a orar.

Cuando ambos estén con sus cabezas inclinadas, anímelo a:

⊃ Pedir el PERDÓN de Dios.

Anímelo a admitir con sus propias palabras que se ha rebelado contra Dios y que necesita el perdón y la salvación que Jesús obtuvo en la cruz para nosotros, y que le ofrece gratuitamente.

⊃ Pedir la DIRECCIÓN de Dios.

Este paso consiste en que él le pida a Cristo que conduzca su vida, y al Espíritu Santo que habite en él y que lo guíe.

⊃ Dar gracias.

Dígale a su amigo que si oró con sinceridad, entonces Dios ya perdonó sus pecados y ha comenzado a cambiarlo desde adentro. Este paso tiene que ver con expresar agradecimiento al Señor por perdonarnos los pecados y asumir el control de nuestra vida. Al dar gracias, él expresa su confianza en que Dios ya ha respondido su oración.

Cuando termine este momento de oración, felicítelo por haber dado el paso más importante de toda su vida.

Transparencia

Ore
ÍNSTELO A:
- Pedir el PERDÓN de Dios
- pedir la DIRECCIÓN de Dios
- Dar gracias

Notas de planificación

GUÍA DEL PARTICIPANTE

CÓMO CRUZAR LA LÍNEA

EVALUACIÓN DE LA DISPOSICIÓN

- ¿Ha llegado usted al punto de _____, o está todavía en el proceso de pensarlo?

- ¿En qué etapa del proceso considera estar _____?

- ¿Hay alguna razón que le impida pedirle a Dios su _____ y su _____ ahora?

ORACIÓN

- Ore con la persona, guiándola en la oración y _____

- Ínstela a:

    Pedir el _____ de Dios.

    Pedir el _____ de Dios.

- Dar gracias

Tal vez usted se pregunte: "¿Qué hago si mi amigo no quiere orar conmigo?"

Algunas personas preferirán estar solas para orar, o con un amigo, o un miembro de su familia en particular. Si este es el caso, explíquele los puntos a tener en cuenta en su oración, y luego anímelo a orar de inmediato. Pídale que le cuente cuando lo haya hecho. Si no lo llama por dos días, realice con él una labor de seguimiento.

Celebre su decisión de comprometerse

> Guía del participante, página 75.

Después de haber orado para recibir a Cristo, resulta natural dedicar algún tiempo a celebrarlo y hablar sobre ello un rato.

⊃ Tenga presente que no todas las personas reaccionan de la misma manera.

Algunos derramarán lágrimas de alegría y querrán darle un fuerte abrazo. Otros lo mirarán con calma y le dirán: "Bien, ¿qué sigue ahora?" No se desanime si alguno le dice que "no sintió nada".

⊃ Lo que importa es que la persona haya dado el paso de fe, y no que haya experimentado una determinada emoción.

⊃ Tal vez desee leerle Lucas 15:10b:

"... así mismo se alegra Dios con sus ángeles por un pecador que se arrepiente".

Ahora su amigo está listo para "Dar el siguiente paso".

Dar el paso siguiente

Aliente a su amigo hablándole de los puntos que enunciamos a continuación. Quizás usted solo desee mencionar uno o dos de ellos en principio.

El primer punto es ayudarlo a:

⊃ Relacionarse con otros cristianos.

Es necesario animarlo a:
- Concurrir a una iglesia y adorar a Dios.
- Desarrollar amistades cristianas, incluida su integración con algún grupo pequeño.

La mejor manera de ayudarlo a integrarse con otros cristianos es llevarlo con nosotros a la iglesia, a nuestro pequeño grupo de estudio bíblico y presentárselo a nuestros amigos cristianos.

Transparencia

Celebre su decisión de comprometerse
- No todos reaccionan de la misma manera.
- Lo que importa es que hayan dado el paso de fe.

Transparencia

Dar los siguientes pasos
- Integrarse con otros cristianos
- ORAR
- Leer la Biblia
- Relacionarse con NO CREYENTES

Notas de planificación

S E S I Ó N   S E I S

CÓMO CRUZAR LA LÍNEA

CELEBRAR SU DECISIÓN DE COMPROMETERSE

- Tenga en cuenta que no todos reaccionan de la misma manera.

- Lo que importa es que la persona haya dado el paso de fe y no que haya experimentado una determinada emoción.

- Tal vez desee leerle Lucas 15:10b:

    "... así mismo se alegra Dios con sus ángeles por un pecador que se arrepiente".

DAR LOS PASOS SIGUIENTES

1. Ayude a su amigo a relacionarse con otros cristianos.

    - A ir a la iglesia y adorar a Dios

    - A cultivar amistades cristianas, incluyendo la participación en pequeños grupos.

2. Anime a su amigo a _____.

3. Anime a su amigo a leer la Biblia en forma regular.

4. Finalmente, aliéntelo a relacionarse con los no _____.

SESIÓN 6

> **Nota para el líder:** En este punto sería bueno mencionar aquellos ministerios o servicios que están funcionando en la iglesia y que pudieran resultar apropiados.

Lo siguiente es animarlo a:

⊃ ORAR

Explíquele la importancia de hablar con Dios diariamente y señale que la oración incluye adorar a Dios, expresar gratitud hacia él, contarle acerca de aquellas cosas que deseamos que cambien y de aquellas otras que hemos hecho mal, y pedirle que supla nuestras necesidades.

En tercer lugar:

⊃ Enséñele que debe leer la Biblia regularmente, comenzando con uno de los libros del Nuevo Testamento.

Tenemos que asegurarnos de que tenga una traducción buena y moderna de la Biblia, aunque esto signifique que la tengamos que comprar nosotros. Una buena Biblia es un excelente regalo de cumpleaños para un creyente nuevo.

En cuarto lugar, debemos alentarlo a:

⊃ Relacionarse con NO CREYENTES

El creyente nuevo se encuentra en una situación ideal para hablarles a otros de Cristo porque la mayor parte de su círculo de amigos y familiares, en general, suele ser de no creyentes. Animémoslo a que aprenda a dar testimonio de su fe sin resultar cargoso.

Finalmente, y como recordatorio para nosotros: Fácilmente caemos en el error de considerar el paso de recibir a Cristo como la meta final. No lo es. En verdad se trata del nacimiento a una nueva vida, lo que significa que nuestro amigo es en realidad un bebé recién nacido. Esto nos coloca frente a dos opciones legítimas: *paternidad* o *adopción*.

La *paternidad* implica que nosotros personalmente vamos a enseñar, animar y discipular a este nuevo convertido mientras crece en su vida cristiana. La *adopción* significa que, en cambio, vamos a hacer los arreglos para que otro lo haga. En este caso, concertaremos un encuentro entre nuestro amigo y un creyente maduro que consideremos apropiado como para realizar la tarea. De ahí en más los dos continuarán encontrándose por su cuenta.

Las dos opciones son buenas. Lo que no debemos hacer es no decidirnos por ninguna y dejar abandonado al bebé.

> **Nota para el líder:** Una última recomendación: anímelo a bautizarse. El bautismo constituye una declaración pública de su compromiso con esta nueva vida en Cristo.

Notas de planificación

SESIÓN SEIS

CÓMO CRUZAR LA LÍNEA

CELEBRAR SU DECISIÓN DE COMPROMETERSE

- Tenga en cuenta que no todos reaccionan de la misma manera.

- Lo que importa es que la persona haya dado el paso de fe y no que haya experimentado una determinada emoción.

- Tal vez desee leerle Lucas 15:10b:

    "... así mismo se alegra Dios con sus ángeles por un pecador que se arrepiente".

DAR LOS PASOS SIGUIENTES

1. Ayude a su amigo a relacionarse con otros cristianos.

    - A ir a la iglesia y adorar a Dios

    - A cultivar amistades cristianas, incluyendo la participación en pequeños grupos.

2. Anime a su amigo a _____.

3. Anime a su amigo a leer la Biblia en forma regular.

4. Finalmente, aliéntelo a relacionarse con los no _____.

SESIÓN 6

VÍDEO VIÑETA Y PRÁCTICA: *CÓMO CRUZAR LA LÍNEA*

Guía del participante, página 76.

Objetivos

1. Ver un modelo de cómo alguien ayuda a un no creyente a "cruzar la línea".
2. Realizar prácticas sobre cómo ayudar a un no creyente a "cruzar la línea".

Resumen (9 minutos)

Veamos ahora a Joanne ayudar a Leslie a cruzar la línea de fe.

Proyectar el vídeo viñeta: *Cómo cruzar la línea*. Al concluir la viñeta, detener el vídeo proyector. A causa de la naturaleza emotiva de esta viñeta tal vez usted desee hacer una pequeña pausa antes de continuar.

Aun en vídeo es una escena fuerte. Imaginen lo tremendamente emocionante que resulta cuando nosotros la llevamos a cabo en la realidad. ¿Cuál es su reacción frente a lo que acabamos de ver?

Posibles respuestas:

- Nunca había visto a otra persona orar para recibir a Cristo.
- Joanne se mostró sensible a descubrir el punto donde Leslie estaba.
- Joanne tomó la iniciativa al preguntarle a Leslie si quería cruzar el puente.

Ahora vamos a intentarlo nosotros. La práctica nos ayudará a sentirnos cómodos y seguros al guiar a una persona a Cristo.

Vamos a la página 76 de la Guía del participante.

Nota: El orar puede que sea una experiencia bastante privada para algunas personas, así que aliente a los participantes a juntarse de a dos con aquellos con los que se sientan cómodos al orar en voz alta. Si hubiera algunos que todavía no se sienten cómodos como para orar en voz alta, sugiérales que se unan a otro equipo y simplemente observen.

Notas de planificación

GUÍA DEL PARTICIPANTE

VÍDEO VIÑETA Y PRÁCTICA: CÓMO CRUZAR LA LÍNEA

INSTRUCCIONES

Practique en pareja con alguien con quien se sienta cómodo.

1. Usando la página 77 como guía, realice la práctica de guiar a su compañero a "cruzar la línea" como si él fuera la persona número uno de su *Lista de impacto*. *Brevemente* informe a su compañero acerca del nombre de su amigo, la naturaleza de su relación (si es un vecino, un compañero de trabajo, un pariente). Esto con el fin de que interactúe con usted como lo haría su amigo.

2. Después de que la primera persona haya realizado la práctica de guiar a la otra a cruzar la línea, el que cumplió el papel de oyente hará sus comentarios acerca de lo que funcionó bien y de aquellos aspectos que podrían mejorarse. Usen la planilla que aparece en la página 77 de la Guía del participante como referencia al hacer sus comentarios.

3. Intercambien roles. Repitan los pasos uno y dos.

Instrucciones (1 minute)

Practique en pareja con alguien con quien se sienta cómodo.

1. Usando la página 77 como guía, realice la práctica de guiar a su compañero a "cruzar la línea" como si él fuera la persona número uno de su *Lista de impacto. Brevemente* informe a su compañero acerca del nombre de su amigo, la naturaleza de su relación (si es un vecino, un compañero de trabajo, un pariente). Esto con el fin de que interactúe con usted como lo haría su amigo.

2. Después de que la primera persona haya realizado la práctica de guiar a la otra a cruzar la línea, el que cumplió el papel de oyente hará sus comentarios acerca de lo que funcionó bien y de aquellos aspectos que podrían mejorarse. Usen la planilla que aparece en la página 77 de la Guía del participante como referencia al hacer sus comentarios.

3. Intercambien roles. Repitan los pasos uno y dos.

Contamos con 5 minutos para que cada persona realice su práctica de hacer cruzar la línea y reciba los comentarios. Les haré saber cuándo deben cambiar roles. Si aún no han completado la oración cuando yo señale el tiempo, deténganse ahí igualmente.

¿Alguna pregunta con respecto a las instrucciones?

Muy bien, comiencen.

Actividad (10 minutos)

> 1. Después de transcurridos cinco minutos, indique a los participantes que deben intercambiar roles y repetir los pasos 1 y 2.
> 2. Después de otros cinco minutos, reúna nuevamente a los grupos.

Resumen (2 minutos)

¿Cómo les pareció? ¿Encontraron útil esta práctica?

> Posibles respuestas:
> - Me sentí torpe al principio.
> - Me ayudó a imaginar cómo sería en realidad conducir a alguien a Cristo.
> - Ha sido bueno practicar primero aquí.

¡Lo hizo! Ahora cuando esté en una situación real de tener que orar con un amigo, en lugar de ponerse nervioso podrá recordarse a sí mismo que esto no es algo totalmente nuevo. Ya ha orado con alguien antes.

GUÍA DEL LÍDER

Notas de planificación

GUÍA DEL PARTICIPANTE

VÍDEO VIÑETA Y PRÁCTICA: CÓMO CRUZAR LA LÍNEA

INSTRUCCIONES

Practique en pareja con alguien con quien se sienta cómodo.

1. Usando la página 77 como guía, realice la práctica de guiar a su compañero a "cruzar la línea" como si él fuera la persona número uno de su *Lista de impacto*. *Brevemente* informe a su compañero acerca del nombre de su amigo, la naturaleza de su relación (si es un vecino, un compañero de trabajo, un pariente). Esto con el fin de que interactúe con usted como lo haría su amigo.

2. Después de que la primera persona haya realizado la práctica de guiar a la otra a cruzar la línea, el que cumplió el papel de oyente hará sus comentarios acerca de lo que funcionó bien y de aquellos aspectos que podrían mejorarse. Usen la planilla que aparece en la página 77 de la Guía del participante como referencia al hacer sus comentarios.

3. Intercambien roles. Repitan los pasos uno y dos.

SESIÓN SEIS

VÍDEO VIÑETA Y PRÁCTICA: CÓMO CRUZAR LA LÍNEA

PLANILLA DE EVALUACIÓN SOBRE CÓMO CRUZAR LA LÍNEA

Marque los puntos que su compañero incluyó en la presentación del tema sobre cómo cruzar la línea. Use el espacio en blanco para agregar comentarios adicionales.

DETALLE	OBSERVACIONES
Evaluación de la disposición: *(marque uno de los siguientes)* ☐ ¿Ha llegado al punto en que está dispuesto a pedir el perdón y la guía de Dios para su vida o todavía se halla en el proceso de pensarlo? ☐ ¿En qué etapa del proceso cree estar en este momento? ☐ ¿Existe alguna razón por la que no desee recibir el perdón y la guía de Dios como regalo en este momento?	**Qué cosas funcionaron bien:**
En la oración: ☐ Pedir el perdón de Dios ☐ Pedir la guía de Dios ☐ Agradecerle	**Aspectos a mejorar:**

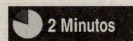 **2 Minutos**

Resumen de la sesión

Guía del participante, página 78.

⊃ Otra vez, esta ha sido una sesión muy completa. Hemos realizado la práctica de contar nuestra historia. Y hemos definido los pasos a seguir para ayudar a una persona a cruzar la línea de la fe:

Paso 1: Evaluar la disposición

Paso 2: Animarlo a orar

Paso 3: Celebrar su decisión de comprometerse

Paso 4: Llevarlo a la siguiente etapa para que comience a crecer espiritualmente.

Luego realizamos prácticas de orar con alguien que desea recibir a Cristo. Confiamos en que no pasará mucho tiempo antes de que nos encontremos orando por alguien en una situación real.

En la próxima sesión veremos un vídeo que integra todos los elementos que hemos considerado hasta ahora.

Lectura sugerida: Capítulo 13

(Libro complementario a *Cómo convertirse en un cristiano contagioso*)

Con la finalidad de ampliar su comprensión de todo esto, o sea el punto culminante de lo que es el cristianismo contagioso, lo animamos a leer el capítulo 13, "Cómo cruzar la línea de fe". El hacerlo aumentará su disposición a guiar personalmente algunas personas a relacionarse con Cristo.

Cierre con oración.

Transparencia

Resumen de la Sesión 6

En esta sesión hemos:
- Realizado la práctica de contar nuestra historia personal.
- Definido los pasos a seguir para ayudar a alguien a "cruzar la línea" de fe.
- Realizado la práctica de orar con alguien.

Notas de planificación

GUÍA DEL PARTICIPANTE

RESUMEN DE LA SESIÓN

En esta sesión usted ha:

- Realizado la práctica de contar su historia personal.

- Definido los pasos a seguir para ayudar a alguien a "cruzar la línea" de fe.

- Realizado la práctica de orar con alguien para que reciba a Cristo.

LECTURA SUGERIDA: CAPÍTULO 13

(Libro complementario a *Cómo convertirse en un cristiano contagioso*)

Con la finalidad de ampliar su comprensión de todo esto, o sea el punto culminante de lo que es el cristianismo contagioso, lo animamos a leer el capítulo 13, "Cómo cruzar la línea de fe". El hacerlo aumentará su disposición a guiar personalmente algunas personas a relacionarse con Cristo.

SESIÓN 7
CÓMO INTEGRAR TODAS LAS PARTES

Dinámica de la sesión

Hasta aquí hemos desarrollado habilidades que nos permitirán realizar una evangelización eficaz: desde establecer relaciones hasta ayudar a nuestros amigos a "cruzar la línea." A través de todo el curso hemos enfatizado el principio de "poner a los demás primero"

En esta sesión los participantes aplicarán lo aprendido hasta aquí a la realización de una práctica con otra persona, la que asumirá el papel del amigo que ocupa el primer lugar de la *Lista de impacto*. También recibirán algunas sugerencias adicionales con respecto a cómo hablar a otros de Cristo.

OBJETIVOS

En esta sesión el participante:

1. Realizará una práctica de los diferentes pasos propuestos por la "Evangelización a través de relaciones personales" (desde cómo hacer una transición hacia conversaciones espirituales, hasta cómo ayudar a alguien a "cruzar la línea" de fe)
2. Confeccionará una lista de sugerencias sobre maneras de hablar a otros de Cristo.

BOSQUEJO

I. Sesión de introducción
   A. Bienvenida
   B. Oración
   C. Repaso
   D. Resumen previo

II. Descubrimiento
   A. Vídeo viñeta *Cómo integrar todas las partes*
   B. Actividad por parejas: *Cómo integrar todas las partes*
   C. Sugerencias sobre cómo hablar de Cristo a la gente
      1. No dar un discurso
      2. Dosificar en mensaje
      3. Hablar con las personas individualmente
      4. Actuar con decisión
      5. Cómo aconsejar a los nuevos creyentes

III. Resumen de la sesión

DINÁMICA DE LA SESIÓN 7

MATERIALES Y EQUIPO

1.	La Guía del líder
2.	Las Guías del participante
3.*	Etiquetas y marcadores para escribir nombres en ellas
4.*	Transparencias para proyectar. Antes de cada clase verifique que todo esté en orden. (Nota: le sugerimos enmarcar las transparencias. Puede utilizar marcos para las transparencias o un marco para el proyector.)
5.*	Proyector listo para operar, pantalla, cable, mesa, bombilla de repuesto, marcadores.
6.	Vídeo casete de la "Sesión 4" del curso *Conviértase en un cristiano contagioso*.
7.	Reproductor y monitor de vídeo listos para operar, mesa, cable, y todos los accesorios necesarios.
8.*	Optativo: Reproductor de CDs. para pasar música instrumental. (Nota: utilice música antes y después de las sesiones para crear un ambiente distendido.)

*No resulta necesario cuando se utiliza el formato de grupos pequeños.

SESIÓN 7

Cómo integrar todas las partes

| TIEMPO | CONTENIDO | MEDIOS |

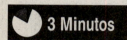 **3 Minutos**

Introducción a la sesión

BIENVENIDA

Transparencia

Sesión 7 - Cómo integrar todas las partes

Bienvenidos a la Sesión 7 "Cómo integrar todas las partes".

ORACION

Querido Padre, al acercarnos al final de este curso te pedimos que nos ayudes a comprender y a visualizar el cuadro general de lo que significa convertirnos en cristianos capaces de "contagiar" nuestra fe. Mas aún, te rogamos que utilices el resumen panorámico de esta sesión y el tiempo de práctica para aumentar nuestra confianza, de manera que estemos dispuestos a hablarle a la gente acerca de ti. Luego, danos la oportunidad de poder hacerlo esta semana. Oramos en nombre de Cristo. Amén.

REPASO

Hasta aquí hemos desarrollado habilidades que nos permitirán realizar una evangelización eficaz: desde establecer relaciones hasta ayudar a nuestros amigos a "cruzar la línea".

Hemos considerado diferentes maneras de iniciar conversaciones espirituales, hemos realizado prácticas de narración de nuestro testimonio personal, y hemos presentado el mensaje del evangelio.

Y en la sesión 6 realizamos la práctica de orar con alguien para que recibiera a Cristo.

Notas de planificación

SESIÓN 7

Cómo integrar todas las partes

RESUMEN PREVIO

En la Sesión 7 usted:

1. Realizará una práctica de los diferentes pasos propuestos por la "Evangelización a través de relaciones personales" (desde cómo hacer una transición hacia conversaciones espirituales, hasta cómo ayudar a alguien a "cruzar la línea" de fe)

2. Escuchará sugerencias sobre cómo hablar con otros acerca de Cristo.

SESIÓN 7

RESUMEN PREVIO

Guía del participante, página 79.

Esta sesión se titula "Cómo integrar todas las partes" y describe aquello que resulta más importante para nosotros llegado este punto. Lo explicaré utilizando una analogía: alguien que está aprendiendo a nadar debe dominar ciertas técnicas individuales, como ahuecar las manos y mover los brazos, extender las piernas y saber cómo dar la patada, mover bien la cabeza y aprender a respirar de manera apropiada; pero estas técnicas por sí solas no le garantizan llegar a nadar bien. Tiene que meterse al agua e "integrar" todos los movimientos. Solo después de practicar durante un cierto período supera su torpeza y comienza a coordinar sus habilidades hasta que, con el tiempo, se convierten en una acción casi automática. Esto se aplica también a nuestro caso. Solo después de practicar en secuencia los pasos de la "evangelización a través de relaciones personales" comenzamos a manejarlos con naturalidad.

⊃ En esta sesión no solamente practicaremos los diferentes pasos sino que también recibiremos algunas sugerencias adicionales sobre distintas formas de hablar a otros de Cristo. Antes de practicar lo que hemos estado aprendiendo, (desde cómo realizar la transición a una conversación espiritual hasta cómo ayudar a cruzar la línea) veamos un vídeo de lo que ocurre entre Gregg y Mike.

Transparencia

> **Sesión 7 Resumen previo**
> - Realizaremos una práctica de los diferentes pasos propuestos por la "Evangelización a través de relaciones personales".
> - Escucharemos sugerencias sobre cómo hablar con otros acerca de Cristo.

Descubrimiento *(45 minutos)*

VIDEO VIÑETA: *CÓMO INTEGRAR TODAS LAS PARTES*

Objetivo

Veamos una proyección de 10 minutos en la que Greg comunica su fe; desde que él comienza una conversación espiritual hasta que ora con Mike para que reciba a Cristo.

Instrucciones

Abran la Guía del participante en las páginas 83 y 84.

Mientras miran el vídeo, usen la planilla de evaluación para seguir la acción.

¿Alguna pregunta sobre las instrucciones?

Actividad (10 minutos)

Ver el vídeo viñeta: *Cómo integrar todas las partes.*

GUÍA DEL LÍDER

Notas de planificación

_____
_____
_____
_____
_____
_____
_____
_____
_____
_____
_____
_____
_____
_____
_____
_____
_____
_____
_____
_____

SESIÓN 7

Cómo integrar todas las partes

RESUMEN PREVIO

En la Sesión 7 usted:

1. Realizará una práctica de los diferentes pasos propuestos por la "Evangelización a través de relaciones personales" (desde cómo hacer una transición hacia conversaciones espirituales, hasta cómo ayudar a alguien a "cruzar la línea" de fe)

2. Escuchará sugerencias sobre cómo hablar con otros acerca de Cristo.

SESIÓN SIETE

ACTIVIDAD POR PAREJAS: *CÓMO INTEGRAR TODAS LAS PARTES*

PLANILLA DE EVALUACIÓN DE "CÓMO INTEGRAR LAS PARTES"

Lista de impacto (nombre de la primera persona): _____

Use una frase de transición:

☐ Utilice el ejemplo dado o el que usted escribió en las páginas 81 y 82.

Presente una ilustración del evangelio:

☐ "*Hacer* en contraste con *Hecho*"

☐ "El Puente"

☐ Otra: _____

Cómo cruzar la línea:

1. **Evalúe la disposición** *(tres preguntas que puede usar):*

   ☐ ¿Ha llegado al punto en que está dispuesto a confiar en Cristo o todavía se halla en el proceso de pensarlo?

   ☐ ¿En qué etapa del proceso cree estar en este momento?

   ☐ ¿Existe alguna razón por la que no desee pedir el perdón y la guía de Dios en este instante?

GUÍA DEL PARTICIPANTE

ACTIVIDAD POR PAREJAS: *CÓMO INTEGRAR TODAS LAS PARTES*

Planilla de evaluación, continuación

2. **Ore** *(Tres acciones a las que debe instarlos):*

   ☐ Pedir el perdón de Dios

   ☐ Pedir la dirección del Señor

   ☐ Darle gracias

3. **Celebre su decisión de comprometerse:**

   ☐ Festeje lo que acaba de ocurrir.

4. **Indíquele el paso siguiente** *(en la medida en que el tiempo lo permita):*

   ☐ Relacionarse con otros cristianos ☐ Orar

   ☐ Leer la Biblia ☐ Relacionarse con no cristianos

   Sección de comentarios

¿Qué cosas funcionaron bien?	¿Qué aspectos se deben mejorar?

Resumen (3 minutos)

¿Cómo realizó Greg la transición de la conversación?

> Le preguntó a Mike si le gustaría ayudar en un campamento cristiano.

¿Qué tal explicó la ilustración de El Puente? ¿Pudo usted identificar los cuatro puntos?

> Posibles respuestas:
>
> - Greg parecía bastante calmo.
> - La conversación se desarrolló de forma natural y lógica.
> - Él mencionó los cuatro puntos del evangelio.

¿Cuáles son sus observaciones con respecto al "cruce de línea"?

> Posibles respuestas:
>
> - La transición a la oración se vio natural.
> - La oración resultó menos emotiva que la otra oración con las damas.
> - No se cumplieron todos los pasos siguientes.

> Preguntas optativas, si es que destinó tiempo para ellas:
>
> - A su juicio, ¿de qué manera podría mejorar Greg?
> - ¿Qué hubiera hecho usted de manera diferente?
>
> Nota para el líder: En el vídeo no se percibieron aspectos que obviamente requirieran mejoras, por lo tanto no se esperan respuestas específicas.
>
> Sin embargo, dado que todos podemos mejorar, los participantes expondrán con naturalidad sus ideas acerca de cómo la persona que hablaba podría haber resultado más eficiente.

Notas de planificación

SESIÓN SIETE

ACTIVIDAD POR PAREJAS: *CÓMO INTEGRAR TODAS LAS PARTES*

PLANILLA DE EVALUACIÓN DE "CÓMO INTEGRAR LAS PARTES"

Lista de impacto (nombre de la primera persona): _____

Use una frase de transición:

☐ Utilice el ejemplo dado o el que usted escribió en las páginas 81 y 82.

Presente una ilustración del evangelio:

☐ "*Hacer* en contraste con *Hecho*"

☐ "El Puente"

☐ Otra: _____

Cómo cruzar la línea:

1. **Evalúe la disposición** *(tres preguntas que puede usar)*:

    ☐ ¿Ha llegado al punto en que está dispuesto a confiar en Cristo o todavía se halla en el proceso de pensarlo?

    ☐ ¿En qué etapa del proceso cree estar en este momento?

    ☐ ¿Existe alguna razón por la que no desee pedir el perdón y la guía de Dios en este instante?

GUÍA DEL PARTICIPANTE

ACTIVIDAD POR PAREJAS: *CÓMO INTEGRAR TODAS LAS PARTES*

Planilla de evaluación, continuación

2. **Ore** *(Tres acciones a las que debe instarlos)*:

    ☐ Pedir el perdón de Dios

    ☐ Pedir la dirección del Señor

    ☐ Darle gracias

3. **Celebre su decisión de comprometerse:**

    ☐ Festeje lo que acaba de ocurrir.

4. **Indíquele el paso siguiente** *(en la medida en que el tiempo lo permita)*:

    ☐ Relacionarse con otros cristianos   ☐ Orar

    ☐ Leer la Biblia   ☐ Relacionarse con no cristianos

    Sección de comentarios

¿Qué cosas funcionaron bien?	¿Qué aspectos se deben mejorar?

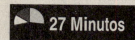

ACTIVIDAD POR PAREJAS: *CÓMO INTEGRAR TODAS LAS PARTES*

Objetivos

Practique cómo:

- Realizar la transición a una conversación espiritual
- Explicar una ilustración del evangelio
- Cruzar la línea (incluyendo una evaluación de la disposición, la oración, la celebración por el compromiso y el paso siguiente)

Reciba comentarios de evaluación sobre su desempeño

Instrucciones (1 minuto)

Pasemos a la página 80 de la Guía del participante

Ahora estamos listos para realizar la práctica. Esta actividad incluirá:

- Transición a una conversación espiritual. Esto es algo semejante a lo realizado en la Sesión 3. La diferencia es que en este caso usted ya ha mantenido una cantidad de conversaciones espirituales con esta persona, la que ahora está preparada para escuchar una ilustración del evangelio y para "cruzar la línea" de fe.
- Explicación de una ilustración del evangelio.
- Cruce de la línea, lo que incluye:
  Evaluación de su disposición
  Oración
  Celebración por su compromiso
  Próximo paso (si dispone de tiempo)

Trabajar por parejas con personas con las que se sientan cómodos.

1. Elegir una situación de entre las que figuran en las páginas 81 y 82 en la cual encontrarse con la persona de la *Lista de impacto*, o utilizar una propia. Usar la planilla de evaluación que se encuentra en las páginas 83 y 84 como guía para esta práctica.

2. Uno de los dos hablará con el otro como si fuera la primera persona de su *Lista de impacto*. Brevemente (en 30 segundos), debe transmitir a su compañero el nombre y la naturaleza de su relación con esta persona (si se trata de un vecino, un compañero de trabajo, un pariente) y la situación específica en la que se encontrarán. Esto ayudará a su compañero a interactuar con él como si fuera esa persona. (Recuerde que, en esta actividad, la persona de la *Lista de impacto* está preparada para recibir a Cristo.) Sugerencia: comenzar la práctica con la frase de transición.

3. Después de que la primera persona haya hecho su presentación, el que asumió el rol del oyente hará sus comentarios sobre lo que resultó bien y lo que podría mejorarse. Utilizar la planilla de evaluación de las páginas 83 y 84 como guía al hacer los comentarios.

GUÍA DEL LÍDER

Notas de planificación

GUÍA DEL PARTICIPANTE

ACTIVIDAD POR PAREJAS: *CÓMO INTEGRAR TODAS LAS PARTES*

INSTRUCCIONES

Esta actividad incluirá:

- Transición a una conversación espiritual
- Explicación de una ilustración del evangelio
- Cruce de la línea, que incluye:
  Evaluación de la disposición
  Oración
  Celebración por el compromiso
  Indicación del próximo paso (si dispone de tiempo)

1. Trabajar por parejas con personas con las que se sientan cómodos. Elegir una situación de entre las que figuran en las páginas 81 y 82 en la cual encontrarse con la persona de la Lista de impacto, o utilizar una propia. Usar la planilla de evaluación que se encuentra en las páginas 83 y 84 como guía para esta práctica.

2. Brevemente (en 30 segundos), debe transmitir a su compañero el nombre y la naturaleza de su relación con esta persona (si se trata de un vecino, un compañero de trabajo, un pariente) y la situación específica en la que se encontrarán. Esto ayudará a su compañero a interactuar con él como si fuera esa persona. (Recuerde que, en esta actividad, la persona de la *Lista de impacto* está preparada para recibir a Cristo.) Sugerencia: comenzar la práctica con la frase de transición.

3. Después de que la primera persona haya hecho su presentación, el que asumió el rol del oyente hará sus comentarios sobre lo que resultó bien y lo que podría mejorarse. Utilizar la planilla de evaluación de las páginas 83 y 84 como guía al hacer los comentarios.

4. Invertir los papeles. Repetir los pasos dos y tres.

4. Invertir los papeles. Repetir los pasos dos y tres.

Muy bien, ahora consideraremos una de las situaciones posibles para lograr una idea más acabada de lo que deben hacer.

> Situación número 1: Un amigo o pariente suyo asiste a las reuniones de Alcohólicos Anónimos (o a otro grupo de apoyo). Usted ya ha tenido varias conversaciones con él sobre la diferencia entre creer en un "poder superior" impersonal y confiar en Jesucristo. Entonces le proporciona material (sea un libro, un casete, u otra cosa) con evidencias que sustentan la afirmación de que Cristo es Dios y también el camino a la salvación.
>
> Se encuentran por primera vez después de aquella ocasión. Usted acaba de terminar un partido de tenis o de básquetbol. Le pregunta sobre el material que le ha dado y él o ella responde: "Bueno, he estado leyendo el libro (o escuchando el casete) que me diste. Y debo admitir que me está ayudando a comprender por qué crees lo que crees".
>
> Una frase de transición que podría utilizar para introducir una ilustración del evangelio sería esta:
>
> "Me alegra oírlo. ¿Sabes?, me parece que hemos hablado mucho acerca de Dios, pero no tanto sobre qué hacer para llegar a conocerlo personalmente. Si no tienes objeción, hay una ilustración que me gustaría contarte, y que a mí me ayudó mucho..."
>
> Entonces procedería a explicarle una de las ilustraciones de la página 83 y luego continuaría según el bosquejo de las páginas 83 y 84.

¿Alguna pregunta acerca de las instrucciones?

Preparación (4 minutos)

Tendrán unos cuantos minutos para prepararse y luego comenzaremos la práctica.

> Concédales no más de 4 minutos. Si la mayoría lo hace en 3 minutos, siga adelante y comience con la práctica.

> A continuación encontrará una lista de posibles situaciones:
>
> - Situación número 2: Usted está hablando con una persona de la *Lista de impacto* sobre un funeral al que ambos asistieron. Era el funeral de un compañero de trabajo (o un conocido de ambos) que murió en un accidente de tránsito.
>
> Ejemplo de frase de transición: "Nosotros ya hemos hablado sobre lo importante que es saber si uno está listo para morir. Si no te molesta, me gustaría explicarte cómo podemos saber si al morir iremos al cielo".

Notas de planificación

SESIÓN SIETE

ACTIVIDAD POR PAREJAS: CÓMO INTEGRAR TODAS LAS PARTES

Situación número 1:

Un amigo o pariente suyo asiste a las reuniones de Alcohólicos Anónimos (o a otro grupo de apoyo). Usted ya ha tenido varias conversaciones con él sobre la diferencia entre creer en un "poder superior" impersonal y confiar en Jesucristo. Entonces le proporciona material (sea un libro, un casete, u otra cosa) con evidencias que sustentan la afirmación de que Cristo es Dios y también el camino a la salvación.

Usted acaba de terminar un partido de tenis o de básquetbol. Le pregunta sobre el material que le ha dado y él o ella responde: "Bueno, he estado leyendo el libro (o escuchando el casete) que me diste. Y debo admitir que me está ayudando a comprender por qué crees lo que crees".

Frase de transición (a una ilustración del evangelio):

"Me alegra oírlo. ¿Sabes?, me parece que hemos hablado mucho acerca de Dios, pero no tanto sobre qué hacer para llegar a conocerlo personalmente. Si no tienes objeción, hay una ilustración que me gustaría contarte, y que a mí me ayudó mucho..."

Si prefiere utilizar una frase de transición propia, escríbala a continuación:

_____

_____

(Ahora vayamos a la página 83 para escoger la ilustración a presentar.)

Situación número 2:

Usted está hablando con una persona de la Lista de impacto sobre un funeral al que ambos asistieron. Era el funeral de un compañero de trabajo (o un conocido de ambos) que murió en un accidente de tránsito.

Ejemplo de frase de transición (a una ilustración del evangelio):

"Nosotros ya hemos hablado sobre lo importante que es saber si uno está listo para morir. Si no te molesta, me gustaría explicarte cómo podemos saber si al morir iremos al cielo".

Si prefiere utilizar una frase de transición propia, escríbala a continuación:

_____

(Ahora vayamos a la página 83 para escoger la ilustración a presentar.)

GUÍA DEL PARTICIPANTE

ACTIVIDAD POR PAREJAS: *CÓMO INTEGRAR TODAS LAS PARTES*

Situación número 3:

Un amigo o pariente está experimentando muchos problemas en su vida. Usted ya le ha dicho que necesita la ayuda de Dios. Y ahora él comienza a quejarse otra vez de los problemas por los que pasa.

Ejemplo de frase de transición (a una ilustración del evangelio):

"De veras siento que estés pasando por todas estas pruebas. Hace un tiempo te mencioné que Dios puede ayudarte en todos estos aspectos... El gran interrogante es cómo entrar en relación con Dios. ¿Te parece bien que te hable sobre algo que responde a esa pregunta?"

Si prefiere usar una frase de transición propia, escríbala a continuación:

_____

(Ahora vayamos a la página 83 para escoger la ilustración a presentar.)

Situación número 4:

La última vez que estuvieron juntos, usted le dio a su amigo o amiga un libro que respondía las preguntas más frecuentes que se hace la gente acerca del cristianismo. Desde esa ocasión, esta es la primera vez que vuelven a encontrarse y han estado conversando sobre una gran variedad de temas tales como el trabajo, los niños y algunos proyectos de mejoras en la casa.

Ejemplo de frase de transición (a una ilustración del evangelio):

"A propósito, espero que el libro que te regalé haya respondido algunas de tus preguntas acerca de Dios... Recientemente escuché una ilustración que, según entiendo, ayuda a comprender mejor el cuadro general de lo que es el cristianismo. ¿Te interesaría oírla?"

Si prefiere usar una frase de transición propia, escríbala a continuación:

_____

(Ahora vayamos a la página 83 para escoger la ilustración a presentar.)

- Situación número 3: Un amigo o pariente está experimentando muchos problemas en su vida. Usted ya le ha dicho que necesita la ayuda de Dios. Y ahora él comienza a quejarse otra vez de los problemas por los que pasa.

Ejemplo de frase de transición: "De veras siento que estés pasando por todas estas pruebas. Hace un tiempo te mencioné que Dios puede ayudarte en todas estos aspectos... El gran interrogante es cómo entrar en relación con Dios. ¿Te parece bien que te hable sobre algo que responde a esa pregunta?"

- Situación número 4: La última vez que estuvieron juntos, usted le dio a su amigo o amiga un libro que respondía las preguntas más frecuentes que se hace la gente acerca del cristianismo. Desde esa ocasión, ésta es la primera vez que vuelven a encontrarse y han estado conversando sobre una gran variedad de temas tales como el trabajo, los niños y algunos proyectos de mejoras en la casa.

Ejemplo de frase de transición: "A propósito, espero que el libro que te regalé te haya ayudado a responder algunas preguntas acerca de Dios... Recientemente escuché una ilustración que pienso que ayuda a comprender mejor el cuadro general de lo que es el cristianismo. ¿Te interesaría oírla?"

Actividad (18 minutos)

Muy bien, cada uno cuenta con 9 minutos para realizar su práctica y recibir los comentarios de su compañero, así que controlen su tiempo. Les avisaré cuando falte un minuto.

1. Pasados 8 minutos, avíseles que les queda solo uno.
2. Pasado ese minuto, indíqueles que inviertan roles.
3. Transcurridos 8 minutos, avíseles que les queda solo uno.
4. Luego de un minuto, reúna al grupo de nuevo.

Para repasar la planilla de evaluación, vaya a las páginas 83 y 84 de la Guía del participante.

GUÍA DEL LÍDER

Notas de planificación

SESIÓN SIETE

ACTIVIDAD POR PAREJAS: *CÓMO INTEGRAR TODAS LAS PARTES*

PLANILLA DE EVALUACIÓN DE "CÓMO INTEGRAR LAS PARTES"

Lista de impacto (nombre de la primera persona): _____

Use una frase de transición:

☐ Utilice el ejemplo dado o el que usted escribió en las páginas 81 y 82.

Presente una ilustración del evangelio:

☐ "*Hacer* en contraste con *Hecho*"

☐ "El Puente"

☐ Otra: _____

Cómo cruzar la línea:

1. **Evalúe la disposición** *(tres preguntas que puede usar):*

   ☐ ¿Ha llegado al punto en que está dispuesto a confiar en Cristo o todavía se halla en el proceso de pensarlo?

   ☐ ¿En qué etapa del proceso cree estar en este momento?

   ☐ ¿Existe alguna razón por la que no desee pedir el perdón y la guía de Dios en este instante?

83

GUÍA DEL PARTICIPANTE

ACTIVIDAD POR PAREJAS: *CÓMO INTEGRAR TODAS LAS PARTES*

Planilla de evaluación, continuación

2. **Ore** *(Tres acciones a las que debe instarlos):*

   ☐ Pedir el perdón de Dios

   ☐ Pedir la dirección del Señor

   ☐ Darle gracias

3. **Celebre su decisión de comprometerse:**

   ☐ Festeje lo que acaba de ocurrir.

4. **Indíquele el paso siguiente** *(en la medida en que el tiempo lo permita):*

   ☐ Relacionarse con otros cristianos   ☐ Orar

   ☐ Leer la Biblia   ☐ Relacionarse con no cristianos

   Sección de comentarios

   ¿Qué cosas funcionaron bien?   ¿Qué aspectos se deben mejorar?

84

Resumen (4 minutos)

> Pida al grupo que responda las siguientes preguntas. Seguramente obtendrá respuestas variadas. El objetivo es permitirles que se expresen con sinceridad en cuanto a si se sienten cómodos en la tarea de evangelización y dispuestos a realizarla, y al mismo tiempo hacerles notar el progreso que están haciendo.

¿Cómo les ha resultado todo?

¿Les ha elevado el nivel de confianza en ustedes mismos? Si la respuesta es afirmativa, expliquen de qué manera. Si la respuesta es negativa, indiquen qué los hace sentir incómodo.

¿Se ven mejor comunicando su fe ahora que han tenido oportunidad de realizar prácticas?

¿Tienen preguntas o comentarios adicionales que hacer?

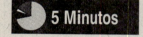

SUGERENCIAS CLAVES AL HABLAR A OTROS DE CRISTO

> Guía del participante página 85

Ahora que ya han realizado prácticas de los diferentes aspectos del proceso de evangelización, queremos transmitirles algunas sugerencias que funcionarán a modo de lineamientos generales.

Es importante tenerlas en cuenta al momento de dar un testimonio personal o de explicar una ilustración del evangelio.

Por favor, recordemos que no se trata de reglas inflexibles. Es preciso seguir la guía del *Señor* en cada situación.

No dé un discurso

⊃ La primera recomendación es: No dé un discurso.

¿Le suena familiar? El principio de "poner a los demás primero" nos recuerda que esto es un diálogo de ida y vuelta entre dos personas, aunque seamos nosotros quienes llevemos "la voz cantante" en ese momento.

Debemos darle al otro la oportunidad de participar en la conversación haciéndole preguntas como: "¿Te parece que tiene sentido?" o "¿Lo habías considerado de este modo antes?"

Transparencia

Sugerencias claves al hablar a otros de Cristo.
- No dé un discurso
- DOSIFIQUE el mensaje
- Hable con la gente de manera INDIVIDUAL
- Actúe con DECISIÓN

Notas de planificación

SESIÓN SIETE

SUGERENCIAS CLAVES AL HABLAR A OTROS DE CRISTO

NO DÉ UN DISCURSO

- Principio: "Poner a los demás primero"

_____ EL MENSAJE

HABLE CON LA GENTE DE MANERA _____

ACTÚE CON _____

CONSEJOS PARA CREYENTES NUEVOS:

- Tenga cuidado de no caer en fanatismos.

- Sea usted mismo; no imite el estilo de la persona que le habló de Cristo.

- Jamás subestime lo que Dios puede hacer a través de usted *ahora*.

85

Dosifique el mensaje

⊃ Otro aspecto del principio de "poner a los demás primero" es tener la disposición a dar el mensaje en DOSIS.

Es necesario escuchar lo que nuestros amigos dicen y prestar atención a sus reacciones.

Estemos atentos a las señales que emiten, como mirar el reloj, ponerse inquietos o dejar vagar la mirada por el cuarto. Si la atención comienza a disminuir, debemos estar prontos a cambiar de tema. Aun podemos preguntarles si preferirían continuar con el tema más adelante. Esto les permitirá optar entre continuar con la conversación o cambiar de tópico.

Evaluar su nivel de atención nos permitirá saber si aun contamos con su interés al tratar los asuntos importantes. Además les dará a entender que los respetamos y no queremos forzarlos a escuchar nada que no deseen oír de momento. Y cuando se den cuenta de esto, comenzarán a vernos como personas con las que pueden hablar con libertad, debido a que pueden entran y salir de los temas natural y fácilmente.

Hable con la gente en forma individual

⊃ Busquemos la oportunidad de hablar con la gente INDIVIDUALMENTE.

La dinámica de los grupos y la presión de las miradas curiosas a menudo inhiben a la gente de hablar sobre las cuestiones espirituales. Tampoco es frecuente que todas las personas de un grupo tengan el mismo nivel de interés espiritual. Por lo tanto, lo valioso de hablar con las personas individualmente es que podemos centrar toda nuestra atención en ellas.

Actúe con decisión

⊃ El punto siguiente es actuar con DECISIÓN.

La gente respeta a aquellos que tienen convicciones y hablan con firmeza de ellas. Cuando nos expresamos de forma titubeante, damos la impresión de que en cierta manera nos avergonzamos de nuestras creencias o no tenemos convicciones firmes. Así que, cuando se nos presente la oportunidad, respiremos profundo, hagamos una corta oración interior, y luego abramos la boca para comunicar nuestro mensaje con toda confianza. Dios usará nuestras palabras.

Notas de planificación

SESIÓN SIETE

SUGERENCIAS CLAVES AL HABLAR A OTROS DE CRISTO

NO DÉ UN DISCURSO

- Principio: "Poner a los demás primero"

_____ EL MENSAJE

HABLE CON LA GENTE DE MANERA _____

ACTÚE CON _____

CONSEJOS PARA CREYENTES NUEVOS:

- Tenga cuidado de no caer en fanatismos.

- Sea usted mismo; no imite el estilo de la persona que le habló de Cristo.

- Jamás subestime lo que Dios puede hacer a través de usted *ahora*.

85

Consejos para creyentes nuevos

Finalmente hay algunas recomendaciones que, aunque se aplican a todos nosotros, resultan particularmente útiles para los creyentes nuevos:

⊃ Tenga cuidado de no caer en fanatismos.

Aquellos de nosotros a quienes esta advertencia nos llega demasiado tarde tal vez necesitemos restaurar algunas relaciones deterioradas a través de una disculpa por no haber tenido una actitud respetuosa.

⊃ Sea usted mismo: no imite el estilo de la persona que lo llevó a Cristo.

⊃ Jamás subestime lo que Dios puede hacer a través de usted *ahora*.

Muchas personas han llegado a Cristo por la dedicación de algunos creyentes nuevos.

Pasemos al resumen de sesión de la página 86 de la Guía del participante.

Resumen de la sesión

Transparencia

Resumen de la Sesión 7
En esta sesión hemos:
- Realizado prácticas de los pasos a seguir en la "Evangelización a través de relaciones personales".
- Recibido sugerencias acerca de cómo hablar con otros acerca de Cristo.

Guía del participante, página 86.

⊃ Hemos realizado prácticas de transición a conversaciones espirituales, de narración de nuestras historias personales, de ilustraciones del mensaje del evangelio, y de cómo ayudar a un amigo a "cruzar la línea". También hemos recibido sugerencias acerca de cómo hablar con otros acerca de Cristo.

Pero, para ser sinceros, no siempre las cosas se deslizan con tanta fluidez. A menudo nuestros amigos tienen interrogantes acerca de la fe que necesitan ser respondido antes de proseguir a la siguiente etapa. Ese es precisamente el tema de nuestra sesión final, a la que hemos llamado "¡Objeciones!"

Lectura sugerida: capítulos 14 y 15
(Libro Complementario a *Conviértase en un cristiano contagioso*)

Para ampliar su conocimiento de lo que significa todo esto que usted acaba de practicar, lea los dos capítulos finales. El capítulo 14 se titula: "Cristianos e iglesias contagiosos". Lo ayudará a visualizar lo que es una iglesia que transmite a sus miembros la necesidad de ser cristianos dinámicos en la comunicación de la fe. El capítulo 15 constituye un desafío a concentrar nuestra energía en lo más importante. Y se llama: "Invierta su vida en la gente".

Receso.

GUÍA DEL LÍDER

Notas de planificación

SESIÓN SIETE

SUGERENCIAS CLAVES AL HABLAR A OTROS DE CRISTO

NO DÉ UN DISCURSO

- Principio: "Poner a los demás primero"

_____ **EL MENSAJE**

HABLE CON LA GENTE DE MANERA _____

ACTÚE CON _____

CONSEJOS PARA CREYENTES NUEVOS:

- Tenga cuidado de no caer en fanatismos.

- Sea usted mismo; no imite el estilo de la persona que le habló de Cristo.

- Jamás subestime lo que Dios puede hacer a través de usted *ahora*.

GUÍA DEL PARTICIPANTE

RESUMEN DE LA SESIÓN

En esta sesión hemos:

- Realizado prácticas de los pasos que incluye la "Evangelización a través de relaciones personales" (desde cómo hacer la transición a una conversación espiritual, hasta cómo "cruzar la línea" de fe.)

- Recibido sugerencias acerca de cómo hablar con otros acerca de Cristo.

LECTURA SUGERIDA: CAPÍTULOS 14 Y 15

(Libro Complementario a *Conviértase en un cristiano contagioso*)

Para ampliar su conocimiento de lo que significa todo esto que usted acaba de practicar, lea los dos capítulos finales de *Conviértase en un cristiano contagioso*. El capítulo 14 se titula: "Cristianos e iglesias contagiosos". Lo ayudará a visualizar lo que es una iglesia que transmite a sus miembros la necesidad de ser cristianos dinámicos en la comunicación de su fe. El capítulo 15 constituye un desafío a concentrar nuestra energía en lo más importante. Y se llama: "Invierta su vida en la gente".

SESIÓN 8
¡OBJECIÓN!

Dinámica de la sesión

En las primeras siete sesiones hemos aprendido qué es la evangelización a través de relaciones personales y qué no lo es. Descubrimos que la evangelización resulta importante porque a Dios le interesa la gente. Y realizamos prácticas de las diferentes partes que conforman el proceso: desde cómo hacer la transición a una conversación espiritual hasta cómo guiar a un no creyente a "cruzar la línea" de fe.

Sin embargo, en el camino a menudo surgen preguntas y objeciones. En esta sesión final del curso consideraremos algunas de ellas y procuraremos darles respuesta. A los participantes también se les enseñará sobre algunos aspectos a tener en cuenta en lo concerniente a su actitud y modo de acercamiento a las personas.

OBJETIVOS

En esta sesión el participante:

1. Identificará objeciones frecuentes sobre la fe cristiana
2. Practicará respuestas a estas objeciones
3. Confeccionará una lista de aspectos a tener en cuenta en relación con la actitud y el modo de acercamiento a las personas.

BOSQUEJO

I. Introducción a la sesión
   A. Bienvenida
   B. Repaso
   C. Resumen previo

II. Descubrimiento
   A. Vídeo viñeta: *Cómo responder a las objeciones, primera parte*
   B. Ejercicio individual: *Cómo responder a las objeciones, primera parte*
   C. Actividad por parejas: *Cómo responder a las objeciones, primera parte*
   D. Vídeo viñeta: *Cómo responder a las objeciones, segunda parte*
   E. Ejercicio individual: *Cómo responder a las objeciones, segunda parte*
   F. Actividad por parejas: *Cómo responder a las objeciones, segunda parte*
   G. Aspectos a tener en cuenta:
      1. Modo de acercamiento
      2. Actitud

III. Resumen de la sesión y del curso

MATERIALES Y EQUIPO

1. La Guía del líder
2. Las Guías del participante
3.* Etiquetas y marcadores para escribir nombres en ellas
4.* Transparencias para proyectar. Antes de cada clase verifique que todo esté en orden. (Nota: le sugerimos enmarcar las transparencias. Puede utilizar marcos para las transparencias o un marco para el proyector.)
5.* Proyector listo para operar, pantalla, cable, mesa, bombilla de repuesto, marcadores.
6. Vídeo casete de la "Sesión 8" del curso *Conviértase en un cristiano contagioso.*
7. Reproductor y monitor de vídeo listos para operar, mesa, cable, y todos los accesorios necesarios.
8.* Optativo: Reproductor de CDs. para pasar música instrumental.

*No resulta necesario cuando se utiliza el formato de grupos pequeños.

SESIÓN 8

¡Objeción!

| TIEMPO | CONTENIDO | MEDIOS |

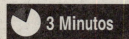

Introducción a la sesión

BIENVENIDA

Bienvenidos a la Sesión 8. - ¡Objeción!

Transparencia

Sesión 8 - ¡Objeciones!

REPASO

Recordemos, volviendo a las sesiones 1 y 2, que nuestro modo de evangelizar refleja nuestra manera de ser. Y que nos volvemos más eficaces cuando utilizamos un estilo propio, es decir, el que Dios nos ha dado.

Descubrimos que la evangelización resulta importante porque a Dios le interesan los perdidos; por lo tanto deben importarnos a nosotros.

Aprendimos a dar nuestro testimonio personal, a ilustrar el mensaje del evangelio, y a ayudar a nuestros amigos a "cruzar la línea" hacia la fe en Cristo. En la Sesión 7 aprendimos a integrar lo que habíamos aprendido y lo practicamos para poder transmitirlo todo en una sola presentación.

Transparencia

Resumen previo de la Sesión 8
1. Identificaremos las objeciones más comunes
2. Realizaremos la práctica de responder a las objeciones
3. Confeccionaremos una lista de aspectos a tener en cuenta en relación con la actitud y el modo de acercamiento

RESUMEN PREVIO

Guía del participante, página 87.

⊃ En esta sesión identificaremos aquellas objeciones que la gente manifiesta con más frecuencia con respecto al cristianismo. Realizaremos la práctica de dar respuesta a dos de esas objeciones, y confeccionaremos una lista de los aspectos a tener en cuenta en relación con el modo de acercamiento y la actitud al tratar estas cuestiones.

Para ilustrar la razón por la que resulta importante manejar bien las objeciones, sometemos a la consideración de ustedes la siguiente historia:

Notas de planificación

SESIÓN 8

¡Objeción!

RESUMEN PREVIO

En la Sesión 8 usted:

1. Identificará las objeciones más comunes

2. Realizará la práctica de responder a las objeciones

3. Confeccionará una lista de aspectos a tener en cuenta en relación con la actitud y el modo de acercamiento.

SESIÓN 8

Mark respondió a la llamada telefónica. La persona del otro lado era un estudiante de secundaria que le dijo: "Yo *solía ser* cristiano". Cuando Mark le preguntó qué le había ocurrido después, el estudiante contestó que, a pesar de haber crecido asistiendo a la iglesia y de haber dirigido un estudio bíblico, desde hacía un tiempo le habían surgido preguntas y dudas que estaban devastando su fe. Incluso había convertido su grupo de estudio bíblico en lo que él llamaba ahora un "grupo de escépticos".

Mark entonces se encontró con él y con un amigo suyo que también era líder del grupo de escépticos. Después de varios encuentros y de pasar horas respondiendo a sus objeciones, este joven decidió consagrar nuevamente su vida a Cristo, y su amigo tomó la decisión de recibirlo por primera vez. Esto nunca hubiera ocurrido de no haber habido alguien dispuesto a ayudarlos a encontrar respuestas a sus interrogantes.

El aspecto de las objeciones constituye un terreno fundamental porque las preguntas sin respuesta se convierten en obstáculos que alejan a las personas de la fe en Cristo. Debido a que nuestra sociedad se seculariza cada día más, es importante que sepamos responder a sus inquietudes utilizando un vocabulario práctico que puedan entender fácilmente. Como lo dice 1ª de Pedro 3:15.

> *Estén siempre preparados para responder a todo el que les pida razón de la esperanza que hay en ustedes.*

Tal vez sea esto lo que esperaban aquellos que han desarrollado un estilo de evangelización intelectual. Y quizá se convierta en su mejor arma. Para el resto de nosotros esta sesión resultará muy útil, ya que se nos proporcionarán explicaciones que podremos luego utilizar con nuestros amigos.

Vayamos a la página 88 de la Guía del participante.

Descubrimiento *(45 minutos)*

| Guía del participante, página 88. |

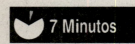

VÍDEO VIÑETA: *CÓMO RESPONDER A LAS OBJECIONES, PRIMERA PARTE*

Tom y Joanne reciben a sus amigos Frank, Leslie y Kris al término de una reunión de la iglesia. En un determinado momento, Kris y Frank comienzan a hacer algunas preguntas difíciles sobre el cristianismo.

⊃ Mientras miramos el vídeo, prestemos atención a algunas de las preguntas y a las respuestas de Joanne. Les proporcionamos una paráfrasis de sus respuestas, la que podrán leer con posterioridad.

Notas de planificación

GUÍA DEL PARTICIPANTE

VÍDEO VIÑETA: CÓMO RESPONDER A LAS OBJECIONES

Las preguntas surgidas del vídeo se enumeran a continuación. En las páginas 90-99 incluimos paráfrasis de las respuestas dada a estas preguntas, y posteriormente dedicaremos tiempo a leerlas.

1. ¿No enseñan básicamente lo mismo todas las religiones aunque le den a Dios diferentes nombres?

2. Si una persona es realmente sincera, ¿importa lo que crea?

3. Que los cristianos crean que solo ellos están en lo cierto y todos los demás viven equivocados ¿no es un signo de estrechez intelectual?

4. ¿Qué evidencias fundamentan las afirmaciones del cristianismo? ¿Existen alguna buenas de verdad?

5. ¿Qué lo hace estar tan seguro de que la Biblia sea auténtica? Tiene tantos autores, ha pasado por tantas traducciones, y fue escrita en un lapso de tantos años que *debe* contener errores.

SESIÓN 8

Actividad (5 minutos)

> Proyección del vídeo viñeta ¡Objeción! (Primera parte).

Resumen (2 minutos)

¿Qué piensa usted de la interacción que se ve en el vídeo? ¿Alguna observación?

> Posibles respuestas:
> - Kris por momentos parecía algo hostil.
> - Joanne se veía tranquila; yo no lo hubiera estado tanto.
> - Sentí que pasaban demasiado rápido de una objeción a otra.

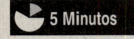

EJERCICIO INDIVIDUAL: *CÓMO RESPONDER A LAS OBJECIONES, PRIMERA PARTE*

> Página 89, Guía del participante.

Instrucciones (1 minuto)

Si abrimos la Guía del participante en la página 90, encontraremos la primera objeción que debió enfrentar Joanne. El texto que aparece en itálicas es una paráfrasis de la respuesta dada en el vídeo. Luego hallaremos más información —ya no en itálicas— que también podremos utilizar para responder a la pregunta.

Ahora regresemos a la página 89.

Le sugerimos hacer lo siguiente:

1. Escoja de entre las cinco objeciones que aparecen en la lista aquella que usted piensa que podría surgir en una conversación con la primera persona de su *Lista de impacto*.
2. Lea la información provista para responder a esa objeción. Use las partes que le parezcan más apropiadas para elaborar una respuesta propia.
3. Esboce un bosquejo de respuesta en el espacio sombreado sobre el margen derecho de la información. Lo utilizará luego para realizar su práctica.

¿Alguna pregunta relacionada con las instrucciones?

Muy bien, tienen 4 minutos para completar este ejercicio.

Notas de planificación

SESIÓN OCHO

EJERCICIO INDIVIDUAL: CÓMO RESPONDER A LAS OBJECIONES

PRIMERA PARTE

Si abrimos la Guía del participante en la página 90 encontraremos la primera objeción que debió enfrentar Joanne. El texto que aparece en itálicas es una paráfrasis de la respuesta dada en el vídeo. Luego hallamos más información —ya no en itálicas— que también podremos utilizar para responder la pregunta.

1. Escoja entre las cinco objeciones que aparecen en la lista aquella que usted piensa que podría surgir en una conversación con la primera persona de su *Lista de impacto*.

2. Lea la información provista para responder a esa objeción. Use las partes que le parezcan más apropiadas para elaborar una respuesta propia.

3. Esboce un bosquejo de respuesta en el espacio sombreado en el margen derecho de la información. Lo utilizará luego, dentro de unos minutos, para realizar su práctica.

GUÍA DEL PARTICIPANTE

EJERCICIO INDIVIDUAL: CÓMO RESPONDER A LAS OBJECIONES

PRIMERA PARTE

En las páginas siguientes incluimos las preguntas y objeciones surgidas de la primera parte del vídeo. Las respuestas dadas en el vídeo se han parafraseado y aparecen aquí en *itálicas*. También suministramos respuestas adicionales a cada pregunta.

Vídeo viñeta—Primera Parte	Bosquejo
1. ¿No enseñan básicamente lo mismo todas las religiones aunque le den a Dios diferentes nombres? • *Si usted analiza las cosas más a fondo, descubrirá diferencias muy grandes entre las religiones, lo que incluye contradicciones acerca de quién es Dios. Por ejemplo, algunas formas de budismo ni siquiera mencionan que haya un Dios. El hinduismo declara que Dios existe y que todas las cosas forman parte de él. El cristianismo enseña que Dios existe pero que es un ser completamente distinto de todo cuanto ha creado. Estas definiciones son mutuamente excluyentes y no hay ninguna posibilidad de que describan al mismo Dios.* • Otras religiones colocan a Jesús en el mismo nivel que a otros profetas de Dios, y no lo consideran la única encarnación de Dios que vino a la tierra en forma de hombre, como él mismo lo afirmó (1 Juan 1:1, 14; Juan 8:24; Filipenses 2: 5-11). • Otras religiones niegan que el propósito final de la misión de Jesús en la tierra haya sido dar su vida en la cruz como pago por nuestros pecados, según lo enseña la Biblia (Mateo 20:28). También desestiman el hecho de que Jesús haya sido el único de todos los líderes considerados como profetas por las religiones a través de la historia que respaldó sus afirmaciones con la resurrección de entre los muertos.	

SESIÓN 8

Actividad (4 minutos)

1. Transcurridos 3 minutos, avíseles que les queda solo un minuto.
2. Pasado el minuto, comuníqueles que el tiempo se acabó.

A continuación incluimos las respuestas dadas en el vídeo a las primeras cinco objeciones. Encontrarán el resto de las respuestas en el Anexo de la Guía del participante, páginas 277 a 284.

1. ¿No enseñan básicamente lo mismo todas las religiones aunque le den a Dios diferentes nombres?

Si usted analiza las cosas más a fondo, descubrirá diferencias muy grandes entre las religiones, lo que incluye contradicciones acerca de quién es Dios. Por ejemplo, algunas formas de budismo ni siquiera mencionan que haya un Dios. El hinduismo declara que Dios existe y que todas las cosas forman parte de él. El cristianismo enseña que Dios existe pero que es un ser completamente distinto de todo cuanto ha creado. Estas definiciones son mutuamente excluyentes y no hay ninguna posibilidad de que describan al mismo Dios.

2. Si una persona es realmente sincera, ¿importa lo que crea?

El problema estriba en que aunque uno crea sinceramente en algo eso no lo convierte en verdadero. Uno puede ser muy sincero, pero estar sinceramente equivocado. Esta verdad se ilustró en el vídeo al señalar que las personas que abordan un avión que luego cae pueden creer sinceramente que llegarán a destino con seguridad pero su sinceridad no cambia los hechos. Nuestras creencias, no importa con cuánta firmeza las sostengamos, no afectan la realidad.

3. Que los cristianos crean que solo ellos están en lo cierto y todos los demás viven equivocados ¿no es un signo de estrechez intelectual?

No si uno examina las cosas y descubre que el cristianismo demuestra ser digno de fiar en tanto que otras religiones y creencias no.

SESIÓN OCHO

EJERCICIO INDIVIDUAL: CÓMO RESPONDER A LAS OBJECIONES
PRIMERA PARTE

Objeciones, continuación.

Vídeo viñeta—Primera Parte	Bosquejo
• Tanto en tiempos del Antiguo Testamento como del Nuevo existían otras religiones, pero claramente se puede percibir que estas no fueron consideradas por los escritores bíblicos como alternativas aceptables. (Números 25: 3-5; 1 Reyes 18: 16-40 y 1 Corintios 10:20). Para obtener más información sobre otras religiones y sectas, consultar los siguientes libros: *The Kingdon of the Cults* (El reino de los cultos) de Walter Martin, *Cultos, religiones mundiales y el ocultismo* (Cults, World Religions, and the Occult) de Kenneth Boa; y *Voces disonantes* (Dissonant Voices) de Harold Netland **2. Si una persona es realmente sincera, ¿importa lo que crea?** • *El problema estriba en que aunque uno crea sinceramente en algo eso no lo convierte en verdadero. Uno puede ser muy sincero, pero estar sinceramente equivocado.* Esta verdad se ilustró en el vídeo al señalar que las personas que abordan un avión que luego cae pueden creer sinceramente que llegarán a destino con seguridad, pero su sinceridad no cambia los hechos. Nuestras creencias, no importa con cuánta firmeza las sostengamos, no afectan la realidad. • Esto es algo que también observamos en otros aspectos de la vida. El creer sinceramente que no es peligroso cruzar la calle no sirve de nada cuando hay abundante tráfico. Creer que el límite de velocidad es de 65 millas cuando en realidad es solo de 45 no evita una multa por exceso de velocidad. Tampoco el que uno se aferre fuertemente a sus creencias en Dios las hace verdaderas.	

GUÍA DEL PARTICIPANTE

EJERCICIO INDIVIDUAL: CÓMO RESPONDER A LAS OBJECIONES
PRIMERA PARTE

Objeciones, continuación

Vídeo viñeta—Primera Parte	Bosquejo
• La sinceridad no cambió los hechos ni el resultado final para las personas involucradas en situaciones como el suicidio en masa de los seguidores de la secta de Jim Jones en Guyana, al comienzo de la década del 80. Tampoco en el caso más reciente de los seguidores de la secta de David Koresh, en Waco, Texas. • Lo que cuenta no es la sinceridad sino el objeto de nuestra fe. Debemos preguntarnos: ¿aquello en lo que creo es realmente digno de confianza? Luego tomémonos el trabajo de averiguar si en realidad lo es. Debemos prestar atención al consejo que la Biblia nos da en 1 Tesalonicenses 5:21: "Sométanlo todo a prueba, aférrense a lo bueno". Para mayor información, lea el capítulo 1, pregunta 4 del libro *Dame una respuesta* (Give Me an Answer), de Cliffe Knechtle. **3. Que los cristianos crean que solo ellos están en lo cierto y todos los demás viven equivocados ¿no es un signo de estrechez intelectual?** • *No si uno examina las cosas y descubre que el cristianismo demuestra ser digno de fiar en tanto que otras religiones y creencias no.* • A menudo es el sentido común el que nos lleva a elegir un cierto curso de acción entre varias opciones. Por ejemplo, cuando el médico de la familia prescribe un medicamento en bien de nuestra salud no sería estrechez mental aceptar su consejo privilegiándolo por sobre el de sanadores y curanderos que indicarían otras formas de medicina. La pregunta es: ¿quién es la persona más acreditada como para poder confiar en ella?	

SESIÓN OCHO

EJERCICIO INDIVIDUAL: CÓMO RESPONDER A LAS OBJECIONES
PRIMERA PARTE

Objeciones, continuación

Vídeo viñeta—Primera Parte	Bosquejo
• Recordemos que nosotros no hemos inventado esta argumentación. Fue *Jesús* mismo quien afirmó categóricamente en Juan 14:6: "Yo soy el camino, la verdad, y la vida. Nadie llega al Padre sino por mí". • Cuando alguien condena nuestros puntos de vista por excluyentes, en ese preciso momento, al descartar nuestras creencias, esa persona hace aquello de lo que nos acusa. Lo que cuenta es si verdaderamente tenemos buenas razones para sostener nuestra posición por sobre todas las demás opciones. • Evite confundir verdad con tolerancia: son dos cosas totalmente distintas. Podemos sostener con vehemencia lo que creemos y comunicarlo con claridad, pero también debemos respetar el derecho de los demás a disentir con nuestros puntos de vista. Para mayor información sobre este tópico, lea el capítulo dos del libro Reason to Believe (Razón para creer) de R.C. Sproul. **4. ¿Qué evidencias fundamentan las afirmaciones del cristianismo? ¿Existen alguna buenas de verdad?** • *Hay profecías detalladas acerca de Jesús escritas cientos de años antes de que él naciera. No se podían haber cumplido en ninguna persona común y corriente, pero en él se cumplieron todas y cada una de ellas.* • Entre los ejemplos que podemos citar está la profecía del capítulo 53 de Isaías que predijo con casi 800 años de anticipación que el Mesías sería rechazado, que "cargaría con nuestras enfermedades" que "sería molido por nuestras iniquidades",	

GUÍA DEL PARTICIPANTE

EJERCICIO INDIVIDUAL: CÓMO RESPONDER A LAS OBJECIONES
PRIMERA PARTE

Objeciones, continuación

Vídeo viñeta—Primera Parte	Bosquejo
(en el versículo 5 dice que "él fue *traspasado por nuestras rebeliones*", y esto fue anunciado cientos de años antes de que la crucifixión se inventara como método de ejecución de criminales) y que volvería a vivir (versículo 11). Otros pasajes claves son el Salmo 22, que predice los detalles de la crucifixión de Jesús, incluyendo que sus pies y sus manos serían horadados (versículo 16 y Miqueas 5:2 donde se anuncia que nacerá en Belén). • *Y existe otra evidencia: sus milagros (que han sido documentados) y sus enseñanzas. Él no solamente enseñó los más altos patrones de moral, sino que los vivió. Y predijo que volvería a la vida después de su muerte en la cruz. ¡Y se cumplió!* • Las acciones de Jesús fueron tan coherentes con respecto a sus elevadas enseñanzas morales que cuando sus oponentes quisieron acusarlo de obrar mal tuvieron que inventar razones falsas. Por ejemplo, en el "juicio" previo a la Crucifixión, para armar el caso contra Jesús, sus adversarios se apoyaron en acusaciones falsas (Marcos 14: 56-59). Anteriormente, él los había desafiado, diciendo: "¿Quién de ustedes me puede probar que soy culpable de pecado?" (Juan 8:46) Y este punto quedó en claro: nadie pudo demostrarlo, y nadie a través de toda la historia ha podido aún. Esto marca un contraste total con cualquier otra persona que haya caminado sobre este planeta, incluyendo los líderes religiosos. Solo Jesús fue intachable.	

SESIÓN 8

> **4. ¿Qué evidencias fundamentan las afirmaciones del cristianismo? ¿Existen alguna buenas de verdad?**
>
> *Hay profecías detalladas acerca de Jesús escritas cientos de años antes de que él naciera. No se podían haber cumplido en ninguna persona común y corriente, pero en él se cumplieron todas y cada una de ellas.*
>
> *Y existe otra evidencia: sus milagros (que han sido documentados) y sus enseñanzas. Él no solamente enseñó los más altos patrones de moral, sino que los vivió. Y predijo que volvería a la vida después de su muerte en la cruz. ¡Y se cumplió!*
>
> **5. ¿Qué lo hace estar tan seguro de que la Biblia sea auténtica? Tiene tantos autores, ha pasado por tantas traducciones, y fue escrita en un lapso de tantos años que *debe* contener errores.**
>
> *En la representación Joanne responde de dos maneras: Primero, le ofrece a Kris un libro que puede responder sus interrogantes acerca de la Biblia. Segundo, ella insta a su amiga a leer la Biblia por sí misma para ver si Dios le habla a través de sus páginas.*

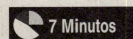

ACTIVIDAD POR PAREJAS: *CÓMO RESPONDER A LAS OBJECIONES, PRIMERA PARTE*

> Guía del participante, página 100.

Muy bien. Ahora decidan quién va a comenzar.

> Si no hay un número par de personas, conforme algún grupo de a tres.

Instrucciones (1 minuto)

Remítase a la respuesta que acaba de bosquejar.

1. Informe a su compañero sobre la objeción que ha elegido practicar a fin de que él le haga esa pregunta.
2. Practique la respuesta mientras su compañero escucha.
3. Invierta roles con él.

Cada uno contará con 3 minutos. ¿Alguna pregunta sobre las instrucciones?

Bien, comencemos.

Notas de planificación

GUÍA DEL PARTICIPANTE

EJERCICIO INDIVIDUAL: CÓMO RESPONDER A LAS OBJECIONES

PRIMERA PARTE

INSTRUCCIONES:
Remítase a la respuesta que acaba de bosquejar.

1. Informe a su compañero sobre la objeción que ha elegido practicar a fin de que él le haga esa pregunta.

2. Practique la respuesta mientras su compañero escucha.

3. Invierta roles con él.

SESIÓN 8

Actividad (6 minutos)

> Pasados 3 minutos, indíqueles que deben intercambiar roles.
>
> Transcurridos otros 3 minutos, dé por finalizado el ejercicio y reúna al grupo de nuevo.

 7 Minutos

VÍDEO VIÑETA: *CÓMO RESPONDER A LAS OBJECIONES, SEGUNDA PARTE*

> Guía del participante, página 101.

Actividad (5 minutos)

Unámonos a Tom y a Frank en el otro cuarto y veamos de qué han estado hablando. Las preguntas aparecen en la página 101 de la Guía del participante.

> Proyección del vídeo viñeta: ¡Objeción! (Segunda parte). Detenga la cinta cuando se le indique.

Resumen (2 minutos)

¿Tiene algún comentario u observación acerca de este vídeo?

> Posibles respuestas:
> - Me pareció que Tom daba respuestas con un poco más de profundidad.
> - No estoy seguro de poder responder las preguntas de esa manera.
> - Me gustó la forma de ponerle un poco de humor a las cosas.

Ahora repitamos lo que acabamos de hacer.

 5 Minutos

EJERCICIO INDIVIDUAL: *CÓMO RESPONDER A LAS OBJECIONES, SEGUNDA PARTE*

Instrucciones (1 minuto)

1. Escoja una de las objeciones de las páginas 102 a 107, aquella que usted considere que podría surgir en una conversación, teniendo en cuenta con preferencia a una de las personas de su *Lista de impacto*.
2. Lea toda la información.
3. Esboce un bosquejo de respuesta.

Contará con 4 minutos para completar este ejercicio.

¿Alguna pregunta acerca de las instrucciones?

Bien, comencemos.

Notas de planificación

S E S I Ó N   O C H O

VÍDEO VIÑETA: CÓMO RESPONDER A LAS OBJECIONES

SEGUNDA PARTE

6. ¿Cómo sabe usted que Dios existe?

7. Si realmente existe un Dios poderoso y lleno de amor, ¿por qué no hace algo con respecto a todo el mal que hay en el mundo?

8. ¿Qué pasa con las personas inocentes que sufren, por ejemplo los niños? ¿Por qué no hace Dios algo por ayudarlos?

G U Í A   D E L   P A R T I C I P A N T E

EJERCICIO INDIVIDUAL: CÓMO RESPONDER A LAS OBJECIONES

SEGUNDA PARTE

En las páginas siguientes incluimos las preguntas y objeciones surgidas de la segunda parte del vídeo viñeta. Las respuestas dadas en el vídeo han sido parafraseadas y aparecen en *itálicas*. También incluimos respuestas adicionales para cada pregunta.

Vídeo viñeta—Segunda Parte	Bosquejo
6. ¿Cómo sabe usted que Dios existe? • *Las investigaciones científicas demuestran que existe orden en el universo, orden que resulta especialmente adecuado para la vida humana. Por ejemplo, si se produjera la más leve variación en el ángulo de inclinación del eje de la tierra, esto resultaría en que nos quemáramos o nos congeláramos.* • *Notamos orden en el cuerpo humano. Sabemos que algo tan complejo como un reloj de pulsera tiene que haber sido hecho por un diseñador inteligente. Pero la muñeca que luce el reloj es mucho más compleja que el reloj mismo, y ciertamente tiene que haber sido hecha por un diseñador inteligente. ¡Imaginemos cuánto más cierta será esta aseveración con respecto a todo el cuerpo humano!* • *La historia escrita, tanto bíblica como secular (incluyendo fuentes como las de los judíos, los romanos y los griegos), registra los milagrosos eventos que rodearon la vida de Jesús. Los ejemplos incluyen el cumplimiento de profecías escritas cientos de años antes, la realización de milagros a plena luz del día tanto en presencia de sus seguidores como de sus detractores, y su mayor milagro: haber resucitado de los muertos tres días después de haber sido brutalmente ejecutado en una cruz.* • *Tom señaló un hecho difícil de refutar: el cambio que Dios operó en su vida. Un cambio difícil de explicar de otra manera que no sea considerando a Dios como su autor.*	

Actividad (4 minutos)

> Pasados 3 minutos verifique si la mayoría dentro del grupo ha acabado. Si es así, comience con la actividad por parejas. Si no, dé por finalizado el tiempo después de los 4 minutos.

> Las últimas 3 objeciones se enumeran a continuación, incluidas las respuestas dadas en el vídeo. Tal como lo mencionamos anteriormente, el resto de las respuestas aparece en las páginas 277 a 284 del Anexo de la Guía del participante.

6. ¿Cómo sabe usted que Dios existe?

Las investigaciones científicas demuestran que existe orden en el universo, orden que resulta especialmente adecuado para la vida humana. Por ejemplo, si se produjera la más leve variación en el ángulo de inclinación del eje de la tierra, esto resultaría en que nos quemáramos o nos congeláramos.

Notamos orden en el cuerpo humano. Sabemos que algo tan complejo como un reloj de pulsera tiene que haber sido hecho por un diseñador inteligente. Pero la muñeca que luce el reloj es mucho más compleja que el reloj mismo, y ciertamente tiene que haber sido hecha por un diseñador inteligente. ¡Imaginemos cuánto más cierta será esta aseveración con respecto a todo el cuerpo humano!

La historia escrita, tanto bíblica como secular (incluyendo fuentes como las de los judíos, los romanos y los griegos), registra los milagrosos eventos que rodearon la vida de Jesús. Los ejemplos incluyen el cumplimiento de profecías escritas cientos de años antes, la realización de milagros a plena luz del día tanto en presencia de sus seguidores como de sus detractores, y su mayor milagro: haber resucitado de los muertos tres días después de haber sido brutalmente ejecutado en una cruz.

Tom señaló un hecho difícil de refutar: el cambio que Dios operó en su vida. Un cambio difícil de explicar de otra manera que no sea considerando a Dios como su autor.

SESIÓN OCHO

EJERCICIO INDIVIDUAL: CÓMO RESPONDER A LAS OBJECIONES
SEGUNDA PARTE

Objeciones, continuación

Vídeo viñeta—Segunda Parte	Bosquejo
• Se pueden dar otros argumentos, tales como que Dios es la única causa eficiente de la existencia del universo (de lo contrario, este sería eterno en sí mismo, o hubiera surgido de la nada) o que Dios es la única fuente válida de moral para la humanidad (de lo contrario, nada sería intrínsecamente bueno o malo, y cada uno lo determinaría según su preferencia). Pero la mayor parte de la gente no necesita que los abrumemos con razones, sino saber que nosotros hemos reflexionado sobre esta importante pregunta y aceptamos la existencia de Dios de manera racional y no solo por fe ciega. Si se desea obtener más información, leer *Can a Man Live Without God?* (¿Puede el hombre vivir sin Dios?) del Ravi Zacharias; *The Creator and the Cosmos* (El Creador y el Cosmos) de Hugh Ross, y *Scaling the Secular City* (Escalando la ciudad secular) de J. P. Moreland. **7. Si realmente existe un Dios poderoso y lleno de amor, ¿por qué no hace algo con respecto a todo el mal que hay en el mundo?** • Esta es una pregunta difícil que todavía tengo que enfrentar a veces. Algo que me ha ayudado a manejar este tema es descubrir que el mal no existe solo afuera. Está en mí y en usted. Si Dios decidiera acabar con el mal, tendría que destruirnos a nosotros también. • Dios nos creó con la capacidad de amarlo y seguirlo, o rechazarlo y alejarnos de él. Nosotros escogimos rebelarnos contra él y seguir nuestras propias inclinaciones. Romanos 3:23 explica que "todos han pecado y están privados de la gloria de Dios".	

103

GUÍA DEL PARTICIPANTE

EJERCICIO INDIVIDUAL: CÓMO RESPONDER A LAS OBJECIONES
SEGUNDA PARTE

Objeciones, continuación

Vídeo viñeta—Segunda Parte	Bosquejo
Y Romanos 6:23 agrega que "la paga del pecado es muerte." El saber que somos parte del mal acerca del cual la gente quiere que Dios haga algo nos da una perspectiva nueva. • *La Biblia dice que un día Dios juzgará todo el mal. Pero en este momento se muestra paciente y nos da la oportunidad de volvernos a él y recibir el perdón y la vida que nos ofrece.* • Dios promete poner fin al mal. Pero no lo ha hecho todavía. Sigue esperando porque le importamos y desea que muchos de nosotros volvamos a él. La Biblia dice en 2 Pedro 3:9b: "...él tiene paciencia con ustedes, porque no quiere que nadie perezca sino que todos se arrepientan." Sin embargo, no debemos considerar su paciencia como inagotable, ya que no sabemos cuánto tiempo durará su misericordia y su perdón. • Contrariamente a lo que podríamos pensar en primera instancia, la existencia del mal debería *llevarnos* a creer en Dios y no a distanciarnos de él. Si Dios no existiera, no existiría tampoco una conciencia del bien y del mal. Habríamos llegado a existir por azar, y lo que hiciéramos no tendría significado ni valor moral. Algunas personas declaran que ese es precisamente el caso, pero les resulta imposible vivir coherentemente con esa creencia.	

104

SESIÓN OCHO

EJERCICIO INDIVIDUAL: CÓMO RESPONDER A LAS OBJECIONES
SEGUNDA PARTE

Objeciones, continuación

Vídeo viñeta—Segunda Parte	Bosquejo
Cuando se quejan de que alguien los ha tratado "con injusticia", o señalan que algo es "injusto", traicionan su creencia, señalando normas o principios que están por encima de nosotros, normas no surgidas de nosotros mismos sino de Aquel que nos creó. Para obtener más información, leer la sección "Cuestiones sobre el mal", en el libro *When Skeptics Ask* (Cuando los Escépticos Preguntan) de Norman Geisler y *The Problem of Pain* (El Problema del Dolor) de C. S. Lewis. **8. ¿Qué pasa con las personas inocentes que sufren, por ejemplo los niños? ¿Por qué no hace Dios algo por ayudarlos?** • *En el vídeo Tom respondió de manera personal, contando la experiencia del nacimiento prematuro de su hijo Brian. Esto ilustra la clase de situaciones que a veces tenemos que enfrentar y que nos obligan a escoger entre alejarnos de Dios o acercarnos más a él. Tom no pretendía tener una respuesta a todos los "por qué", pero afirmó que Dios estuvo con él en esos momentos de dolor.* • Evitemos dar respuestas simplistas a esta difícil pregunta. En muchas ocasiones las personas hacen este tipo de preguntas movidas más por su propio dolor que por el deseo de escuchar una respuesta racional. A menudo tienen necesidad de recibir atención cristiana y no tanto respuestas cristianas. Tom actuó con cuidado, y utilizó su propia experiencia como punto de contacto con Frank.	

105

GUÍA DEL PARTICIPANTE

EJERCICIO INDIVIDUAL: CÓMO RESPONDER A LAS OBJECIONES
SEGUNDA PARTE

Objeciones, continuación

Vídeo viñeta—Segunda Parte	Bosquejo
• *Tom señaló que había percibido que Dios comprendía el sufrimiento por el que él estaba pasando; su Hijo también había sufrido cuando estuvo en la tierra. Esto, continuó diciendo Tom, le ayudó a abrirse y experimentar el consuelo y apoyo de Dios.* • Para Dios el sufrimiento causado por el mal no es una idea abstracta. Recordemos que Dios vino a la tierra como hombre con el propósito de llevar sobre sí nuestro pecado y el castigo que éste merecía cuando murió en la cruz. 1 Pedro 2:24 dice: "Él mismo, en su cuerpo, llevó al madero nuestros pecados, para que muramos al pecado y vivamos para la justicia. Por sus heridas ustedes han sido sanados". La verdad es que Cristo sufrió a causa del mal de una manera en que ninguno de nosotros sufrirá jamás. • *Finalmente, Tom señaló que la Biblia muestra un enfoque realista sobre la condición del mundo en que vivimos.* • En una época en que muchas religiones y filosofías procuran convencernos de que las cosas mejoran día a día, o de que el mal no es real, resulta reconfortante ver cómo la Biblia da un enfoque realista sobre la condición del mundo que nos rodea. Basta mirar las noticias de la tarde o considerar las luchas que enfrentamos en nuestra propia vida, para darnos cuenta de lo preciso que fue Jesús cuando dijo en Juan 16:33: "En este mundo afrontarán aflicciones, pero ¡anímense! Yo he vencido al mundo". El sufrimiento es en realidad un problema, pero podemos apreciar la credibilidad del cristianismo en la precisión y honestidad con que lo describe.	

106

7. **Si realmente existe un Dios poderoso y lleno de amor, ¿por qué no hace algo con respecto a todo el mal que hay en el mundo?**

Ésta es una pregunta difícil que todavía tengo que enfrentar a veces. Algo que me ha ayudado a manejar este tema es descubrir que el mal no existe solo afuera. Está en mí y en usted. Si Dios decidiera acabar con el mal, tendría que destruirnos a nosotros también.

La Biblia dice que un día Dios juzgará todo el mal. Pero en este momento se muestra paciente y nos da la oportunidad de volvernos a él y recibir el perdón y la vida que nos ofrece.

8. **¿Qué pasa con las personas inocentes que sufren, por ejemplo los niños? ¿Por qué no hace Dios algo por ayudarlos?**

En el vídeo Tom respondió de manera personal, contando la experiencia del nacimiento prematuro de su hijo Brian. Esto ilustra la clase de situaciones que a veces tenemos que enfrentar y que nos obligan a escoger entre alejarnos de Dios o acercarnos más a él. Tom no pretendía tener una respuesta a todos los "por qué", pero afirmó que Dios estuvo con él en esos momentos de dolor.

Tom señaló que había percibido que Dios comprendía el sufrimiento por el que él estaba pasando; su Hijo también había sufrido cuando estuvo en la tierra. Esto, continuó diciendo Tom, le ayudó a abrirse y experimentar el consuelo y apoyo de Dios.

Finalmente, Tom señaló que la Biblia muestra un enfoque realista sobre la condición del mundo en que vivimos.

ACTIVIDAD POR PAREJAS: *CÓMO RESPONDER A LAS OBJECIONES, SEGUNDA PARTE*

Guía del participante, página 108.

Instrucciones (1 minuto)

Muy bien. Formemos parejas nuevamente para practicar las respuestas. Cada uno contará con 3 minutos. Encontrarán las instrucciones en la página 108 de la Guía del participante.

¿Alguna pregunta relacionada con las instrucciones? Entonces comiencen.

Notas de planificación

SESIÓN OCHO

EJERCICIO INDIVIDUAL: CÓMO RESPONDER A LAS OBJECIONES

SEGUNDA PARTE

Objeciones, continuación

Vídeo viñeta—Segunda Parte	Bosquejo
• Cabe señalar que la mayor parte del mal que existe en el mundo proviene de personas que hieren a otras personas, algo que Dios nos manda no hacer. Él podría evitar que nos dañáramos unos a otros, pero al hacerlo estaría limitando o anulando nuestra libertad. No necesitamos decir que la mayoría de las personas no desea que Dios limite su independencia. Dios tiene sus razones para permitirnos elegir nuestro camino, con la esperanza de que muchos de nosotros abandonemos nuestro egoísmo y lo sigamos. Si desea información adicional, lea el capítulo 10 del libro *Know Why You Believe* (Sepa por qué cree) de Paul Little; y *When God Doesn't Make Sense* (Cuando lo que Dios hace no tiene sentido) de James Dobson.	

GUÍA DEL PARTICIPANTE

ACTIVIDAD POR PAREJAS: CÓMO RESPONDER A LAS OBJECIONES

SEGUNDA PARTE

INSTRUCCIONES

1. Informe a su compañero sobre la objeción ha elegido practicar a fin de que él le haga esa pregunta.

2. Practique la respuesta mientras su compañero escucha.

3. Inviertan roles.

SESIÓN 8

Actividad (6 minutos)

> Transcurridos 3 minutos, indíqueles que deben intercambiar roles. Pasados otros 3 minutos, dé por terminado el ejercicio y reúna el grupo de nuevo.

Resumen (4 minutos)

¿Se siente cómodo tratando estas objeciones?

> Pídale respuestas al grupo.
>
> Seguramente las respuestas serán muy variadas. Anímelos a investigar más a fondo aquellas preguntas que suponen que la gente les hará. Concluya con los dos párrafos siguientes:

Todos nosotros nos encontramos a veces en situaciones en las que se nos preguntan cosas para las cuales no tenemos una respuesta a mano. Y nos sucede con más frecuencia cuando nos iniciamos en este tipo de conversaciones.

Si esto nos ocurre, la clave es ser sinceros. Admitamos no saber la respuesta, y señalemos que se trata de una buena pregunta a la que le prestaremos la debida consideración. Luego estudiemos el tema y volvamos con una respuesta a los pocos días. Es probable que a nuestro amigo lo impresione más que nos tomemos el trabajo de investigar el asunto que el haber podido darle una pronta respuesta cuando nos formuló su pregunta.

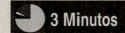 **3 Minutos**

ASPECTOS A TENER EN CUENTA

> Guía del participante, página 109.

Ahora vayamos a la página 109 de la Guía del participante. En 1Pedro 3:15 leemos:

⊃ *Estén siempre preparados para responder a todo el que les pida razón de la esperanza que hay en ustedes.* ***Pero háganlo con gentileza y respeto.***

Para hacerlo así, hay ciertos aspectos de nuestra actitud y *modo de acercamiento* que debemos tener en cuenta.

Modo de acercamiento

En primer lugar:

⊃ Es legítimo hacer preguntas.

La gente tiene preguntas para las cuales necesita respuestas. Si no somos capaces de considerar sus preguntas o no estamos dispuestos a ello, podríamos convertirnos en una razón más para que descrean de Cristo.

Transparencia

Aspectos a tener en cuenta
Modo de acercamiento
— Recuerde que el hacer preguntas es legítimo.
— Preste atención a las CORTINAS DE HUMO.
— Atienda las objeciones, pero luego vuelva al mensaje del evangelio.
— Pase de una actitud DEFENSIVA, a una actitud OFENSIVA.

Notas de planificación

S E S I Ó N O C H O

ASPECTOS A TENER EN CUENTA

Estén siempre preparados para responder a todo el que les pida razón de la esperanza que hay en ustedes. Pero háganlo con gentileza y respeto (1 Pedro 3:15).

MODO DE ACERCAMIENTO

- Recuerde que hacer preguntas es legítimo.

- Preste atención a las _____

- Atienda las objeciones pero luego vuelva al mensaje del evangelio.

- Pase de una actitud _____ a una actitud _____

ACTITUD

- Es necesario responder las preguntas con un espíritu amable.

- Es importante mostrar _____

- Y conservar la _____

Segundo:

⊃ Preste atención a las CORTINAS DE HUMO.

Necesitamos orar pidiendo discernimiento. Una "cortina de humo" es una excusa que usan las personas para mantenernos a distancia, evitando enfocar el problema real que tienen. Una cortina de humo no es una objeción seria sino una manera de evitar decirnos la verdadera razón por la que no quieren ser cristianos. Generalmente es porque piensan que para hacerse cristiano uno tiene que abandonar algunas cosas. Procuremos averiguar la *verdadera* razón.

Tercero:

⊃ Atienda las objeciones y luego vuelva al mensaje del evangelio. Esto resulta particularmente importante cuando nuestro estilo de evangelización es el intelectual. Es fácil quedar atrapados en la consideración de las preguntas y olvidarnos de volver al tema del mensaje del evangelio.

Finalmente:

⊃ Pase de una actitud DEFENSIVA, a una actitud OFENSIVA.

Aunque debemos estar dispuestos a responder las preguntas de la gente, tenemos que hacer algo más que eso. Necesitamos pedirles que ellos también respondan algunas preguntas, como por ejemplo:

"La Biblia afirma con claridad que Jesús hizo milagros y cumplió las profecías, todo esto corroborado por testigos presenciales y documentos históricos. ¿Ha leído y considerado usted esa evidencia? Si lo ha hecho, ¿a qué conclusión llegó?"

Debemos hacer esto con una actitud correcta. Es una manera eficaz de mostrarles que nuestras respuestas no solamente tienen sentido sino que si las rechazan tendrán que dar otras mejores.

Actitud

Lo siguiente tiene que ver con nuestra actitud.

⊃ Es necesario responder las preguntas con amabilidad y gentileza.

Al responder las preguntas cuidémonos de mantener un espíritu pacífico y amable hacia la otra persona. Es importante actuar como cristianos, de otro modo nunca los acercaremos a Cristo.

Evitemos entrar en consideraciones contrapuestas que puedan llevar a una discusión acalorada. Cuando esto sucede, se levantan barreras que luego resulta difícil derribar.

Transparencia

Aspectos a tener en cuenta, continuación

Actitud
— Se debe responder las preguntas con un espíritu amable.
— Resulta importante que se muestre RESPETO.
— Es preciso actuar con HUMILDAD.

Notas de planificación

SESIÓN OCHO

ASPECTOS A TENER EN CUENTA

Estén siempre preparados para responder a todo el que les pida razón de la esperanza que hay en ustedes. Pero háganlo con gentileza y respeto (1 Pedro 3:15).

MODO DE ACERCAMIENTO

- Recuerde que hacer preguntas es legítimo.

- Preste atención a las _____

- Atienda las objeciones pero luego vuelva al mensaje del evangelio.

- Pase de una actitud _____ a una actitud _____

ACTITUD

- Es necesario responder las preguntas con un espíritu amable.

- Es importante mostrar _____

- Y conservar la _____

109

Si siente que la conversación comienza a ponerse difícil, haga un receso. Asegúreles que resulta interesante hablar con personas que tienen convicciones firmes acerca de lo que creen, pero que le parece conveniente dejar pasar un tiempo para que cada uno piense en todo lo que se ha dicho hasta el momento. Preferiblemente, fije una fecha de encuentro para algunos días después. Esto les permitirá a sus amigos ver que usted está realmente interesado en buscar la verdad y mantendrá vivo el diálogo.

⊃ Es importante mostrar RESPETO.

Escuche atentamente a la otra persona y respétela pues se trata de un ser humano cuyas opiniones merecen ser tenidas en cuenta. Nuestros amigos nos escucharán solo si nosotros los escuchamos a ellos.

Finalmente:

⊃ Conserve la HUMILDAD.

Necesitamos tener presente que sólo somos pecadores salvados por gracia y no gigantes espirituales que operan desde un nivel más alto.

Resumen de la sesión y del curso *(4 minutos)*

RESUMEN

Guía del participante, página 110.

En esta sesión hemos corroborado lo importante que es seguir las instrucciones de 1 Pedro 3:15:

> *Estén siempre preparados para responder a todo el que les pida razón de la esperanza que hay en ustedes. Pero háganlo con gentileza y respeto.*

⊃ Como nuestra sociedad cada día está más lejos de una comprensión y aceptación de las verdades básicas del cristianismo, resulta fundamental que estemos bien preparados para responder preguntas y objeciones. Pero, como hemos visto, también es importante que además de dar una buena respuesta lo hagamos desde una actitud correcta.

Muy bien, hemos cubierto una gran cantidad de cosas durante estas ocho sesiones.

Transparencia

Resumen de la sesión 8
En esta sesión hemos:
- Identificado objeciones frecuentes
- Realizado prácticas sobre cómo responder a esas objeciones
- Confeccionado una lista de aspectos a tener en cuenta en relación con nuestro modo de acercamiento y nuestra actitud.

GUÍA DEL LÍDER

Notas de planificación

GUÍA DEL PARTICIPANTE

RESUMEN DE LA SESIÓN

En esta sesión usted:

- Ha identificado objeciones frecuentes

- Ha realizado prácticas sobre cómo responder a esas objeciones

- Ha confeccionado una lista de aspectos a tener en cuenta en relación con la forma de acercamiento y la actitud hacia la gente.

LECTURA SUGERIDA: CAPÍTULO 12

(Libro complementario a *Conviértase en un cristiano contagioso*)

Para considerar otras clases de obstáculos que a veces tenemos que ayudar a superar a algunas personas antes de que puedan cruzar la línea de fe, leer el capítulo 12 titulado: Cómo romper las barreras para creer.

SESIÓN OCHO

RESUMEN DEL CURSO

A DIOS LE INTERESAN LOS PERDIDOS

ESTILOS DE EVANGELIZACIÓN

- De confrontación
- Intelectual
- Testimonial
- Personal
- Por invitación
- De servicio

CÓMO INICIAR CONVERSACIONES ESPIRITUALES

- El método directo
- El método indirecto
- El método de invitación

TU HISTORIA—TRES EPISODIOS

1. a.C.—Antes de Cristo
2. †—La Conversión
3. d.C.—Después de habernos entregado a Cristo

LA HISTORIA DE DIOS - LOS CUATRO PUNTOS DEL MENSAJE DEL EVANGELIO

1. Dios
   - Dios es amoroso
   - Dios es santo (absolutamente puro)
   - Dios es justo (un juez bueno)
2. Nosotros
   - Fuimos creados buenos, pero nos volvimos pecadores.
   - Merecemos la muerte (física y espiritual)
   - Estamos espiritualmente incapacitados (la nuestra es una "bancarrota moral")

SESIÓN 8

↪ En la primera sesión aprendimos que los perdidos le interesan a Dios, y en la segunda que la evangelización debe hacerse con naturalidad ya que Dios nos dio a cada uno un estilo personal. ¡Debemos desarrollarlo y utilizarlo!

Hemos *adquirido soltura* a través de la realización de prácticas, iniciando conversaciones espirituales, contando nuestros testimonios personales y la historia de Dios, junto con la utilización de las ilustraciones "Hacer en contraste con Hecho" y "El Puente".

Realizamos la práctica de orar con alguien para que recibiera a Cristo, y terminamos respondiendo objeciones.

Transparencia

Resumen del curso
- A Dios le interesan los perdidos
- La evangelización debe ser natural y acorde con nuestro estilo
- Cómo iniciar conversaciones espirituales
- Cómo contar nuestra historia
- Cómo contar la historia de Dios
- Cómo cruzar la línea
- Cómo responder a las objeciones

DESAFÍO FINAL Y ORACIÓN

Me gustaría terminar nuestra sesión final con palabras de aliento y un desafío.

En primer lugar, podemos sentirnos satisfechos porque *¡lo hemos logrado!*

Hemos captado nuevos enfoques y practicado nuevas técnicas. Ahora estamos listos para ponerlas en práctica en beneficio de nuestros amigos que necesitan a Cristo.

Felicitaciones por tomar el curso, por realizar este esfuerzo y por "estar preparados para presentar defensa... a todo el que les demande razón..." Deben estar contentos y seguros de que esta actividad ha sido agradable a los ojos de Dios.

¡Pero ahora impongámonos el desafío de utilizar lo que hemos aprendido! La gente en este mundo tiene la desesperada necesidad de escuchar nuestro mensaje. En este proceso de llevar el mensaje, nuestras vidas pueden transformarse en una aventura, pero también correremos algunos riesgos.

Cualquier aventura real contiene un elemento de riesgo, ya sea subirse a las atracciones mecánicas de un parque de diversiones o realizar un safari en el desierto. Hace falta traspasar la zona de seguridad y confort para hacer contacto con lo inesperado o no se podrá volver a casa diciendo que se ha tenido una aventura.

Lo mismo ocurre con nuestra vida espiritual. Para que haya verdadera emoción, debe haber momentos en los que confiemos en Dios hasta colocarnos en una situación donde nos movamos solo por fe y dependamos totalmente de él. Convertirse en un cristiano contagioso es precisamente eso. En el proceso cambiaremos la dirección de la vida y el destino eterno de muchas personas que nos interesan profundamente. ¿Qué puede ser más provechoso que eso?

Notas de planificación

SESIÓN OCHO

RESUMEN DEL CURSO

A DIOS LE INTERESAN LOS PERDIDOS

ESTILOS DE EVANGELIZACIÓN
- De confrontación
- Intelectual
- Testimonial
- Personal
- Por invitación
- De servicio

CÓMO INICIAR CONVERSACIONES ESPIRITUALES
- El método directo
- El método indirecto
- El método de invitación

TU HISTORIA—TRES EPISODIOS
1. a.C.—Antes de Cristo
2. ✝—La Conversión
3. d.C.—Después de habernos entregado a Cristo

LA HISTORIA DE DIOS - LOS CUATRO PUNTOS DEL MENSAJE DEL EVANGELIO
1. Dios
   - Dios es amoroso
   - Dios es santo (absolutamente puro)
   - Dios es justo (un juez bueno)
2. Nosotros
   - Fuimos creados buenos, pero nos volvimos pecadores.
   - Merecemos la muerte (física y espiritual)
   - Estamos espiritualmente incapacitados (la nuestra es una "bancarrota moral")

GUÍA DEL PARTICIPANTE

RESUMEN DEL CURSO

3. Cristo
   - Es Dios, quien también se hizo hombre
     - Murió como nuestro substituto
     - Nos ofrece su perdón como un regalo
4. Usted
   - Tiene que dar una respuesta
   - Debe pedirle a Cristo que lo perdone y lo guíe.
   - Verá como resultado una transformación interior por el Espíritu Santo.

CÓMO CRUZAR LA LÍNEA
1. Evaluar la disposición
   - ¿Ha llegado al punto en que está dispuesto a confiar en Cristo o todavía se halla en el proceso de pensarlo?
   - ¿En qué etapa del proceso cree estar en este momento?
   - ¿Existe alguna razón por la que no desee pedir el perdón y la guía de Dios en este instante?
2. Orar
   - Pedir el perdón de Dios
   - Pedir la dirección del Señor
   - Darle gracias
3. Celebrar la decisión de nuestro amigo de comprometerse
4. Indicarle el paso siguiente
   - Relacionarse con otros cristianos
   - Orar
   - Leer la Biblia
   - Relacionarse con no cristianos

SESIÓN 8

Pongámonos de pie y terminemos con una oración.

Querido Padre, gracias por el amor, el perdón y la vida que gratuitamente nos has dado. Tenemos el gran privilegio de conocerte. Gracias porque la historia no termina aquí sino que quieres utilizarnos para que muchos otros también tengan la oportunidad de conocerte.

Padre, por amor a nuestros familiares y amigos perdidos, haznos cristianos más dinámicos en la extensión de nuestra fe cada día. Te amamos y te damos gracias por anticipado. Oramos en el nombre de Cristo, amén.

> **Lectura sugerida: capítulo 12**
> *(Libro complementario a Conviértase en un cristiano contagioso)*
>
> Para considerar otras clases de obstáculos que a veces tenemos que ayudar a superar a algunas personas antes de que puedan cruzar la línea de fe, leer el capítulo 12 titulado: Cómo romper las barreras para creer.

> Nota para el líder: Recuerde a los participantes que deben llenar el formulario de evaluación del curso de las páginas 113 y 114 de la Guía del participante y entregárselo a usted.
>
> En las dos páginas siguientes encontrará el formulario de evaluación del curso.

EVALUACIÓN DEL CURSO

MATERIAL DE CONVIÉRTASE EN UN CRISTIANO CONTAGIOSO

1. En términos de valor y calidad, ¿hasta qué punto satisfizo este programa sus expectativas?

5	4	3	2	1
Sobrepasó mis expectativas		Satisfizo mis expectativas		No llenó mis expectativas

2. ¿Cómo calificaría su aprendizaje durante el programa?

5	4	3	2	1
Significativo		Moderado		Escaso

3. Lo que aprendió, ¿guarda alguna relación con su iglesia o ministerio?

5	4	3	2	1
Fue muy pertinente		Guardó cierta relación		No tuvo mayor relevancia

4. ¿Recomendaría a otros tomar este curso?

5	4	3	2	1
Decididamente sí		Posiblemente		Decididamente no

5. ¿Qué aspectos de este programa le resultaron mas útiles?
   _____
   _____

6. ¿Qué aspectos de este programa le resultaron menos útiles?
   _____
   _____

EVALUACIÓN DEL CURSO

7. ¿Qué cosas se omitieron que debieron haber sido incluidas?
   _____
   _____
   _____

En cuanto al instructor

8. ¿En qué medida demostró el instructor comprensión, profundidad y credibilidad en relación con el material?

5	4	3	2	1
En alto grado		Medianamente		Escasamente

9. ¿En qué medida recibió del instructor una influencia motivadora para su aprendizaje?

5	4	3	2	1
En una buena medida		Hasta cierto punto		Escasamente

10. ¿En qué medida favoreció el aprendizaje la interacción del instructor con los participantes?

5	4	3	2	1
En una buena Medida		Hasta cierto punto		Fue poco significativa

11. Comentarios:
    _____
    _____
    _____
    _____
    _____

ANEXO
EVALUACIÓN DE LOS ESTILOS DE EVANGELIZACIÓN

INSTRUCCIONES

1. Anote su respuesta numérica a cada una de las 36 afirmaciones que siguen, según el grado en que se apliquen a usted:

   3 Mucho
   2 Algo
   1 Muy poco
   0 Nada

2. Traslade sus respuestas a la planilla que aparece al pie de la página 18, y sume cada columna:

____ 1. En una conversación me gusta abordar los temas de manera directa, sin mucha charla innecesaria y sin dar rodeos.

____ 2. Se me hace difícil salir de una librería o de una biblioteca sin llevarme una buena cantidad de libros que me ayuden a comprender mejor los temas que se están debatiendo en la sociedad.

____ 3. A menudo cuento experiencias personales a fin de ilustrar algún punto que deseo explicar.

____ 4. Soy una persona "dada a la gente" que valora mucho la amistad.

____ 5. Disfruto incluyendo nuevas personas en las actividades de las que participo.

____ 6. Detecto necesidades en las personas que muchas veces pasan desapercibidas para otros.

____ 7. No me da vergüenza poner a una persona en su lugar cuando hace falta.

____ 8. Tengo la tendencia a ser analítico.

____ 9. Con frecuencia me identifico con otras personas a través de frases como "Yo pensaba así también" o "En una ocasión me sentí como usted".

____ 10. Muchas personas han comentado acerca de mi habilidad para hacer nuevas amistades.

____ 11. Para ser sincero, aunque conozca las respuestas me siento más cómodo cuando alguien "mejor preparado" les explica a mis amigos de qué se trata el cristianismo.

____ 12. Me siento realizado ayudando a otros, a menudo desde atrás del escenario, o en forma privada.

EVALUACIÓN DE LOS ESTILOS DE EVANGELIZACIÓN

____ 13. No tengo ningún problema en confrontar a mis amigos con la verdad aún a riesgo de dañar nuestra relación.

____ 14. En las conversaciones tiendo a concentrarme en las cuestiones que frenan el progreso espiritual de una persona.

____ 15. Descubro que la gente se interesa en escuchar cuando cuento sobre la manera en que llegué a Cristo.

____ 16. Yo prefiero ahondar en asuntos relacionados con la vida personal que en conceptos teológicos abstractos.

____ 17. Cuando me entero de algún acontecimiento evangelístico de calidad, que sé que a mis amigos les gustaría presenciar, realizo cualquier esfuerzo por llevarlos.

____ 18. Prefiero mostrar el amor más a través de mis acciones que de mis palabras.

____ 19. Creo que el amor verdadero muchas veces implica decirle la verdad a alguien aunque lo lastime.

____ 20. Me gustan las conversaciones y debates sobre temas difíciles.

____ 21. Intencionalmente les menciono mis errores a otras personas cuando sé que les puede ayudar a encontrar la solución a la que yo arribé.

____ 22. Prefiero embarcarme en una conversación que tenga que ver con la vida de una persona antes que lidiar con sus creencias.

____ 23. Estoy atento a llevar gente cuando se producen acontecimientos espirituales estratégicos (como conciertos, esfuerzos evangelísticos y reuniones especiales).

____ 24. Descubro que cuando las personas están espiritualmente cerradas, una discreta demostración de amor cristiano las vuelve más receptivas.

____ 25. El lema que mejor va conmigo es: "Haz algo bueno o haz un gran lío, pero haz algo".

____ 26. A menudo me frustran las personas que utilizan argumentos endebles o una lógica pobre.

____ 27. A la gente parece interesarle escuchar historias acerca de cosas que sucedieron en mi vida.

EVALUACIÓN DE LOS ESTILOS DE EVANGELIZACIÓN

____ 28. Disfruto de mantener largas conversaciones con mis amigos.

____ 29. Siempre busco proveer a mis amigos de libros o llevarlos a distintos encuentros que resulten adecuados para suplir sus necesidades e intereses y de los cuales disfruten o se beneficien.

____ 30. Me siento más cómodo ayudando en sus necesidades a una persona en el nombre de Cristo que embarcándome en discusiones religiosas.

____ 31. A veces me meto en problemas por falta de sensibilidad o de gentileza en el trato con las personas.

____ 32. Procuro encontrar las razones que subyacen bajo las opiniones que las personas manifiestan.

____ 33. Todavía estoy asombrado por la manera en que Dios me trajo al camino de la fe, y me siento motivado a contárselo a los demás.

____ 34. La gente en general me considera como una persona sociable, sensible, e interesada en los demás.

____ 35. Un hecho importante de mi semana sería poder llevar a un amigo a algún programa de la iglesia.

____ 36. Tengo una inclinación a ser más práctico y dado a la acción, que filosófico o intelectual.

	De confrontación	Intelectual	Testimonial	Personal	Por invitación	De servicio
	#1 ___	#2 ___	#3 ___	#4 ___	#5 ___	#6 ___
	#7 ___	#8 ___	#9 ___	#10 ___	#11 ___	#12 ___
	#13 ___	#14 ___	#15 ___	#16 ___	#17 ___	#18 ___
	#19 ___	#20 ___	#21 ___	#22 ___	#23 ___	#24 ___
	#25 ___	#26 ___	#27 ___	#28 ___	#29 ___	#30 ___
	#31 ___	#32 ___	#33 ___	#34 ___	#35 ___	#36 ___
TOTALES						

EVALUACIÓN DE LOS ESTILOS DE EVANGELIZACIÓN

ESTILO DE CONFRONTACIÓN

Ejemplo bíblico: Pedro en Hechos 2

Versículo lema: 2ª de Timoteo 4:2

Predica la Palabra; persiste en hacerlo, sea o no sea oportuno; corrige, reprende y anima con mucha paciencia sin dejar de enseñar.

Ejemplos contemporáneos: Chuck Colson, Billy Graham, Luis Palau

Rasgos:
- ❑ Es seguro de sí mismo
- ❑ Es osado
- ❑ Es directo
- ❑ Evita la charla inútil, va directo al grano
- ❑ Tiene opiniones y convicciones firmes

Advertencias:
- Busque la sabiduría de Dios para actuar con la debida sensibilidad y tacto.
- Permítale al Espíritu Santo refrenar su deseo de salirle al paso a cada situación que se presenta.
- Evite juzgar a los demás o hacerlos sentir culpables por tener un estilo diferente de evangelizar.

Sugerencias sobre cómo utilizar y desarrollar este estilo:

- ❑ Pida a sus amigos que le den su opinión en cuanto a si es que está logrando un equilibrio entre la osadía y la amabilidad. Tenga siempre presente la frase de Pablo en Efesios 4:15, donde nos insta a "vivir la verdad con amor". Tanto la verdad como el amor son esenciales.

- ❑ Prepárese para enfrentar situaciones en las que estará solo (lea lo que hizo Pedro en Hechos 2 y en otros pasajes). El no creyente a quien usted confronte con la verdad puede a veces sentirse incómodo. Aún algún cristiano que esté presente y no se halle familiarizado con el estilo de confrontación podría sentirse incómodo también. No hay problema. Bajo la dirección de Dios, inste a la gente a confiar en Cristo y a seguirlo, y él respaldará sus palabras.

- ❑ Practique el principio de "poner a los demás primero". Es muy importante escuchar y evaluar lo que los otros dicen antes de decirles lo que nosotros pensamos que deben oír.

- ❑ Forme un equipo con amigos suyos que se manejen con otros estilos. En algún momento tal vez se adapten mejor a la personalidad de aquellos a quienes usted desea alcanzar.

- ❑ Otras: _____

EVALUACIÓN DE LOS ESTILOS DE EVANGELIZACIÓN

ESTILO INTELECTUAL

Ejemplo bíblico: Pablo en Hechos 17

Versículo lema: 2 Corintios 10:5

Destruimos argumentos y toda altivez que se levanta contra el conocimiento de Dios, y llevamos cautivo todo pensamiento para que se someta a Cristo.

Ejemplos contemporáneos: Josh McDowell, D. James Kennedy, Luciano Jaramillo

Rasgos:
- ❑ Es analítico
- ❑ Es lógico
- ❑ Es inquisitivo
- ❑ Le gusta debatir
- ❑ Se interesa más por lo que la gente piensa que por lo que siente.

Advertencias:
- Evite quedar atrapado por los aspectos académicos, sea argumentación o presentación de evidencias. Estos deben utilizarse principalmente para allanar el camino del mensaje central del evangelio.
- Recuerde que la actitud es tan importante como la información. 1 Pedro 3:15 habla de actuar con "gentileza y respeto".
- Evite la tendencia a discutir.

Sugerencias sobre cómo usar y desarrollar este estilo:
- ❑ Dedique tiempo a estudiar y prepararse. Este estilo, más que cualquier otro, requiere de preparación. Tome con seriedad lo que dice 1 Pedro 3:15:

    Más bien, honren en su corazón a Cristo como Señor. Estén siempre preparados para responder a todo el que les pide razón de la esperanza que hay en ustedes. Pero háganlo con gentileza y respeto.

- ❑ Evite realizar toda su preparación dentro de un "vacío" académico. Salga y hable con otras personas. Pruebe sus argumentos y respuestas con gente de carne y hueso, y pula lo que sea necesario.
- ❑ Desarrolle el aspecto de las relaciones. Hable con la gente sobre los acontecimientos diarios y sobre lo que ocurre en sus vidas y en la suya.
- ❑ Forme un equipo con amigos suyos que se manejen con otros estilos. En algún momento tal vez se adapten mejor a la personalidad de aquellos a quienes usted desea alcanzar.
- ❑ Otras: _____

EVALUACIÓN DE LOS ESTILOS DE EVANGELIZACIÓN

ESTILO TESTIMONIAL

Ejemplo bíblico: El hombre ciego de Juan 9

Versículo lema: 1 Juan 1:3a

Les anunciamos lo que hemos visto y oído, para que también ustedes tengan comunión con nosotros.

Ejemplos contemporáneos: Corrie ten Boom, Joni Erickson Tada, Nicky Cruz, Hermano Pablo

Rasgos:
- ❏ Es un comunicador claro
- ❏ Es buen oyente
- ❏ Es sensible a los aspectos de la vida personal y sus altibajos
- ❏ Reboza de contento por la manera en que Dios lo alcanzó
- ❏ Percibe conexiones entre su propia experiencia y la de los demás.

Advertencias:
- Asegúrese de relacionar su experiencia personal con la vida de aquel que lo escucha. Esto requiere que usted escuche primero lo que él le cuente sobre su vida, de manera que pueda relacionar las historias.
- No se limite a dar su testimonio. Invite a la persona a considerar de qué manera podría aplicarse a su vida todo lo que usted le ha contado.
- No subestime su testimonio porque le parezca común y corriente. ¡Este es el tipo de historia con el que la gente común y corriente se identifica más!

Sugerencias sobre cómo utilizar y desarrollar este estilo:
- ❏ Practique para poder contar su testimonio sin indecisiones o titubeos.
- ❏ Que Cristo y el mensaje del evangelio sean el eje central de su historia. Ella, en definitiva, no es otra cosa que el relato de cómo Dios ha cambiado su vida.
- ❏ Mantenga la historia fresca agregándole ilustraciones nuevas y actuales de su diario caminar con Cristo.
- ❏ Forme un equipo con amigos suyos que se manejen con otros estilos. En algún momento tal vez se adapten mejor a la personalidad de aquellos a quienes usted desea alcanzar.
- ❏ Otras: _____

EVALUACIÓN DE LOS ESTILOS DE EVANGELIZACIÓN

ESTILO PERSONAL

Ejemplo bíblico: Mateo en Lucas 5

Versículo lema: 1 Corintios 9:22

Me hice todo para todos, a fin de salvar a algunos por todos los medios posibles.

Ejemplos contemporáneos: Becky Pippert, Joe Aldrich; el utilizado por organizaciones como Cruzada estudiantil para Cristo, Evangelización deportiva y Hombres cristianos de negocio.

Rasgos:
- ❏ Es sociable
- ❏ Es compasivo
- ❏ Es sensible
- ❏ Establece relaciones amistosas
- ❏ Se interesa por la gente y sus necesidades

Advertencias:
- Tenga cuidado de no valorar más la amistad que la verdad. Decirles que son pecadores y tienen necesidad de un salvador pondrá a prueba la relación.
- Tenga cuidado de no valorar más la amistad que la verdad. Decirles que son pecadores y tienen necesidad de un salvador pondrá a prueba la relación.
- No se deje apabullar por la cantidad de necesidades que sus amigos tengan. Haga lo que pueda y déjele el resto al Señor.

Sugerencias sobre cómo utilizar y desarrollar este estilo:
- ❏ Sea paciente. Este estilo tiende a funcionar más gradualmente que los otros. Ore y busque oportunidades de llevar las conversaciones hacia temas espirituales.
- ❏ Planee y fomente oportunidades para interactuar con personas nuevas en programas sociales, deportivos, etc., cada vez que le sea posible. Esto lo colocará en situaciones en las que su estilo funciona muy bien.
- ❏ Practique cómo transmitir el mensaje del evangelio para estar preparado cuando se presente la oportunidad.
- ❏ Forme un equipo con amigos suyos que se manejen con otros estilos. En algún momento tal vez se adapten mejor a la personalidad de aquellos a quienes usted desea alcanzar.
- ❏ Otras: _____

EVALUACIÓN DE LOS ESTILOS DE EVANGELIZACIÓN

ESTILO POR INVITACIÓN

Ejemplo bíblico: La mujer junto el pozo, en Juan 4.

Versículo lema: Lucas 14:23

Entonces el señor le respondió: "Ve por los caminos y las veredas, y oblígalos a entrar para que se llene mi casa".

Ejemplos contemporáneos: Ruth Graham; el estilo de grupos por los hogares.

Rasgos:
- ❏ Es hospitalario
- ❏ Es persuasivo
- ❏ Disfruta conociendo nuevas personas
- ❏ Está comprometido (cree en lo que hace)
- ❏ Considera los programas evangelísticos como oportunidades únicas.

Advertencias:
- No deje que *siempre* hablen los demás. Sus amigos y conocidos necesitan oír cómo ha influido Cristo en su vida. Además tienen preguntas, que usted puede responder, sobre cómo se relaciona el evangelio con sus vidas.
- Considere cuidadosamente y en oración a qué programas o reuniones de la iglesia llevar a sus amigos. Elija aquellos en los que se transmita el evangelio mostrando sensibilidad hacia quienes están en una búsqueda espiritual, de manera que los ayuden en su camino hacia Cristo.
- No se desanime cuando la gente decline su invitación. Esa falta de aceptación podría procurarle una oportunidad para iniciar una conversación espiritual. Además, el "no" de hoy puede convertirse en el "sí" de mañana.

Sugerencias sobre cómo utilizar y desarrollar este estilo:
- ❏ Cuando invite a la gente procure colocar en sus manos algo escrito sobre el programa a desarrollar (puede ser material impreso o manuscrito). Cuando resulte apropiado, ofrézcase a llevarlos o a compartir alguna actividad con ellos antes o después de ese programa.
- ❏ Póngase en el lugar de la otra persona y pregúntese si ese programa se relaciona de alguna manera con sus intereses o su manera de pensar. Remarque ante su invitado estos puntos, si es que los hubiere.
- ❏ Haga comentarios y críticas constructivas a los organizadores del programa, y deles ideas sobre cómo mejorarlo y hacerlo más atractivo para los nuevos.
- ❏ Forme un equipo con amigos suyos que se manejen con otros estilos. En algún momento tal vez se adapten mejor a la personalidad de aquellos a quienes usted desea alcanzar.
- ❏ Otras: _____

EVALUACIÓN DE LOS ESTILOS DE EVANGELIZACIÓN

ESTILO DE SERVICIO

Ejemplo bíblico: Dorcas en Hechos 9

Versículo lema: Mateo 5:16

Hagan brillar su luz delante de todos, para que ellos puedan ver las buenas obras de ustedes y alaben al Padre que está en el cielo.

Ejemplos contemporáneos: La Madre Teresa y Jimmy Carter; Visión Mundial.

Rasgos:
- ❏ Es paciente
- ❏ Se centra en los demás
- ❏ Ve las necesidades y se alegra de poder satisfacerlas
- ❏ Muestra el amor más a través de las acciones que de las palabras.
- ❏ Concede valor aun a las tareas humildes.

Advertencias:
- Recuerde que aunque "las palabras no reemplazan a los hechos", "los hechos tampoco substituyen a las palabras". En Romanos 10:14 Pablo dice que debemos hablarle de Cristo a la gente. Usted puede comunicar el mensaje de muchas maneras al señalar al Señor como quien motiva todos sus actos de servicio.
- No subestime el valor de su servicio. Es su estilo el que alcanzará a las personas más negativas y endurecidas con respecto a Dios. Los actos amorosos de servicio resultan difíciles de resistir y de refutar.
- Discierna verdaderamente hasta dónde puede ayudar sin privarse a usted mismo o a su familia de la atención y el cuidado necesarios.

Sugerencias sobre cómo utilizar y desarrollar este estilo:
- ❏ Encuentre maneras creativas y no impositivas de comunicar la motivación espiritual que hay detrás de sus actos prácticos de servicio a los demás. Podría ser mediante una palabra, una tarjeta o una invitación en respuesta a una expresión de agradecimiento de sus amigos por sus servicios. ("Bueno, una de las cosas que podría hacer por mí en alguna ocasión es acompañarme a una de nuestras reuniones en la iglesia".)
- ❏ Pídale a Dios que le dé oportunidades de servir a otros diariamente, pero sin olvidar el propósito eterno. Él le abrirá los ojos en cuanto a aspectos que a usted podrían haberle pasado desapercibidos. Esté dispuesto a seguir su guía aun cuando parezca un poco fuera de lo común.
- ❏ Asegúrese de no forzar a nadie a aceptar sus servicios. Ore pidiendo sabiduría para descubrir dónde invertir sus esfuerzos de manera que resulten estratégicos para el reino de Dios.
- ❏ Forme un equipo con amigos suyos que se manejen con otros estilos. En algún momento tal vez se adapten mejor a la personalidad de aquellos a quienes usted desea alcanzar.
- ❏ Otras: _____

Escala de Disposición

Nivel	4 Cínico	3 Escéptico	2 Espectador	1 De búsqueda	Listo para recibir a Cristo
Caracterizado por	*La hostilidad.* No está interesado ni abierto a recibir ninguna influencia.	*La incredulidad.* Puede mostrarse ligeramente abierto, pero lleno de dudas.	*La indiferencia.* Puede estar abierto a escuchar algunas ideas pero no se siente motivado a aplicarlas a su persona.	*El interés.* Tiene un creciente grado de apertura. Quiere conocer la verdad y seguirla.	
Acercamiento sugerido	Hacerle preguntas para descubrir la razón de su hostilidad.	Hacerle preguntas para tratar de identificar la fuente de sus dudas (desinformación, falta de respuesta a sus preguntas, cuestiones subyacentes ocultas tras cortinas de humo).	Procure ayudarlo a pensar en las cosas verdaderamente importantes: Por qué está aquí; cuál es su propósito en la vida; cómo se encuentra delante de Dios.	Hacerle preguntas dirigidas a identificar las barreras que le impiden confiar en Cristo.	
Pregunta modelo	"Usted parece bastante negativo con respecto a los temas espirituales. ¿Le ha ocurrido algo que le haga sentir enojo hacia Dios o hacia los cristianos?".	"Resulta claro que usted tiene dudas acerca del mensaje cristiano. ¿Podemos hablar sobre algunas de esas cuestiones?"	"Es fácil dejarse atrapar por la rutina de la vida diaria sin preguntarse qué significado tiene. ¿Ha pensado alguna vez qué lugar ocupa Dios en su vida?"	"¿Qué factores, diría usted, le impiden entregar su vida a Cristo?"	
Su respuesta	Escuche cuidadosamente, y muestre simpatía hasta donde le sea posible. Procure ayudarlo a pensar de nuevo su manera de responder a aquello que le sucedió.	Escuche cuidadosamente, procure responder sus preguntas, ayúdele a comenzar un análisis de las evidencias sobre el cristianismo.	Anímelo a no esperar tiempos difíciles o de tragedia para pensar en estas cosas. Utilizando su propia experiencia como ilustración, muéstrele que seguir a Cristo tiene sentido tanto *ahora* como en la eternidad.	Corrija la mala información, procure responder cualquier pregunta pendiente, muéstrele que los beneficios de seguir a Cristo sobrepasan el costo; ayúdelo a cruzar la línea de fe.	
Notas	• Esta escala pretende reflejar la apertura a recibir *influencias*, no la apertura en cuanto a tratar temas o a desarrollar relaciones.	• Una persona puede ser muy religiosa y sin embargo mostrarse cínica, escéptica, etc., en su perspectiva con respecto a Cristo y al mensaje del evangelio y en cuanto a su respuesta.	• Una persona puede ser muy religiosa y sin embargo mostrarse cínica, escéptica, etc., en su perspectiva con respecto a Cristo y al mensaje del evangelio y en cuanto a su respuesta.	• Una persona puede ser muy religiosa y sin embargo mostrarse cínica, escéptica, etc., en su perspectiva con respecto a Cristo y al mensaje del evangelio y en cuanto a su respuesta.	

Lista de Impacto

Nombre: _Juan T. Muestra_   **Estilo:** _Interpersonal_

Los nombres de la *Lista de impacto* irán cambiando a medida que sus amigos se conviertan en cristianos, o que se alejen de su esfera de influencia. Esta lista debe constituir una parte dinámica de su estrategia de evangelización.

Recuerde que no debe desarrollar "relaciones asfixiantes" con las personas. Hágales saber a través de acciones y palabras que ellos le importan, sea que estén de acuerdo con el mensaje cristiano o no.

Nombre	Nivel de Disposición (1-4)	Puntos de interés común	Transición a las conversaciones	Pasos siguientes: En la relación	Pasos siguientes: En lo espiritual
Jeff	2 espectador	• Tenemos trabajos similares • Tenemos hijos de la misma edad • Ambos jugamos al tenis	"Jeff, hace poco leí un libro sobre el rol de los padres escrito desde la perspectiva cristiana. Pienso que lo encontrarás interesante".	1. Almorzar juntos 2. Jugar tenis 3. Hacer algo en conjunto las dos familias	1. Plantear temas espirituales 2. Obsequiarle un libro sobre la crianza de los hijos 3. Invitarlo a la iglesia
Esteban	3 escéptico	• Somos vecinos • Tenemos gustos musicales similares • A ambos nos gusta intercambiar ideas	"Esteban, comprendo por qué desconfías de la religión organizada. A menudo yo me he sentido igual..."	1. Pasar más tiempo juntos (para ganar su confianza) 2. Ayudarlo en una reparación doméstica 3. Invitarlo a comer	1. Contarle mi testimonio 2. Motivar sus preguntas 3. Invitarlo a un concierto apropiado
Betty	2 espectador	• Somos miembros de la misma familia • Tenemos un mismo trasfondo religioso • Nos gusta hacer caminatas	"Betty, cuando miras este hermoso paisaje, ¿no te hace pensar que debemos ser muy importantes para aquel que lo creó?"	1. Llamarlo con más frecuencia 2. Crear más relación entre él y mis hijos 3. Mantener conversaciones personales en un nivel más profundo	1. Ayudarla a ver la diferencia entre asistir a la iglesia, y relacionarse con Cristo

CÓMO MANTENER UNA CONVERSACIÓN

Al comenzar una conversación espiritual es muy importante estar atentos la forma en que responde la otra persona. Basándose en esa evaluación, determine si continuar con el tema espiritual del que vienen hablando o si cambiar el tópico de la conversación.

El lenguaje corporal y otras señales le indicarán el rumbo a darle a la charla. Algunas veces se puede probar el ambiente con una o dos preguntas sobre asuntos espirituales. Esté siempre listo para dar marcha atrás, pero también para embarcarse en una larga y profunda conversación acerca de Cristo. ¡Las posibilidades son emocionantes!

A continuación encontrará una lista de preguntas que resultan útiles para mantener interesante la conversación:

1. ¿Cuál es su trasfondo religioso?

    ¿Cuáles son los aspectos positivos y negativos de su experiencia?

    En comparación con el pasado, ¿hasta qué punto le interesan las cuestiones espirituales? ¿Por qué?

    ¿Qué piensa hoy en cuanto a asistir a la iglesia?

2. ¿Cuál es su impresión con respecto a las personas que conoce y que se llaman cristianas? ¿Positiva o negativa?

3. ¿Qué opina usted de la imagen que los medios de comunicación muestran del cristianismo?

4. ¿Cuál es su opinión sobre los líderes cristianos de hoy?

5. ¿Cuáles son sus mayores problemas o cuestiones con los cristianos hoy?

6. Si tuviera que definir a un cristiano en una o dos frases, ¿que diría?

7. Si pudiera hacerle una pregunta a Jesús y supiera que él le va a responder, ¿qué le preguntaría?

8. Si tuviera que describir su experiencia espiritual en una escala de 1 a 10, en la que el 1 indicará que no tiene ningún interés, el 10 que es un gigante espiritual, y el 5 marcara el "cruce de la línea" de fe, ¿que número se asignaría, y por qué?

9. Algún día me gustaría escuchar lo que usted piensa de Dios, y cómo cree que es él.

CÓMO MANTENER UNA CONVERSACIÓN

10. Pruebe estas tres preguntas una detrás de la otra:

¿Cuál cree usted que es el problema básico de la humanidad?

¿Cuál es su filosofía de vida?

Cómo enfoca su filosofía de vida el problema básico de la humanidad?

Recuerde que estas preguntas son solo herramientas para sondear un poco más la situación espiritual de sus amigos. Lo ayudarán a llevar a la persona al terreno de lo que cree. Estas preguntas de seguimiento también le permitirán comunicar su interés y promoverán un mejor entendimiento. Además, lo ayudarán a ganarse la confianza de la gente y el derecho a ser escuchado, y a dar a conocer sus opiniones sobre estos temas. Use preguntas de este tipo para generar excelentes conversaciones.

ESCRIBA SU HISTORIA

MODELO DE CÓMO ESCRIBIR SU HISTORIA

a.C.	1. ¿Dónde se hallaba usted espiritualmente antes de recibir a Cristo, y cómo afectaba eso sus acciones, sus sentimientos, actitudes y relaciones?* *Durante mi niñez mi madre tenía muchos temores e inseguridades, los que me transmitió. Como resultado, yo sentía que no podía confiar en nadie, ni siquiera en Dios.* *Si se convirtió en cristiano cuando era niño, comience en la preg. #2.	*Los temores e inseguridades de mamá* *No podía confiar en nadie* *Ni siquiera en Dios*
	2. ¿Qué la hizo empezar a considerar a Dios o a Cristo como una posible solución a sus necesidades? *Cuando estaba en la universidad, mi compañera de cuarto me invitó a su iglesia; allí el pastor explicó que la mayor parte de la gente procura encontrar seguridad en otras personas o en sus posesiones. Pero él señaló que sólo Dios podía darnos la seguridad que buscamos.*	*Compañera de cuarto en la universidad Su iglesia* *Seguridad en otros y sus posesiones* *Dios da seguridad*
✝	3. ¿A qué conclusión final llegó que la impulsó a recibir a Cristo? *Yo había probado muchas cosas: cambié de novios, logré buenas notas en la escuela y participaba de las actividades estudiantiles. Pero me di cuenta de que el pastor tenía razón. Estas personas y actividades no me daban la seguridad que buscaba. Sólo Dios podía hacerlo.*	*Lo probé todo* *El pastor estaba en lo cierto* *Sólo Dios da seguridad*
	4. ¿Específicamente, *cómo* recibió usted a Cristo? *Oré y le pedí a Cristo que me perdonara por todas las cosas erradas que había hecho. Luego le pedí que entrara en mi vida, que me guiara y me diera la seguridad que yo buscaba.*	*Oré* *Me perdonó, Me guió* *Me dio seguridad*
d.C.	5. ¿De qué manera cambió su vida después de haber confiado en Cristo?* *Ya no tuve temor ni inseguridad. Comencé a sentirme confiada y en paz porque sabía que Dios estaba en el control.* *Si usted se convirtió a Cristo de niño, responda las preguntas 5 y 6 contrastando su vida actual con lo que habría sido de no haber conocido a Cristo. Esto se puede determinar a través de una reflexión sobre aquellas etapas de la vida en las en las que usted no estaba cerca de Dios, considerando sus aspectos débiles y susceptibles a la tentación, y observando el estilo de vida que escogieron viejos amigos suyos o compañeros de estudio que decidieron no seguir a Cristo.	*No más temor* *Ni inseguridad* *Mayor confianza y paz* *Dios en el control*
	6. ¿Qué otros beneficios ha experimentado a partir de su conversión a Cristo? (En especial tome en cuenta aquellos con los que más se identificarían las personas que tiene en su *Lista de impacto*.) *Me relaciono con la gente de manera mucho más sana ahora, y ya no siento tanto temor al fracaso como antes. ¡Y lo principal es que ahora sé que pasaré la eternidad en el cielo!*	*Relaciones más sanas* *Menos temor al fracaso* *El cielo*
	7. Pregunta de conclusión: *¿Se identifica usted con alguna de estas cosas?*	*¿Se siente identificado?*
	8. Tema unificador: *Búsqueda de seguridad*	

ILUSTRACIONES

LAS X Y LAS O

Para la persona que piensa que cuando sus buenas acciones superan en número a las malas todo está bien.

Para la persona que piensa que cuando sus buenas acciones superan en número a las malas todo está bien.

Imagine dos tarjetas para registrar marcas. En la primera se anotan las buenas acciones y se coloca una "O" por cada buena acción. En la segunda se registran las malas acciones, y se coloca una "X" por cada una de ellas.

Muchas personas creen que en la medida en que las "O" superan a las "X" califican para el cielo. Por lo tanto, se comportan en forma errada el sábado por la noche y obtienen una X. Luego van a la iglesia el domingo y esperan lograr una O que neutralice o compense esa X. Su esperanza se fundamenta en acabar la vida con más O que X, y por lo tanto ir al cielo.

Lamentablemente este punto de vista adolece de graves fallas:

1. Romanos 3:23b señala claramente que todos hemos pecado. Todos nosotros tenemos muchas X en nuestras tarjetas y estamos en déficit de acuerdo con las normas de Dios:

   Pues todos han pecado y están privados de la gloria de Dios.

2. Mientras realizamos buenas acciones para poder anotar algunas O en nuestro registro, se nos presenta un segundo problema. La Biblia también dice que nuestras buenas obras, medidas según la norma divina, no son buenas para nada. Esto lo dice Isaías 64:6:

   Todos somos como gente impura; todos nuestros actos de justicia son como trapos de inmundicia.

Sabemos entonces que no podemos alcanzar suficientes O en nuestras tarjetas como para anular o compensar las X. Necesitamos que alguien borre esas marcas negativas y deje limpia nuestra trayectoria. Eso es exactamente lo que Cristo ofrece hacer. Jesús murió en la cruz para saldar la deuda que tenemos con Dios a causa de nuestros pecados. Si aceptamos su perdón, y su dirección para nuestra vida, él borrará nuestras faltas, limpiará nuestra hoja de vida, y nos otorgará su justicia.

Adaptado de una ilustración contada por Bill Hybels, Casete Semillas M8006.

ILUSTRACIONES

EL CAMINO ROMANO

Para personas abiertas y dispuestas a buscar directamente en la Biblia y a considerar sus enseñanzas por sí mismos. Algunas personas necesitan ver en sus páginas el evangelio explicado en blanco y negro. Esta es una buena forma de hacerlo.

La ilustración aparece con el versículo clave y el diálogo que usted podría sostener con su amigo.

Versículo	Diálogo
Romanos 3:23 *Pues todos han pecado y están privados de la gloria de Dios.*	La Biblia nos dice que todos hemos sido privados de la gloria de Dios. Eso me incluye a mí. ¿Está de acuerdo en que también lo incluye a usted?
Romanos 6:23 *Porque la paga del pecado es muerte, mientras que la dádiva de Dios es vida eterna en Cristo Jesús, nuestro Señor.*	Ambos hemos admitido estar privados de la gloria de Dios. Este versículo nos muestra que estamos en apuros, porque *la paga del pecado es muerte*. En otras palabras, ese es resultado de haber sido privados de la gloria de Dios. Sin embargo, en la segunda mitad del versículo nos llega la buena noticia. No tenemos que sufrir la muerte como pago de nuestros pecados porque *la dádiva (el regalo) de Dios es vida eterna en Cristo Jesús, nuestro Señor*. Pero no es suficiente saberlo. Tenemos que actuar de acuerdo con ese conocimiento.
Romanos 10:13 *Todo el que invoque el nombre del Señor será salvo.*	Este versículo muestra que si estamos dispuestos a invocar el nombre del Señor, a aceptar su perdón y su dirección, seremos salvos. ¿Está listo para dar este paso?

RECOMENDACIÓN: Subraye estos versículos en un Nuevo Testamento pequeño y "encadénelos" el uno al otro. En el margen del versículo de Romanos 3:23 escriba "Romanos 6:23". Esto indicará que el próximo hito en el camino es la verdad que expresa Romanos 6:23. Junto a este último versículo escriba "Romanos 10:13". Mantenga este Nuevo Testamento a mano en su bolso o su cartera.

ILUSTRACIONES

EL JUEZ

Para ampliar la visión que las personas tienen de Dios y de lo que él ha hecho por nosotros. No solamente es un padre amoroso sino también un juez justo; no sólo un buen maestro sino también aquel que murió por nosotros. Como la ilustración es verbal, se puede utilizar tanto personalmente como por teléfono. Esta historia expresa la verdad y toca las emociones.

Es la historia de un joven convicto de haber cometido un acto delictivo. El juez, siendo recto, no podía violar la ley. Se le impuso la pena que marcaba la ley: una multa de $10.000 dólares.

Pagar esa multa estaba más allá de las posibilidades del joven. Pero entonces el juez hizo algo inusual. Se quitó la toga, bajó del estrado, pasó al frente y pagó la multa.

El juez lo hizo porque el delincuente era su hijo. La multa debía pagarse y el juez la pagó.

Usted estará de acuerdo conmigo en que no hubiera sido muy sensato de parte del joven haberse rehusado a aceptar que su padre pagara la multa, o insistir en ir a la cárcel.

El punto a señalar es que Dios es un juez recto y un padre amoroso. Como juez, ante nuestro pecado dice: "Has pecado contra mí, el castigo es la muerte. Pero como te amo, pagaré la pena yo mismo". Como padre, se quita el manto celestial, se acerca a nuestro lado en el banquillo y paga por nuestros pecados con la muerte en la cruz.

Adaptado del libro *More Than a Carpenter* (Más que un carpintero), p.114 - 115, de Josh McDowell, 1977. Usado con permiso de Tyndale Publishers, Inc. Todos los derechos reservados.

ILUSTRACIONES

UNA ECUACIÓN ESPIRITUAL

Para personas religiosas que piensan que una fe intelectual las hace cristianas.

Juan 1:12 dice:
Mas a cuantos lo recibieron, a los que creen en su nombre, les dio el derecho de ser hijos de Dios.

Creer + Recibir = Ser hecho hijo de Dios

Este versículo contiene tres palabras clave, que son: creer, recibir, y ser hecho. La ecuación es que si **creemos** lo correcto acerca de Cristo, **recibimos** su perdón y aceptamos su conducción en nuestra vida, *entonces* **somos hechos** verdaderos hijos de Dios.

Adaptada de *How to Give Away Your Faith* (Como Compartir Su Fe) de Paul Little, 2ª edición, 1988, de Marie Little. Usada con permiso de Intervarsity Press. P.O. Box 1400, Downer's Grove IL 60515

BÉISBOL

Para personas que colocan su confianza equivocadamente en la religión, especialmente cuando son fanáticas de algún deporte. Va de acuerdo con las ilustraciones "Hacer en contraste con Hecho" y "El camino romano".

Procurar ganar el favor de Dios por nuestro propio esfuerzo es algo así como si un jugador de béisbol tratara de entrar a una asociación mundial de jugadores que le exigiera una carrera de 20 años como mínimo y un promedio de bateo de 1000, sin ningún error. Las normas de la justicia divina son así de exigentes, y se espera que nosotros siempre hagamos lo que Dios quiere sin traspasar jamás los límites de sus mandamientos. Cristo, nuestro substituto, cumplió por nosotros y en nuestro lugar las demandas de Dios, y luego murió para saldar toda nuestra deuda con él.

Esta ilustración se cuenta en detalle en el Casete Semillas M8914, *Easter Celebration* (Celebración de Semana Santa) 1989 de Bill Hybels.

ILUSTRACIONES

LAS CATARATAS DEL NIÁGARA

> Para quienes necesitan de una imagen más vívida de lo que es la fe real. También muestra nuestro desamparo sin Cristo.

> Se trata de un hombre que cruzó con una carretilla por un cable extendido sobre el río Niágara, de ida y de vuelta. Millares de personas en ambas márgenes del río lo aplaudieron.
>
> Luego colocó una bolsa de tierra de doscientas libras de peso en la carretilla, cruzó otra vez y regresó.
>
> "¿Quién cree que puedo pasar a un hombre en la carretilla?", preguntó. Todos aplaudieron y gritaron su asentimiento. Entonces el equilibrista preguntó: "¿Quién quiere venir a sentarse en la carretilla?"
>
> La multitud quedó se silenció. Nadie estaba dispuesto a arriesgarse. Aunque profesaban creer, nadie se animó a actuar. Y así pasa a veces con Cristo.
>
> Adaptada del libro *Peace With God* (Paz con Dios) del doctor Billy Graham, 1953, 1984, de Dr. Billy Graham Word Inc. Todos los derechos reservados. Para una versión ampliada y actualizada, remítase al Casete Semillas M8624 *The Message of the Christian Faith* (El Mensaje de la fe cristiana) 2ª parte de Christianity 101 (Cristianismo 101) de Bill Hybels.

ATRAVESAR EL OCÉANO A NADO

> Para cualquiera que esté luchando con la cuestión de la auto justificación y piense que su bondad lo acercará, de alguna manera, a Dios. Esta ilustración es sencilla y clara.

> Supongamos que decidimos cruzar a nado el océano sin ninguna ayuda ni asistencia. Tal vez usted llegara más lejos que yo, y alguien que ha obtenido una medalla olímpica iría aún más allá que nosotros dos. Pero el hecho es que nadie podría completar la hazaña.
>
> Es lo mismo que tratar de vivir la vida de acuerdo con las normas de Dios. No podemos. (Romanos 3:23) Todos necesitamos la ayuda de Dios para lograrlo, y es Cristo quien lo hizo posible.

ILUSTRACIONES

EL MATRIMONIO

Para un cristiano ilustrado, que "sabe todo acerca de la iglesia y de la religión", pero no conoce a Cristo.

Un soltero podría decir: "¡Seguro que creo en el matrimonio! Estoy convencido de su valor. Debería ver todos los libros que he leído. Soy un experto en el tema. He asistido a muchas bodas. Pero me pasa algo gracioso: no lo puedo comprender. El matrimonio no me parece algo real".

Sencillamente esta persona no ha descubierto que para casarse un hombre primero tiene que creer en una mujer y luego recibirla en su vida. Cuando uno se casa debe hacer un pacto con la otra persona. Decir: "Sí la acepto", y establecer así una relación que implique un compromiso total.

Quizá este soltero nos provoque una sonrisa, pero tal vez algunos de nosotros seamos como él. El paralelo es obvio. Alguien puede "conocer" todo acerca de Jesús sin conocerlo a él. Ser cristiano requiere rendir la vida al Señor.

Adaptada de *How to Give Away Your Faith* (Como compartir su fe) de Paul Little. 2ª edición 1988 por Marie Little. Usada con permiso de Intervarsity Press. P.O. Box 1400 Downer's Grove, IL 60515

ILUSTRACIONES

EL AVIÓN

Para el mismo tipo de persona de la ilustración del matrimonio, que necesita comprender que además de tener un correcto conocimiento de los hechos se requiere realizar una acción.

A menudo somos como una mujer que quería volar a otra ciudad. Estudió bastante acerca de la aviación, descubrió cuál aerolínea tenía el mejor historial en cuanto a seguridad, fue al aeropuerto, encontró el mejor vuelo, verificó las condiciones del avión, y aun entrevistó al piloto. Hizo todo, pero se quedó luego en la pista observando cómo el avión despegaba sin haberlo abordado.
Muchas personas saben mucho sobre la Biblia, el evangelio de Cristo, el perdón y la nueva vida disponibles para quien quiera pedirlos. Pero nunca "abordan el vuelo", es decir, jamás han pedido y recibido lo que Dios tiene para ellos.

LA ESCUELA O LA UNIVERSIDAD

Para aquellos que se comparan con los demás y creen que porque están por encima del promedio de moralidad su vida es correcta. Esta ilustración resulta eficaz especialmente con los estudiantes.

Muchas personas presuponen que Dios, como sus profesores en la escuela o en la universidad, confiere notas de acuerdo con una "escala". Sin embargo, la Biblia nos dice que ésta es una falsa esperanza. Dios es absolutamente justo y por lo tanto juzgará todo pecado, aun los pecados "promedio" o comunes.

La buena noticia es que aunque Dios no califique los pecados según una escala, él hace algo mejor. Él da examen por nosotros, ¡y logra notas excelentes! Jesucristo en realidad lo hizo al vivir una vida perfecta y morir para pagar la deuda por nuestros pecados. ¿Por qué no pedirle que "traslade esa nota perfecta a nuestra libreta de calificaciones" a través de perdonar nuestros pecados?

CÓMO RESPONDER A LAS OBJECIONES

Vídeo viñeta - Primera parte	Bosquejo
1. ¿No enseñan básicamente lo mismo todas las religiones aunque le den a Dios diferentes nombres? • *Si usted analiza las cosas más a fondo, descubrirá diferencias muy grandes entre las religiones, lo que incluye contradicciones acerca de quién es Dios. Por ejemplo, algunas formas de budismo ni siquiera mencionan que haya un Dios. El hinduismo declara que Dios existe y que todas las cosas forman parte de él. El cristianismo enseña que Dios existe pero que es un ser completamente distinto de todo cuanto ha creado. Estas definiciones son mutuamente excluyentes y no hay ninguna posibilidad de que describan al mismo Dios.* • Otras religiones colocan a Jesús en el mismo nivel que a otros profetas de Dios, y no lo consideran la única encarnación de Dios que vino a la tierra en forma de hombre, como él mismo lo afirmó (1 Juan 1:1,14; Juan 8:24; Filipenses 2:5-11). • Otras religiones niegan que el propósito final de la misión de Jesús en la tierra haya sido dar su vida en la cruz como pago por nuestros pecados, según lo enseña la Biblia (Mateo 20:28). También desestiman el hecho de que Jesús haya sido el único de todos los líderes considerados profetas por las religiones a través de la historia que respaldó sus afirmaciones con la resurrección de entre los muertos. • Tanto en tiempos del Antiguo Testamento como del Nuevo existían otras religiones, pero claramente se puede percibir que éstas no fueron consideradas por los escritores bíblicos como alternativas aceptables. (Números 25: 3-5; 1 Reyes 18:16-40 y 1 Corintios 10:20). Para obtener más información sobre otras religiones y sectas, consultar los siguientes libros: *The Kingdon of the Cults* (El reino de los cultos) de Walter Martin, *Cultos, religiones mundiales y el ocultismo* (Cults, World Religions, and the Occult) de Kenneth Boa; y *Voces disonantes* (Dissonant Voices) de Harold Netland.	
2. Si una persona es realmente sincera, ¿importa lo que crea? • *El problema estriba en que aunque uno crea sinceramente en algo eso no lo convierte en verdadero. Uno puede ser muy sincero, pero estar sinceramente equivocado. Esta verdad se ilustró en el vídeo al señalar que las personas que abordan un avión que luego cae pueden creer sinceramente que llegarán a destino con seguridad, pero su sinceridad no cambia los hechos. Nuestras creencias, no importa con cuánta firmeza las sostengamos, no afectan la realidad.* • Esto es algo que también observamos en otros aspectos de la vida. El creer sinceramente que no es peligroso cruzar la calle no sirve de nada cuando hay abundante tráfico. Creer que el límite de velocidad es de 65 millas cuando en realidad es sólo de 45 no evita una multa por exceso de velocidad. Tampoco el que uno se aferre fuertemente a sus creencias en Dios las hace verdaderas.	

CÓMO RESPONDER A LAS OBJECIONES

Objeciones, continuación

Vídeo viñeta - Primera parte	Bosquejo
• La sinceridad no cambió los hechos ni el resultado final para las personas involucradas en situaciones como el suicidio en masa de los seguidores de la secta de Jim Jones en Guyana, al comienzo de la década del 80. Tampoco en el caso más reciente de los seguidores de la secta de David Koresh, en Waco, Texas. • Lo que cuenta no es la *sinceridad* sino el *objeto* de nuestra fe. Debemos preguntarnos: ¿aquello en lo que creo es realmente digno de confianza? Luego tomémonos el trabajo de averiguar si en realidad lo es. Debemos prestar atención al consejo que la Biblia nos da en 1 Tesalonicenses 5:21: "Sométanlo todo a prueba, aférrense a lo bueno". Para mayor información, lea el capítulo 1, pregunta 4 del libro Dame una respuesta (*Give Me an Answer*), de Cliffe Knechtle.	
3. Que los cristianos crean que solo ellos están en lo cierto y todos los demás viven equivocados ¿no es un signo de estrechez intelectual? • *No si uno examina las cosas y descubre que el cristianismo demuestra ser digno de fiar en tanto que otras religiones y creencias no.* • A menudo es el sentido común el que nos lleva a elegir un cierto curso de acción entre varias opciones. Por ejemplo, cuando el médico de la familia prescribe un medicamento en bien de nuestra salud no sería estrechez mental aceptar su consejo privilegiándolo por sobre el de sanadores y curanderos que indicarían otras formas de medicina. La pregunta es: ¿quién es la persona más acreditada como para poder confiar en ella? • Recordemos que nosotros no hemos inventado esta argumentación. Fue *Jesús* mismo quien afirmó categóricamente en Juan 14:6: "Yo soy el camino, la verdad, y la vida. Nadie llega al Padre sino por mí". • Cuando alguien condena nuestros puntos de vista por excluyentes, en ese preciso momento, al descartar nuestras creencias, esa persona hace aquello de lo que nos acusa. Lo que cuenta es si verdaderamente tenemos buenas razones para sostener nuestra posición por sobre todas las demás opciones. • Evite confundir verdad con tolerancia: son dos cosas totalmente distintas. Podemos sostener con vehemencia lo que creemos y comunicarlo con claridad, pero también debemos respetar el derecho de los demás a disentir con nuestros puntos de vista. Para mayor información sobre este tópico, lea el capítulo dos del libro *Reason to Believe* (Razón para creer) de R.C. Sproul.	

CÓMO RESPONDER A LAS OBJECIONES

Objeciones, continuación

Vídeo viñeta - Primera Parte	Bosquejo
4. ¿Qué evidencias fundamentan las afirmaciones del cristianismo? ¿Existen alguna buenas de verdad? • *Hay profecías detalladas acerca de Jesús escritas cientos de años antes de que él naciera. No se podían haber cumplido en ninguna persona común y corriente, pero en él se cumplieron todas y cada una de ellas.* • Entre los ejemplos que podemos citar está la profecía del capítulo 53 de Isaías que predijo con casi 800 años de anticipación que el Mesías sería rechazado, que "cargaría con nuestras enfermedades" que "sería molido por nuestras iniquidades", (en el versículo 5 dice que "él fue traspasado por nuestras rebeliones", y esto fue anunciado cientos de años antes de que la crucifixión se inventara como método de ejecución de criminales) y que volvería a vivir (versículo 11). Otros pasajes claves son el Salmo 22, que predice los detalles de la crucifixión de Jesús, incluyendo que sus pies y sus manos serían horadados (versículo 16 y Miqueas 5:2 donde se anuncia que nacerá en Belén). • *Y existe otra evidencia: sus milagros (que han sido documentados) y sus enseñanzas. Él no solamente enseñó los más altos patrones de moral, sino que los vivió. Y predijo que volvería a la vida después de su muerte en la cruz. ¡Y se cumplió!* • Las acciones de Jesús fueron tan coherentes con respecto a sus elevadas enseñanzas morales que cuando sus oponentes quisieron acusarlo de obrar mal tuvieron que inventar razones falsas. Por ejemplo, en el "juicio" previo a la crucifixión, para armar el caso contra Jesús, sus adversarios se apoyaron en acusaciones falsas (Marcos 14: 56-59). Anteriormente, él los había desafiado, diciendo: "¿Quién de ustedes me puede probar que soy culpable de pecado?" (Juan 8:46) Y este punto quedó en claro nadie pudo demostrarlo, y nadie a través de toda la historia ha podido aún. Esto marca un contraste total con cualquier otra persona que haya caminado sobre este planeta, incluyendo los líderes religiosos. Solo Jesús fue intachable. • Jesús hacía sus milagros abiertamente y a plena luz del día. Era observado tanto por sus seguidores como por sus *detractores*. Tan absoluta era la evidencia que quienes se le oponían nunca discutieron si los había hecho o no, sino que se limitaban a evaluar si el *modo* de hacerlos había sido apropiado. Por ejemplo, cuando sanó al hombre de la mano seca lo criticaron por haberlo hecho en día sábado (Mateo 12:9-14). La acusación en sí probaba que él realmente había realizado el milagro, lo que evidenciaba que verdaderamente era quien decía ser: el hijo de Dios (Juan 10:38). • El milagro más grande de Jesús, aquel que le dio arraigo a todas sus afirmaciones, fue su resurrección de los muertos (Juan 2:19-22). Los registros históricos muestran que él realmente se levantó de los muertos.	

CÓMO RESPONDER A LAS OBJECIONES

Objeciones, continuación

Vídeo viñeta - Primera parte	Bosquejo
Sus discípulos, que al principio dudaban, lo vieron y hablaron con él en numerosas ocasiones luego de la resurrección. Esto de por sí mismo da cuenta del cambio que experimentaron, pasaron de ser personas que se escondían temerosas en las sombras a gente que testificaba en público con osadía, aun cuando significara arriesgar (y a veces finalmente perder) sus vidas. Fue una aparición de este Cristo resucitado la que convirtió a Saulo, el enemigo del cristianismo, en Pablo, el más grande misionero de Cristo que jamás haya existido. La resurrección de Cristo también está avalada por el hecho de que su cuerpo desapareció de una tumba celosamente guardada. Tanto los líderes judíos como los romanos podrían haber acabado con los rumores de un Mesías resucitado si les hubiera sido posible mostrar su cuerpo crucificado, confirmándole a la gente que él aun estaba muerto. Pero no resultó porque él había resucitado y no se podía encontrar su cuerpo. Si desea más información, lea *More Than a Carpenter* (Más que un carpintero), de Josh McDowell, *Know Why You Believe* (Sepa por qué cree) de Paul Little, y *Reasonable Faith* (Fe razonable) de William Lane Craig.	
5. ¿Qué lo hace estar tan seguro de que la Biblia sea auténtica? Tiene tantos autores, ha pasado por tantas traducciones, y fue escrita en un lapso de tantos años que debe contener errores. • *En la representación Joanne responde de dos maneras: Primero, le ofrece a Kris un libro que puede responder sus interrogantes acerca de la Biblia.* • La primera parte de esta respuesta ilustra bien lo que podemos hacer si no contamos con una respuesta sucinta a mano, o cuando el tiempo y el lugar no parecen adecuados para desarrollarla. Es válido derivar la contestación a una fuente de información confiable, como ser un libro o un maestro. O, si nos parece mejor, decirle a la persona que nos gustaría estudiar la cuestión y volver a conversar un poco más adelante. Probablemente nuestro amigo esté más interesado en obtener una buena respuesta que una contestación *inmediata*. • *Segundo, ella insta a su amiga a leer la Biblia por sí misma para ver si Dios le habla a través de sus páginas.* • La segunda parte de la respuesta de Joanne es importante. Una de las maneras más eficaces de lograr que la gente descubra que la Biblia realmente es la palabra de Dios es hacer que la lean. Los ayudará a deshacerse de sus estereotipos con respecto al contenido, les mostrará lo pertinentes que son sus enseñanzas, y a la vez les proporcionará un ámbito en el que el Espíritu Santo pueda obrar poderosamente para convencerlos de su necesidad y mostrarles la verdad. En general es adecuado orientarlos hacia la lectura del Nuevo Testamento como un buen comienzo. • Si realmente existe un Dios como el descripto por la Biblia, entonces para él no representaría ningún problema poder guiar a diferentes escritores en diferentes lugares y en épocas distintas a registrar con fidelidad el mensaje que él les confiara. Eso, efectivamente, es lo que la Biblia afirma que Dios hizo (2 de Pedro 1:20-21).	

CÓMO RESPONDER A LAS OBJECIONES

Objeciones, continuación

Vídeo viñeta - Primera parte	Bosquejo
Una investigación cuidadosa de la Biblia lo demuestra. La coherencia del mensaje que corre desde Génesis hasta Apocalipsis resulta sorprendente. La mayor parte de lo que la gente llama "contradicciones" se puede explicar fácilmente con un poco de estudio y reflexión. Además, el hecho de que haya diferencias menores en la forma en que los testigos bíblicos han descripto lo que vieron es aun evidencia de que sus testimonios son confiables. En otras palabras, no se esforzaron por "hacer que sus historias coincidieran"; simplemente narraron lo que sucedió de la manera en que ellos lo vieron. También una comparación de las diferentes traducciones muestra que en general se han usado diferentes palabras para decir lo mismo. • Jesús mismo declaró a la Biblia como la "palabra de Dios" (Mateo 15:6). Repetidamente apeló a la autoridad de la Biblia cuando dijo "como está escrito". En el Sermón del Monte dijo: "Les aseguro que mientras existan el cielo y la tierra, ni una letra ni una tilde de la ley desaparecerán hasta que todo se haya cumplido" (Mateo 5:18). En Juan 10:35 él dijo: "la Escritura no puede ser quebrantada". Dado que la mayoría de las personas dicen que Jesús fue por lo menos un buen maestro, debemos exhortarlas a tomar con seriedad lo que él enseñó con respecto a la Biblia. • La confiabilidad de la Biblia está avalada firmemente por la historia, la geografía, la arqueología y la ciencia. Ningún otro libro religioso goza de este tipo de amplio aval. Estudios realizados en estos terrenos han cambiado la manera de pensar de muchos escépticos que dudaban de la validez del cristianismo, incluyendo a Lee Strobel, uno de los autores de este curso. (Se puede leer en detalle que fue lo que lo convenció a volverse del ateísmo al cristianismo en este libro, bajo el título *Entrando en la mente del hombre y la mujer no religiosos*). Para obtener más información, leer la sección sobre "Preguntas sobre la Biblia" de *When Skeptics Ask* (Cuando los escépticos preguntan) de Norman Geisler y Ron Brooks. También para tratar supuestas contradicciones de la Biblia ver *When Critics Ask* (Cuando los críticos preguntan) de Norman Geisler y Thomas Howe y la *Encyclopedia of Bible Difficulties* (Enciclopedia de dificultades bíblicas) de Gleason Archer.	

Vídeo viñeta - Segunda Parte	Bosquejo
6. ¿Cómo sabe usted que Dios existe? • *Las investigaciones científicas demuestran que existe orden en el universo, orden que resulta especialmente adecuado para la vida humana. Por ejemplo, si se produjera la más leve variación en el ángulo de inclinación del eje de la tierra, esto resultaría en que nos quemáramos o nos congeláramos.* • *Notamos orden en el cuerpo humano. Sabemos que algo tan complejo como un reloj de pulsera tiene que haber sido hecho por un diseñador inteligente.*	

CÓMO RESPONDER A LAS OBJECIONES

Objeciones, continuación

Vídeo viñeta - Segunda parte	Bosquejo
Pero la muñeca que luce el reloj es mucho más compleja que el reloj mismo, y ciertamente tiene que haber sido hecha por un diseñador inteligente. ¡Imaginemos cuánto más cierta será esta aseveración con respecto a todo el cuerpo humano! • *La historia escrita, tanto bíblica como secular (incluyendo fuentes como las de los judíos, los romanos y los griegos), registra los milagrosos eventos que rodearon la vida de Jesús. Los ejemplos incluyen el cumplimiento de profecías escritas cientos de años antes, la realización de milagros a plena luz del día tanto en presencia de sus seguidores como de sus detractores, y su mayor milagro: haber resucitado de los muertos tres días después de haber sido brutalmente ejecutado en una cruz.* • *Tom señaló un hecho difícil de refutar: el cambio que Dios operó en su vida. Un cambio difícil de explicar de otra manera que no sea considerando a Dios como su autor.* • *Se pueden dar otros argumentos, tales como que Dios es la única causa eficiente de la existencia del universo (de lo contrario, este sería eterno en sí mismo, o hubiera surgido de la nada) o que Dios es la única fuente válida de moral para la humanidad (de lo contrario, nada sería intrínsecamente bueno o malo, y cada uno lo determinaría según su preferencia). Pero la mayor parte de la gente no necesita que la abrumemos con razones, sino saber que nosotros hemos reflexionado sobre esta importante pregunta y aceptamos la existencia de Dios de manera racional y no solo por fe ciega.* Si se desea obtener más información, leer *Can a Man Live Without God?* (¿Puede el hombre vivir sin Dios?) del Ravi Zacharias; *The Creator and the Cosmos* (El Creador y el Cosmos) de Hugh Ross, y *Scaling the Secular City* (Escalando la ciudad secular) de J. P. Moreland.	
7. Si realmente existe un Dios poderoso y lleno de amor, ¿por qué no hace algo con respecto a todo el mal que hay en el mundo? • *Esta es una pregunta difícil que todavía tengo que enfrentar a veces. Algo que me ha ayudado a manejar este tema es descubrir que el mal no existe solo afuera. Está en mí y en usted. Si Dios decidiera acabar con el mal, tendría que destruirnos a nosotros también.* • *Dios nos creó con la capacidad de amarlo y seguirlo, o rechazarlo y alejarnos de él. Nosotros escogimos rebelarnos contra él y seguir nuestras propias inclinaciones. Romanos 3:23 explica que "todos han pecado y están privados de la gloria de Dios." Y Romanos 6:23 agrega que "la paga del pecado es muerte". El saber que somos parte del mal acerca del cual la gente quiere que Dios haga algo nos da una perspectiva nueva.* • *La Biblia dice que un día Dios juzgará todo el mal. Pero en este momento se muestra paciente y nos da la oportunidad de volvernos a él y recibir el perdón y la vida que nos ofrece.*	

CÓMO RESPONDER A LAS OBJECIONES

Objeciones, continuación

Vídeo viñeta - Segunda parte	Bosquejo
• Dios promete poner fin al mal. Pero no lo ha hecho todavía. Sigue esperando porque le importamos y desea que muchos de nosotros volvamos a él. La Biblia dice en 2 Pedro 3:9b: "...él tiene paciencia con ustedes, porque no quiere que nadie perezca sino que todos se arrepientan." Si embargo, no debemos considerar su paciencia como inagotable, ya que no sabemos cuánto tiempo durará su misericordia y su perdón. • Contrariamente a lo que podríamos pensar en primera instancia, la existencia del mal debería *llevarnos* a creer en Dios y no a distanciarnos de él. Si Dios no existiera, no existiría tampoco una conciencia del bien y del mal. Habríamos llegado a existir por azar, y lo que hiciéramos no tendría significado ni valor moral. Algunas personas declaran que ese es precisamente el caso, pero les resulta imposible vivir coherentemente con esa creencia. Cuando se quejan de que alguien los ha tratado "con injusticia", o señalan que algo es "injusto", traicionan su creencia, señalando normas o principios que están por encima de nosotros, normas no surgidas de nosotros mismos sino de Aquel que nos creó. Para obtener más información, leer la sección "Cuestiones sobre el mal", en el libro *When Skeptics Ask* (Cuando los Escépticos Preguntan) de Norman Geisler y *The Problem of Pain* (El Problema del Dolor) de C. S. Lewis.	
8. ¿Qué pasa con las personas inocentes que sufren, por ejemplo los niños? ¿Por qué no hace Dios algo por ayudarlos? • *En el vídeo Tom respondió de manera personal, contando la experiencia del nacimiento prematuro de su hijo Brian. Esto ilustra la clase de situaciones que a veces tenemos que enfrentar y que nos obligan a escoger entre alejarnos de Dios o acercarnos más a él. Tom no pretendía tener una respuesta a todos los "por qué", pero afirmó que Dios estuvo con él en esos momentos de dolor.* • Evitemos dar respuestas simplistas a esta difícil pregunta. En muchas ocasiones las personas hacen este tipo de preguntas movidas más por su propio dolor que por el deseo de escuchar una respuesta racional. A menudo tienen necesidad de recibir atención cristiana y no tanto respuestas cristianas. Tom actuó con cuidado, y utilizó su propia experiencia como punto de contacto con Frank. • *Tom señaló que había percibido que Dios comprendía el sufrimiento por el que él estaba pasando; su Hijo también había sufrido cuando estuvo en la tierra. Esto, continuó diciendo Tom, le ayudó a abrirse y experimentar el consuelo y apoyo de Dios.* • Para Dios el sufrimiento causado por el mal no es una idea abstracta. Recordemos que Dios vino a la tierra como hombre con el propósito de llevar sobre sí nuestro pecado y el castigo que éste merecía cuando murió en la cruz. 1 Pedro 2:24 dice: "Él mismo, en su cuerpo, llevó al madero nuestros pecados, para que muramos al pecado y vivamos para la justicia. Por sus heridas ustedes han sido sanados". La verdad es que Cristo sufrió a causa del mal de una manera en que ninguno de nosotros sufrirá jamás.	

CÓMO RESPONDER A LAS OBJECIONES

Objeciones, continuación

Vídeo viñeta - Segunda parte	Bosquejo
<ul><li>*Finalmente, Tom señaló que la Biblia muestra un enfoque realista sobre la condición del mundo en que vivimos.*</li><li>En una época en que muchas religiones y filosofías procuran convencernos de que las cosas mejoran día a día, o de que el mal no es real, resulta reconfortante ver cómo la Biblia da un enfoque realista sobre la condición del mundo que nos rodea. Basta mirar las noticias de la tarde o considerar las luchas que enfrentamos en nuestra propia vida, para darnos cuenta de lo preciso que fue Jesús cuando dijo en Juan 16:33: "En este mundo afrontarán aflicciones, pero ¡anímense! Yo he vencido al mundo". El sufrimiento es en realidad un problema, pero podemos apreciar la credibilidad del cristianismo en la precisión y honestidad con que lo describe.</li><li>Cabe señalar que la mayor parte del mal que existe en el mundo proviene de personas que hieren a otras personas, algo que Dios nos manda no hacer. Él podría evitar que nos dañáramos unos a otros, pero al hacerlo estaría limitando o anulando nuestra libertad. No necesitamos decir que la mayoría de las personas no desea que Dios limite su independencia. Dios tiene sus razones para permitirnos elegir nuestro camino, con la esperanza de que muchos de nosotros abandonemos nuestro egoísmo y lo sigamos.</li></ul>Si desea información adicional, lea el capítulo 10 del libro Know Why You Believe (Sepa por qué cree) de Paul Little; y When God Doesn't Make Sense (Cuando lo que Dios hace no tiene sentido) de James Dobson.	

BIBLIOGRAFÍA

Evangelización personal: para equipar a los creyentes.

Conviértase en un cristiano contagioso, Bill Hybels y Mark Mittelberg, Zondervan, 1994 (el libro complementario para este curso).

Entrando en la mente del hombre y la mujer no religiosos, Lee Strobel, Zondervan, 1993.

Cómo compartir su fe Paul Little, Intervarsity Press, 1996.

La evangelización como un estilo de vida Joseph Aldrich, Multnomah, 1981.

Fuera del salero, Rebeca Maley Pippert, Intervarsity, 1979.

Prueba viviente, Jim Peterson, NavPress, 1989.

Aventuras en la evangelización personal, Bill Hybels, Casetes Semillas Album #AC8717.

Codeándose con gente no religiosa, Bill Hybels, Casetes Semillas, Album #C9023 (incluye ideas sobre cómo iniciar relaciones con no creyentes).

Recursos para buscadores: para regalar a sus amigos incrédulos.

La Biblia del que busca, Zondervan, 1996.

El por qué y la razón, Robert Laidlaw, Zondervan, 1970 (incluye excelentes ilustraciones del evangelio).

Más que un carpintero, Josh McDowell, Tyndale, 1977 (presentación de algunas de las evidencias del cristianismo; fácil de leer).

Cristianismo básico, John R. W. Stott, IVP, 1971.

Lo que Jesús diría, Lee Strobel, Zondervan, 1994 (un libro sobre los iconos culturales modernos).

Sepa por qué cree, Paul Little, Intervarsity Press, 1988.

Dame una respuesta, Cliff Knechtle, Intervarsity Press, 1986.

Razón para creer, R.C. Sproul, Zondervan, 1982.

Adam Raccoon at Forever Falls, Glen Keane, David C. Cook, 1987 (¡excelente libro para los niños... y sus padres!).

Cristianismo 101, Bill Hybels, Casetes Semillas, Album #AM8937 (presentación del mensaje del evangelio).

La fe tiene sus razones, Bill Hybels, Casetes Semillas, Album #AM8937.

El caso para Cristo, Lee Strobel y Bill Hybels, Casetes Semillas, Album #AM9215 (incluye entrevistas con expertos en la labor de orientación).

BIBLIOGRAFÍA

Recursos para nuevos creyentes: para obsequiar a sus amigos que recientemente se han convertido a Cristo.

El estudio bíblico de búsqueda, Zondervan, 1994.

La Biblia del que busca, Zondervan, 1995.

Life Application Bible, (La Biblia Viviente o la Nueva Version Internacional.), Tyndale, 1988.

La Biblia de Estudio de la Nueva Versión Internacional, Zondervan 1985.

Demasiado ocupado para no orar, Bill Hybels, Intervarsity Press, 1988.

¿Sincero con Dios? Bill Hybles, Zondervan, 1990.

Cristianismo 101, Gilbert Bilezikian, Zondervan, 1993.

Lo que los creyentes deben saber para crecer, Tom Carter, Comunicaciones Evergreen, 1990.

La guía compacta de la vida cristiana, K. C. Hinkley, NavPress, 1989.

Matricúlese en la escuela de la oración, Bill Hybels, Casetes Semillas, Album #AC8536.

Los primeros pasos de fe, Lee Strobel, Casetes Semillas, Album #M9009 (una excelente introducción sobre el crecimiento cristiano).

Los Casetes Semillas y otros materiales pueden pedirse a:

Seeds Resource Center
67 E. Algonquin Road
South Barrington, IL 60010
Phone: 708/765-6222
FAX: 708/765-9222

Este recurso fue creado para servirlo a usted.

Esta es solo una de las muchas herramientas ministeriales que forman parte de la línea de Recursos Willow Creek, publicada por la Asociación Willow Creek, junto con la Casa Editora Zondervan. La Asociación Willow Creek fue creada en 1992, para servir a un creciente número de iglesias de todo el espectro denominacional que están comprometidas en la tarea de ayudar a la gente que no concurre a la iglesia a convertirse en devotos seguidores de Cristo. Al presente hay más de 2.500 iglesias miembros de WCA a través de todo el mundo.

La Asociación Willow Creek conecta líderes entre sí y les transmite visiones estratégicas, información y recursos para ayudarlos a construir iglesias sólidas. Las siguientes son algunas de sus contribuciones:

- **Conferencias sobre liderazgo en la iglesia.** Son programas de 4 días de duración, generalmente llevados a cabo en la Iglesia de la Comunidad de Willow Creek, en South Barrington, Illinois. El Señor las utiliza para ayudar a los líderes de las iglesias a descubrir maneras nuevas e innovadoras de edificar congregaciones estables y sólidas a través de las cuales alcanzar a la gente que no concurre a la iglesia.
- **Liderazgo cumbre.** Encuentro anual diseñado para incrementar la eficacia en el liderazgo de los pastores, del equipo ministerial y de los líderes voluntarios de las iglesias y de los cristianos que están en empresas.
- **Recursos Willow Creek -** Ofrece a las iglesias un canal confiable de recursos ministeriales en el terreno de liderazgo, evangelización, dones espirituales, grupos pequeños, teatro, música contemporánea, y mucho más. Para mayor información llame a Recursos Willow Creek, teléfonos 800/876-7335. Fuera de los Estados Unidos, llamar al 616/698-3231.
  (* Este teléfono no coincide con el del manual en inglés - ¿se ha cambiado?- chequear)
- **Boletín WCA -** Boletín bimestral para informar acerca de las ultimas tendencias, recursos y noticias sobre los programas de WCA en todo el mundo.
- **Intercambio -** Avisos clasificados para brindar asistencia a las iglesias en el reclutamiento del personal clave para los puestos ministeriales.
- **Guía de Iglesias Asociadas -** Para mantenerlo en contacto con las otras iglesias miembros de WCA en todo el mundo.

Para información sobre las conferencias y acerca de la membresía
por favor escriba o llame a:

Willow Creek Association
P.O. Box 3188
Barrington, IL 60011-3188
(708) 765-0070

Lista de Impacto   Nombre: _____   Estilo: _____

Los nombres de la *Lista de impacto* irán cambiando a medida que sus amigos se conviertan en cristianos, o que se alejen de su esfera de influencia. Esta lista debe constituir una parte dinámica de su estrategia de evangelización.

Recuerde que no debe desarrollar "relaciones asfixiantes" con las personas. Hágales saber a través de acciones y palabras que ellos le importan, sea que estén de acuerdo con el mensaje cristiano o no.

Nombre	Nivel de Disposición (1-4)	Puntos de interés común	Transición a las conversaciones	Pasos siguientes:	
				En la relación	En lo espiritual
		• • •		1. 2. 3.	1. 2. 3.
		• • •		1. 2. 3.	1. 2. 3.
		• • •		1. 2. 3.	1. 2. 3.

CONVIÉRTASE EN UN CRISTIANO CONTAGIOSO

ORIGINALES DE LAS TRANSPARENCIAS

Bienvenidos al curso *Conviértase en un Cristiano Contagioso*

Sesión 1
"Por qué convertirse en un cristiano contagioso"

SESIÓN 1 – RESUMEN PREVIO

1. Describir lo que no es la evangelización a través de relaciones personales

2. Identificar los componentes principales de la evangelización a través de relaciones personales

3. Considerar los fundamentos bíblicos de la evangelización

4. Comenzar una *Lista de Impacto* con las relaciones que nos proponemos construir

Sesión 1

Percepciones sobre los evangelistas

Positivas

Negativas

Sesión 1

EVANGELIZACIÓN A TRAVÉS DE RELACIONES PERSONALES

1. Es auténtica
2.
3.
4.
5.
6.
7.

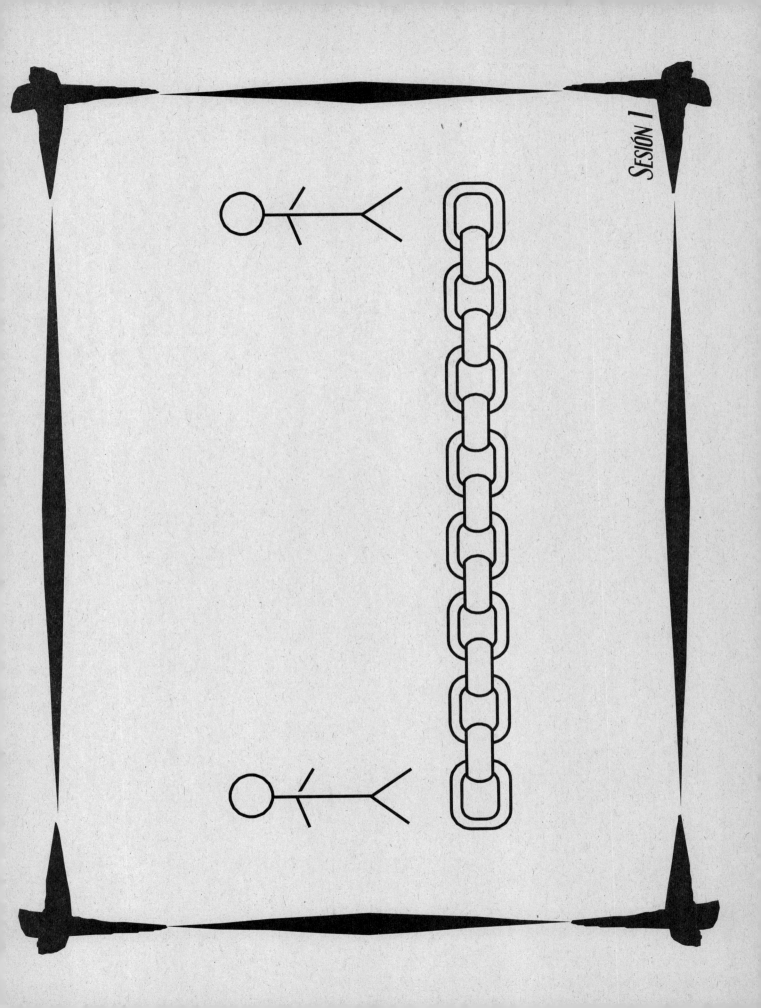

RESUMEN DE LA SESIÓN 1

En esta sesión:

- Hicimos una descripción de lo que no es la evangelización a través de relaciones personales

- Identificamos los componentes de la evangelización a través de relaciones personales

- Revisamos los fundamentos bíblicos de la evangelización

- Comenzamos una lista de impacto con las relaciones a construir.

RESUMEN PREVIO DE LAS RESTANTES SESIONES

Sesión 2:   Sea usted mismo

Sesión 3:   Cómo construir relaciones

Sesión 4:   ¿Cuál es su historia?

Sesión 5:   ¿Cuál es la historia de Dios?

Sesión 6:   Cómo cruzar la línea

Sesión 7:   Cómo integrar todas las partes

Sesión 8:   ¡Objeción!

SESIÓN 2
SEA USTED MISMO

SESIÓN 2 – RESUMEN PREVIO

1. Identificará su estilo de evangelización

2. Descubrirá los pasos a dar para desarrollarlo

3. Ampliará su comprensión en cuanto a los estilos de evangelización de los demás

SEIS ESTILOS DE EVANGELIZACIÓN

- De confrontación
- Intelectual
- Testimonial
- Personal
- Por invitación
- De servicio

Sesión 2

Sesión 2

EL ESTILO DE CONFRONTACIÓN

Ejemplo bíblico: PEDRO, en HECHOS 2

Características:

- Seguro
- Impulsivo
- Directo

EL ESTILO INTELECTUAL

Ejemplo bíblico: Pablo, en Hechos 17

Características:

- Inquisitivo
- Analítico
- Lógico

Sesión 2

Sesión 2

EL ESTILO TESTIMONIAL

Ejemplo bíblico: El ciego, de Juan 9

Características:

- Comunicador claro
- Buen narrador
- Oyente atento

Sesión 2

EL ESTILO PERSONAL

Ejemplo bíblico: Mateo, en Lucas 5:29

Características:

- Cálido
- Conversador
- Dado a hacer amistades

Sesión 2

El estilo por invitación

Ejemplo bíblico: La mujer junto al pozo, de Juan 4

Características:

- Hospitalario
- Dado a las relaciones interpersonales
- Persuasivo

Sesión 2

EL ESTILO DE SERVICIO

Ejemplo bíblico: Dorcas en Hechos 9

Características:

- Dados a los demás
- Humildes
- Pacientes

RESUMEN DE LA SESIÓN 2

En esta sesión hemos:

- Identificado nuestros estilos de evangelización
- Descubierto algunos pasos a dar para desarrollarlos
- Mejorado nuestra comprensión del estilo de evangelización de otros

SESIÓN 3
CÓMO CONSTRUIR RELACIONES

SESIÓN 3 – RESUMEN PREVIO

1. Identificará su estilo de evangelización

2. Descubrirá los pasos a dar para desarrollarlo

3. Ampliará su comprensión en cuanto a los estilos de evangelización de los demás

Sesión 3

PERSONAS QUE YA CONOCEMOS

- Incluirlas en actividades que ya estemos realizando
- Organizar una «Fiesta de Mateo»
- ¡Invitarlas a un asado primero!

Sesión 3

PUNTOS A TENER EN CUENTA

- ORAR
- ESCUCHAR
- CONSTRUIR SOBRE ASPECTOS DE INTERÉS COMÚN
- MENCIONAR LOS ASUNTOS ESPIRITUALES EN LA PRIMERA OPORTUNIDAD

MÉTODO DIRECTO

- ¿Alguna vez piensa usted en las CUESTIONES ESPIRITUALES?

- ¿En qué punto de su experiencia espiritual cree estar?

- Si alguna vez desea saber la diferencia entre religión y cristianismo...

Sesión 3

PRINCIPIOS SOBRE CÓMO INICIAR CONVERSACIONES ESPIRITUALES

- Concentrarse en los GUSTOS E INTERESES de la otra persona.
- Estar dispuestos a correr RIESGOS.
- Sacar el mayor provecho de las OPORTUNIDADES OCASIONALES.

Sesión 3

RESUMEN DE LA SESIÓN 3

En esta sesión:

- Aprendimos a iniciar relaciones

- Identificamos algunos métodos a través de los cuales iniciar conversaciones espirituales

- Anotamos frases útiles para hacer la transición hacia conversaciones espirituales.

SESIÓN 4
¿CUÁL ES SU HISTORIA?

OBJETIVOS DE LA SESIÓN 4

1. Descubrir por qué nuestra historia es importante

2. Escribir la historia personal

3. Realizar una práctica de narración de la historia en un ambiente seguro y familiar

Sesión 4

POR QUÉ ES IMPORTANTE NUESTRA HISTORIA

- Porque a nuestros amigos les INTERESA
- Porque pueden IDENTIFICARSE con ella
- Porque les es difícil REFUTARLA

CÓMO ORGANIZAR LA HISTORIA
La Historia de Pablo - Hechos 26: Los tres episodios

Episodios	a.C. *Antes de Cristo*	✝ *Conversión*	d.C. *Después de llegar a Cristo*
Versículos	4–11	12–18	19–23
Pregunta de Conclusión	*"Rey Agripa, ¿cree usted en los profetas?"* *(Hechos 26:27)*		
Tema unificador	*El celo de Pablo por servir a Dios*		

SESIÓN 4

RECOMENDACIONES EN CUANTO A LA HISTORIA

- TEMA
- EPISODIO INTERMEDIO
- CONCLUSIÓN
- USO DE LAS ESCRITURAS
- LENGUAJE
- EXTENSIÓN
- SECUENCIA
- CÓMO PONER A LOS DEMÁS EN PRIMER LUGAR

SESIÓN 4

RESUMEN DE LA SESIÓN 4

En esta sesión usted:

1. Descubrió por qué su historia es importante

2. Escribió su historia personal usando el método de los tres episodios

3. Practicó la narración de su historia.

SESIÓN 5
¿CUÁL ES LA HISTORIA DE DIOS?

SESIÓN 5 – RESUMEN PREVIO

1. Reconozca los cuatro puntos principales del mensaje del evangelio.

2. Practique presentando las dos ilustraciones del evangelio.

Sesión 5

I. DIOS

A. Dios es AMOROSO

B. Dios es SANTO

C. Dios es JUSTO

Sesión 5

2. NOSOTROS

A. Fuimos creados buenos, pero nos convertimos en pecadores

B. Merecemos la muerte

C. Nos hallamos espiritualmente incapacitados

Sesión 5

3. CRISTO

A. Es DIOS, quien también se hizo hombre

B. Murió como nuestro SUBSTITUTO

C. Nos ofrece su perdón como un REGALO

Sesión 5

4. USTED (Y YO)

A. Tenemos que dar una respuesta.

B. Debemos pedirle a Cristo que nos PERDONE y nos guíe.

C. Veremos como resultado una TRANSFORMACIÓN espiritual.

Sesión 5

Dios

Nosotros

Sesión 5

Dios

Nosotros

Sesión 5

Nosotros
MUERTE
Dios

Sesión 5

Dios

MUERTE

Nosotros

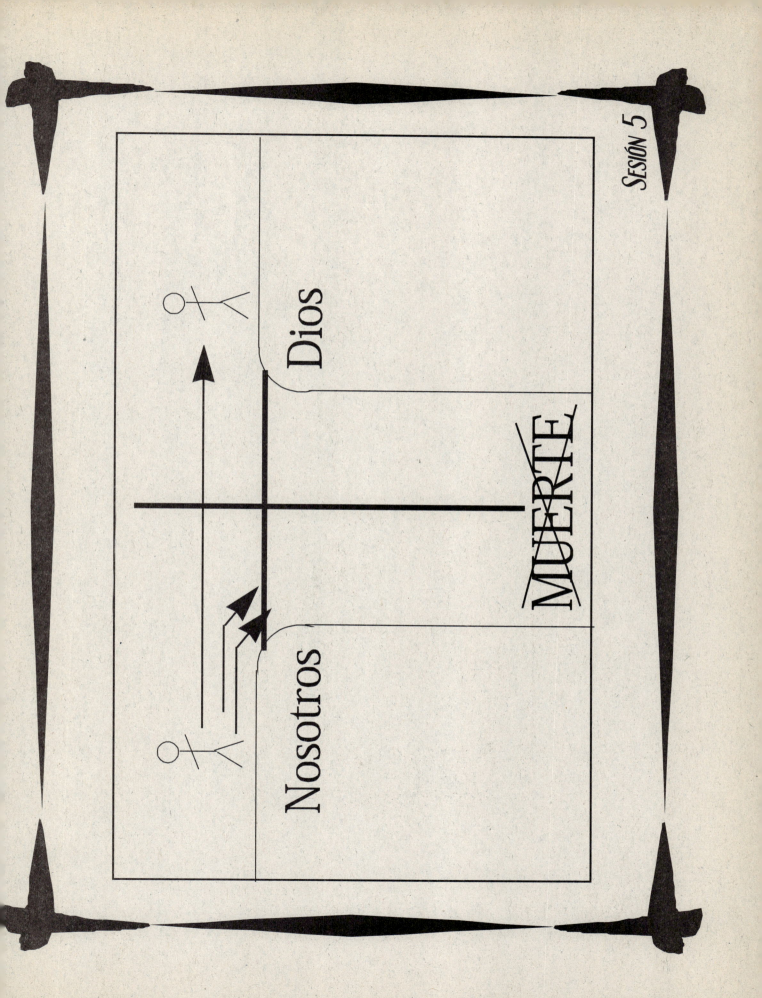

RESUMEN DE LA SESIÓN 5

En esta sesión:

1. Consideramos los cuatro puntos básicos del mensaje del evangelio.

2. Realizamos prácticas presentando dos ilustraciones del evangelio.

SESIÓN 6
CÓMO CRUZAR LA LÍNEA

SESIÓN 6 – RESUMEN PREVIO

1. Realizará la práctica de narrar su historia personal.

2. Aprenderá los pasos a seguir para guiar a una persona a "cruzar la línea" de fe.

3. Realizará la práctica de orar con alguien para que reciba a Cristo.

CÓMO CRUZAR LA LÍNEA

Cuatro Pasos:

1. Evaluar la disposición

2. Orar

3. Celebrar la decisión de comprometerse

4. Dar el paso siguiente

Sesión 6

Sesión 6

EVALUACIÓN DE LA DISPOSICIÓN

- ¿Ha llegado usted al punto de CONFIAR EN CRISTO?

- ¿En qué etapa del proceso diría que se encuentra en ESTE MOMENTO?

- ¿Hay alguna razón que le impida pedirle a Dios su PERDÓN y su DIRECCIÓN?

Sesión 6

ORE

Ínstelo a:

- Pedir el PERDÓN de Dios
- Pedir la DIRECCIÓN de Dios
- Dar gracias

Sesión 6

CELEBRE SU DECISIÓN DE COMPROMETERSE

- No todos reaccionan de la misma manera.
- Lo que importa es que hayan dado el paso de fe

Sesión 6

DAR LOS SIGUIENTES PASOS

- Integrarse con otros cristianos
- Orar
- Leer la Biblia
- Relacionarse con no creyentes

RESUMEN DE LA SESIÓN 6

En esta sesión:

1. Realizado la práctica de contar nuestra historia personal.

2. Definido los pasos a seguir para ayudar a alguien a "cruzar la línea" de fe.

3. Realizado la práctica de orar con alguien.

SESIÓN 7
CÓMO INTEGRAR TODAS LAS PARTES

SESIÓN 7 – RESUMEN PREVIO

- Realizaremos una práctica de los diferentes pasos propuestos por la "Evangelización a través de relaciones personales".

- Escucharemos sugerencias sobre cómo hablar con otros acerca de Cristo.

Sesión 7

Sesión 7

SUGERENCIAS CLAVES AL HABLAR A OTROS DE CRISTO

- No dé un discurso
- **DOSIFIQUE** el mensaje
- Hable con la gente de manera **INDIVIDUAL**
- Actúe con **DECISIÓN**

RESUMEN DE LA SESIÓN 7

En esta sesión:

- Realizado prácticas de los pasos a seguir en la "Evangelización a través de relaciones personales".

- Recibido sugerencias acerca de cómo hablar con otros acerca de Cristo.

SESIÓN 8
¡OBJECIÓN!

SESIÓN 8 – RESUMEN PREVIO

1. Identificaremos las objeciones más comunes

2. Realizaremos la práctica de responder a las objeciones

3. Confeccionaremos una lista de aspectos a tener en cuenta en relación con la actitud y el modo de acercamiento.

Sesión 8

ASPECTOS A TENER EN CUENTA

- Modo de acercamiento
  - Recuerde que el hacer preguntas es legítimo.
  - Preste atención a las CORTINAS DE HUMO.
  - Atienda las objeciones, pero luego vuelva al mensaje del evangelio.
  - Pase de una actitud DEFENSIVA, a una actitud OFENSIVA.

Sesión 8

ASPECTOS A TENER EN CUENTA, CONTINUACIÓN

- **ACTITUD**
  - SE DEBE RESPONDER LAS PREGUNTAS CON UN ESPÍRITU AMABLE
  - RESULTA IMPORTANTE QUE SE MUESTRE RESPETO
  - ES PRECISO ACTUAR CON HUMILDAD

RESUMEN DE LA SESIÓN 8

En esta sesión:

- Identificado objeciones frecuentes

- Realizado prácticas sobre cómo responder a esas objeciones

- Confeccionado una lista de aspectos a tener en cuenta en relación con nuestro modo de acercamiento y nuestra actitud.

Sesión 8

Sesión 8

RESUMEN DEL CURSO

- A Dios le interesan los perdidos
- La evangelización debe ser natural y acorde con nuestro estilo
- Cómo iniciar conversaciones espirituales
- Cómo contar nuestra historia
- Cómo contar la historia de Dios
- Cómo cruzar la línea
- Cómo responder a las objeciones

*Nos agradaría recibir noticias suyas.
Por favor, envíe sus comentarios sobre este libro
a la dirección que aparece a continuación.
Muchas gracias.*

ZONDERVAN

Editorial Vida
8325 NW. 53rd St., Suite #100
Miami, Florida 33166-4665

*Vidapub.sales@zondervan.com
http://www.editorialvida.com*